W0171535

Battenberg Antiquitäten-Katalog

DISNEYANA

Battenberg Antiquitäten-Katalog

DISNEYANA

Sammelbares aus der Welt
der Micky Maus

von Joachim F. Baumhauer

BATTENBERG

Titelbild:
Ausschnitt aus dem
Cover der »Micky Maus«
Nr. 7 von 1953, Zeichnung
von Carl Barks

Frontispiz:
Studio-Zeichnung aus
der Phase 1935-1938, in
der Mickey Mouse Augen
ohne Einschnitte bzw.
Pupillen besaß

© THE WALT DISNEY COMPANY
für die Verwendung des Originalschriftzuges
Walt Disney und die Verwendung von
Illustrationen

Die Deutsche Bibliothek – CIP-Einheitsaufnahme

Disneyana: Sammelbares aus der Welt der Micky Maus/
Joachim F. Baumhauer – Augsburg: Battenberg, 1993
(Battenberg-Antiquitäten-Katalog)
ISBN 3-89441-072-8
NE: Baumhauer, Joachim F.

BATTENBERG VERLAG AUGSBURG
© 1993 Weltbild Verlag GmbH, Augsburg
Alle Rechte vorbehalten
Satz: Times von satz-studio gmbh, Bäumenheim
Reproduktionen: Repro-Mayr, Donauwörth
Gesamtherstellung: Schauenburg Graphische Betriebe GmbH Schwanau-Allmannsweier
Printed in Germany
ISBN 3-89441-072-8

Inhaltsverzeichnis

Danksagung

Zum Zustandekommen dieses Buchs haben eine Reihe von Personen und Institutionen beigetragen, denen mein Dank gilt. Hans Jürgen Hansen, Gräfelfing, gab den Anstoß zur Niederschrift. Dr. Renate Möller, Augsburg, nahm die Publikation in die Reihe der Battenberg Antiquitäten-Kataloge auf. Mario Dreßler, Berlin, half mir mit seinen profunden Kenntnissen und ließ mich Gegenstände aus seiner Sammlung fotografieren. Daneben stellten bereitwillig Informationen, Materialien und Fotos zur Verfügung: Carsten Laqua, Berlin, Hans Crezee, Amsterdam, Ted Hake, York, Pennsylvania/USA, Hans Jürgen Ahrens, Hamburg, Sotheby's New York, Rudger Huber, Mörnsheim-Mühlheim, Gudrun Scholz-Knobloch, Steinhude, Bullyland, Spraitbach, W. Goebel Porzellanfabrik, Roedental sowie das Deutsche Institut für Filmkunde, Frankfurt/Main.
Besondere Hilfe gewährten: Christa Hartling und Horst Koblischek, The Walt Disney Company, Frankfurt, und Uwe Wegner, Hamm, Norbert Dorsheimer, Sonsbeck, und die Amerika Haus Library, Hannover.
Wertvolle Auskünfte erteilten: Peter Schlecht, Leinfelden-Echterdingen, Robert Crooker, Wakefield, Massachusetts/USA, David R. Smith, The Walt Disney Archives, Burbank, California/USA, Christie's London, Dr. Erika Fuchs, München, Klaus Spillmann, Steinhagen, Werner Dwenger, Hamburg, sowie weitere freundliche Disneyphile.
Dank schulde ich auch meinen Eltern für die kritische Sichtung des Manuskripts, meiner Frau für ihr Verständnis und ihre liebevolle Unterstützung.
Ich widme dieses Buch meiner Tochter Anne, die solange auf das »Bilderbuch mit Papa Gagack« warten mußte.

Vorwort

Es war ein schöner Sommertag im Juli 1958. Ein kleiner Junge ging mit seiner Großmutter spazieren. Weil es so heiß war, setzten sie sich auf eine Bank, auf der schon ein Mädchen saß. Sie war einige Jahre älter als der kleine Junge. Neugierig sah er zu ihr hinüber, denn sie war in ein buntes Heft vertieft. »Laß den Kleinen doch mal reinsehen«, sagte die Großmutter. Da das Mädchen höflich und wohlerzogen war wie die meisten Kinder zu dieser Zeit, gab es dem Kleinen das bunte Heft. Sie wußte nicht, was das für Folgen haben sollte. Lesen konnte der Junge noch nicht, aber die Bildergeschichten mit den Tier-Menschen-Gestalten, denen Blasen aus dem Mund kamen, verstand er trotzdem. Noch viele Jahre später, als er fast schon erwachsen war, konnte er sich an die Geschichte erinnern, die er auf der Bank zu sehen bekommen hatte: »Der Fernwoller« lautete ihr Titel, sie handelte von Micky Maus und Goofy in dem geheimnisvollen Haus eines Hypnotiseurs.

Von nun an gehörten der schlaue Micky und der tumbe Goofy dazu, der herrlich gelbe Pluto, der geniale Daniel Düsentrieb, die Tanten Minnie und Daisy, die Onkel Donald und Dagobert, die Neffen Mack, Muck und Tick, Trick und Track. Die Drillinge sah der Junge als Altersgenossen an. Dann gab es all die anderen niedlichen Tiere aus Disneys Menagerie, die auf die Namen Bongo, Strolchi, Ahörnchen und Behörnchen hörten. Entenhausen wurde zum Stadtteil der Heimatstadt, oder war es eher umgekehrt? Daß das bunte Heft »Micky Maus« hieß, wußte der Junge noch nicht. »Eine Donald Duck«, sagte er, weil er die Ente am liebsten hatte, die ein gewisser Carl Barks gezeichnet hatte, wie er fast zwei Jahrzehnte später erfuhr. Er hangelte sich am Verkaufstresen des Zeitungskiosks hoch, um die 75 Pfennig hinzulegen, die er gerade geschenkt bekommen hatte. Nur ab und zu konnte man sich solche Freuden leisten. Phantasie und Realität gingen nach dem Genuß der farbenprächtigen Geschichten ineinander über. So sammelte der Junge, nachdem 1959 die Geschichte »Der verhängnisvolle Kronenkorken« mit Dagobert Duck erschienen war, überall Kronkorken, auch auf der Straße, und hortete sie in einem Schuhkarton. Die Busfahrt zur Ferienpension an der Nordsee im gleichen Jahr war für ihn untrennbar mit der Geschichte »Das Ungeheuer von Loch Ness« verbunden und der heftige Schneefall Anfang 1960 mit »Das Schneegespenst in den Rocky Mountains«.

Damals war, wie man heute aus dem nostalgischen Blickwinkel meint, die Welt noch in Ordnung, fast so wie in Entenhausen oder im fernen Disneyland. Ein paar Straßen entfernt vom Wohnhaus des kleinen Jungen hing ein Kummerkasten, in den hilfsbedürftige Menschen Zettel mit ihren Wünschen einwerfen konnten. Die Mitglieder eines »Micky-Maus-Klubs« hatten ihn aufgehängt. Über die »guten Taten« solcher Klubs wurde regelmäßig in der »Micky Maus Klub-Zeitung«, dem redaktionellen Teil zwischen den Comic strips, berichtet. Walt Disney, so konnte man da auch lesen, war der Vater der Micky Maus. Die Welt, über die Chefreporter Flix berichtete, war noch richtig groß und die Orte so furchtbar weit weg. 1960 antwortete der Vater des kleinen Jungen auf eine Zuschrift in der Rubrik »Wer schreibt mir?«. Ein Leser aus Tel Aviv suchte einen Tauschpartner für Briefmarken. Eines Tages brachte der Paketbote eine Kiste Jaffa-Orangen als Gruß zum Weihnachtsfest.

In der Schule fingen das Sammeln und Tauschen an. Für eine eingebundene Folge des Jahrgangs 1960 bot der Junge eine Wehrmachtstaschenlampe, für ein wirklich sehr altes Micky-Maus-Heft bis zu zwanzig Hefte mit anderen Comicfiguren, die er lange nicht so schön fand. Eine vielgelesene Micky Maus von 1953, gelocht und mit Namensstempeln und Aufschriften seiner Vorbesitzer versehen, stellte einen kostbaren Schatz aus einer versunkenen Zeit dar. Durch die Micky Maus lernte man auf diese Weise nicht nur die Prinzipien der Archäologie und der Marktwirtschaft kennen, sondern man bezog aus ihr auch (klassische) Bildung. »Kann ich Armeen aus der Erde stampfen, wächst mir ein Kornfeld auf der flachen Hand« war ein Zitat aus Schillers »Jungfrau von Orleans«, das die kluge Übersetzerin Dr. Erika Fuchs dem unter einem »Theaterfimmel« leidenden Donald 1960 in den Schnabel gelegt hatte. Nein, die Micky Maus war keinesfalls eines jener »Schundhefte«, vor denen besorgte Eltern und Erzieher immer wieder warnten.

Viele nostalgische Erinnerungen knüpfen sich an Walt Disneys Welt: an ein erstes selbstersonnenes Gedicht über Tick, Trick und Track, an das stundenlange Spielen mit kleinen Disney-Figuren aus Hartplastik, an den »Micky-Maus-Klub Pluto«, der zwar nur aus einem Mitglied bestand, sich aber »international« gab, an Zeichentrickfilme mit Micky und Donald im Bahnhofskino, gelegentlich auch im Fernsehen bei den Nachbarskindern, an »Pongo und Perdita« und »Der unheimliche Zotti« in der Originalversion im Kino der britischen Armee. Diese Erinnerungen sind so ähnlich wie die von vielen anderen, die zu dieser Zeit kleine Jungen oder kleine Mädchen waren. Aus einer anderen Zeit gibt es andere Geschichten. So wie die über das Buch über Micky Maus im Wilden Westen, das der Vater des kleinen Jungen, als er selbst noch klein war, von seiner Mutter aus Paris mitgebracht bekam. Später werden die, die heute Kinder sind, wieder andere Geschichten über ihr Entenhausen erzählen können. Für die meisten enden all diese Geschichten mit dem Zeitpunkt, an dem man meint, man sei jetzt zu erwachsen für Disneys Welt.

Ich hörte Anfang der Siebziger damit auf, regelmäßig das Donald-Duck-Sonderheft zu kaufen. Es verging fast ein Jahrzehnt, bis ich festellte, daß das Magische Königreich auch von Erwachsenen betreten werden darf. Je ernster das Leben wurde, desto dankbarer wurde ich für ein bißchen Spaß mit Donald Duck. Ich fing wieder an zu sammeln, Hefte, Figuren und zuletzt Informationen über Disneys Imperium. Und so versteht sich das Folgende als eine Art Reisebegleiter für alle, die mit mir einen Ausflug in die Welt der Enten und Mäuse, Hunde und Schweine, Prinzessinnen und Zwerge mit den menschlichen Zügen unternehmen wollen: Sammler von Disneyana und verwandten Dingen und solche, die noch Sammler werden wollen, Freunde von Art deco und Pop-art, Kulturhistoriker, Nostalgiker.

Es freut es mich besonders, daß dieses Buch zum 70jährigen Geburtstag von Walt Disneys Company, zum 65jährigen Geburtstag von Micky Maus und zum einjährigen Geburtstag von Euro Disney vorliegt.

Disneyana – zum Thema dieses Buches

Disneyana – der Begriff bezeichnet alle Gegenstände, die mit Walt Disney als Person sowie den Produkten der Disney Company (unter ihren unterschiedlichen Namen) zu tun haben und von Sammlern in der ganzen Welt zusammengetragen werden. Es ist ein Sammelgebiet, das sich mit den Erzeugnissen einer gigantischen Firma befaßt, einem Weltkonzern, der seit den dreißiger Jahren führend in der Film- und Unterhaltungsindustrie ist. Disneys »Imperium der Maus« stellt nicht nur in den Vereinigten Staaten, sondern weltweit eine kulturelle Institution dar. Von Beginn des Erfolges von Disney wurden Mickey Mouse und die anderen Charaktere der Filme durch Merchandise-Artikel vermarktet. Unter Merchandise sind hier Gegenstände verstanden, die meist mit offizieller Lizenz von der Konsumgüterindustrie produziert werden: Comics, Bücher und Spielzeug sowie andere Gebrauchs- und Alltagsgegenstände. Auch im Merchandising war und ist Disney führend.

Disneyana-Sammler befassen sich also mit unzähligen Produkten von unzähligen Firmen. Mit den Figuren aus Disneys Universum sind mittlerweile wenigstens drei Generationen aufgewachsen, das Sammelgebiet der Disneyana umfaßt einen Zeit-

Ist sie die Älteste?

Krefeld. —30 Lenze zählt diese Micky-Maus bereits. Das sieht man ihr natürlich nicht an. Das hier abgebildete Micky-Maus-Portrait, das uns Annelore Eckert aus Krefeld schickte, ist ein Metallabzeichen, das bereits vor ungefähr 30 Jahren von ihrem Papa getragen wurde. Damals kamen die ersten Micky-Maus-Filme nach Deutschland. Das war eine große Sensation!

Mit Disneys Figuren sind auch bei uns mehrere Generationen aufgewachsen. Die Südfilm AG, die die ersten Micky-Filme in Deutschland zeigte, benutzte solche Nadeln ab 1930 zur Werbung. Seit diesem Bericht in der »Micky Maus« Nr. 13 von 1959 sind schon wieder über dreißig Jahre vergangen...

raum von über sechzig Jahren, und es ist international. Es gibt Disneyana aus Japan, Amerika, Frankreich, England, Deutschland und und... Das Sammeln von Disneyana begann naturgemäß in den Vereinigten Staaten, mittlerweile gibt es überall in Europa Enthusiasten, die die charakteristischen Artikel mit Mäusen, Enten, Schweinchen und Zwergen zusammentragen. In Deutschland sind Disneyana-Sammler im engeren Sinn noch selten. Meist sind es Disney-Comics, die schon seit den frühen siebziger Jahren ihre Liebhaber finden. Originalkunst aus Comics und Filmen sind Randgebiete, die im Kommen sind. Disney-Figuren – in erster Linie aus der Plastik-Ära der Fünfziger bis Siebziger – werden seit einigen Jahren verstärkt von einem größeren Interessentenkreis gesammelt, ebenso anderes Merchandise. In Deutschland konzentriert sich das Interesse der Sammler dabei noch auf die Entenhausener »Kernfamilie«, wobei Donald als »Kultfigur« deren populärster Vertreter ist. Dieses Buch will zeigen, daß es in Disneys Reich eine Reihe anderer interessanter und sammelnswerter Charaktere und Produktgruppen gibt.

Disneyana sind ein nahezu unerschöpfliches Sammelgebiet; will man wenigsten in einem Teilbereich seine Sammlung komplettieren, muß man sich spezialisieren. Man kann nur Disney-Comics sammeln, oder nur »Cels«, auf Zelluloid übertragene Originalzeichnungen, oder in Deutschland hergestellte Waren. Man kann sich auf einen Hersteller, auf ein Material oder einen der Disney-Charaktere konzentrieren. Natürlich kann man auch einfach seinem Gefühl folgen und nur Dinge sammeln, die man schön findet. Die Möglichkeiten sind unbegrenzt.

In den Vereinigten Staaten gibt es einige Publikationen zum Thema Disneyana, die aber in erster Linie amerikanische, kaum europäische oder gar deutsche Belange berücksichtigen. In ihnen wird auch häufig ein Teil der Firmengeschichte weggelassen und wenig kritisch reflektiert. Das vorliegende Buch will eine Lücke schließen und den deutschen Leser in das bei uns verhältnismäßig neue Sammelgebiet Disneyana einführen. Es will zunächst einen Überblick über die Geschichte der Company, über Filme und andere Aktivitäten geben, die gewissermaßen das Rückgrat für das Merchandising bilden. Dann möchte es über spezifische deutsche Gegebenheiten in der Disney-Produktion informieren und weiterführende Tips zum Sammeln geben. Im Katalogteil werden die wichtigsten Hersteller genannt und ausgewählte Sammlerstücke vorgestellt. Die Palette soll dabei von den teuersten bis zu den preiswertesten Sammlerstücken reichen, von Objekten der dreißiger Jahre bis hin zur Produktion der letzten Jahre.

Der Sammlermarkt bietet sowohl hochwertige Disneyana mit erheblicher ästhetischer Wirkung als auch triviale, manchmal etwas unscheinbare Gegenstände. Im letzten Jahrzehnt sind die Preise für einige Disneyana, etwa Originalzeichnungen, in schwindelerregende Dimensionen vorgedrungen. Aber auch andere alte Stücke können rar und teuer sein. Daneben gibt es originelle neuere Sachen, die für ein paar Groschen zu haben sind. Der größte Teil der abgebildeten Objekte stammt aus meiner Sammlung, bei einigen Produktgruppen haben mich andere Sammler unterstützt. Mir selbst steht für meine Sammelleidenschaft nur ein begrenztes Budget zur Verfügung. Deshalb stelle ich Ihnen in der Hauptsache erschwingliche Stücke vor, allerdings nicht ohne wenigstens einige sammlerische Glanzstücke zu bieten.

In erster Linie sind in diesem Buch das in Deutschland Sammelbare und Gesammelte berücksichtigt. Dies müssen nicht unbedingt nur in Deutschland hergestellte Produkte sein, aber eben solche, die in Deutschland in den Vertrieb kamen oder die hierzulande auf Flohmärkten, in Antiquitätenläden, auf Sammlerbörsen und Auktionen zu erhalten sind. Der vorliegende Katalog von über 400 Objekten erhebt dabei keinesfalls Anspruch auf Vollständigkeit, sondern versteht sich als Auswahl charakteristischer Stücke, die bei Sammlern beliebt sind oder es meiner Meinung nach werden könnten oder sollten. Hinsichtlich unvermeidlicher Auslassungen und Irrtümer bitte ich den Leser um Nachsicht – für ergänzende Hinweise bin ich stets dankbar.

Walt Disney und das »Imperium der Maus«

Das Phänomen Disney

Der Erfolg der Walt Disney Company läßt sich an zahlreichen Superlativen ablesen. Walt Disney produzierte zu Lebzeiten insgesamt 657 Filme. Für diese Filme erhielt er 32mal den Oscar, die Auszeichnung der Academy of Motion Picture Arts and Sciences, und zahlreiche seiner Filme wurden für den Oscar nominiert. Von 1932 bis 1940 besaß er gewissermaßen das Monopol auf Oscars in der Klasse der kurzen Zeichenfilme. Nach Disneys Tod bekamen Filme aus seinem Studio bis heute 32 weitere Statuetten verliehen. In der Fernseh-Ära erhielt Disney 7mal die Auszeichnung Emmy, gewissermaßen das Gegenstück zum Oscar.

Disneys Erfolgsfigur Mickey Mouse ist mehr als eine Zeichenfilm- oder Comicfigur. Die Maus gehört zu den auf der ganzen Welt bekannten Symbolen des 20. Jahrhunderts. Der amerikanische Pop-art-Künstler Ernest Trova bemerkte 1968, in ihrem Symbolwert stehe sie neben dem Coca-Cola-Logo und dem Hakenkreuz. Der österreichische Künstler Gottfried Helnwein ging einen Schritt weiter und bezeichnete kürzlich Walt Disney als »das große Genie des 20. Jahrhunderts, ein reinkarnierter Leonardo da Vinci, der reifer und größer wiedergekommen war, um das gewaltigste Gesamtkunstwerk aller Zeiten zu errichten. Sein ästhetisches Imperium hat das Antlitz dieser Welt verändert.«

Walt Disney war ein hochangesehener Mann. Insgesamt erhielt er mehr als 960 Auszeichnungen, darunter acht Ehrendoktorhüte sowie Ehrungen von kulturellen Organisationen und Regierungen, so 1956 das Verdienstkreuz 1. Klasse des Deutschen Bundesverdienstordens. 1966, im Todesjahr Disneys, besuchten 6,7 Millionen Menschen Disneyland, 240 Millionen sahen wenigstens einen Disney-Film, 100 Millionen wenigstens einmal in der Woche eine Disney-Fernsehsendung, und 800 Millionen lasen Disney-Comics und -Bücher.

Als nach einer Periode der künstlerischen Stagnation und des in den frühen achtziger Jahren sogar wirtschaftlichen Abstiegs 1984 ein neues Management bei Disney eingesetzt wurde, gab es zwanzig Jahre nach Walt Disneys Tod erneut Superlative zu vermelden.

1987 erwies sich »Lady and the Tramp« mit über drei Millionen Kassetten als das am meisten verkaufte Video aller Zeiten. 1988 stand Disney mit 30% aller Kinoeinnahmen auf Platz eins der Studios in Hollywood. Im gleichen Jahr gehörten Disney-Chef Michael D. Eisner mit 40,1 Millionen Dollar an Gehalt, Prämien und Aktienoptionen und sein zweiter Mann, Frank G. Wells mit 32,1 Millionen Dollar zu den 25 höchstbezahlten Managern der USA. 1989 belegte Disney den sechsten Platz in der Gruppe der am meisten bekannten und am höchsten eingeschätzten Marken, nach Coca-Cola, IBM, Sony, Porsche und McDonald's. Im gleichen Jahr dauerte es nicht einmal einen Tag, bis sämtliche 200.000 Exemplare der ersten russischen Ausgabe der Micky Maus an den Moskauer Zeitungsständen vergriffen waren. Diese Liste von Superlativen wird in Zukunft zu verlängern sein.

Micky ist mehr als eine Maus. Mit Micky wirken sogar Verbotsschilder wie hier im Frankfurter Zoo fröhlich.

Vom Mittleren Westen nach Hollywood

Walter Elias Disney wurde am 5. Dezember 1901 als vierter Sohn von Elias und Flora Disney, geborene Call, in Chicago geboren. Der Vater zog mit seiner Familie durch den Mittleren Westen; auf der Suche nach beruflichem Erfolg hatte er sich unter anderem als Eisenbahner, Hotelier, Briefträger, Soldat, Farmer, Zimmermann, schließlich als Bauunternehmer versucht. Seine Frau Flora, eine ehemalige Grundschullehrerin, lieferte ihrem Mann die Zeichnungen für die Häuser, die er errichtete. Manchmal ließ sie die Kinder allein, um ihrem Mann beim Bauen zu helfen. Elias

Disney war ein Puritaner, streng und sparsam, der Wert auf äußerste Disziplin legte. Er war aktives Mitglied der Kongregationskirche, gleichzeitig vertrat er sozialistische Ideen. Walt erhielt als Kind regelmäßig Prügel. Seine rauhe Kindheit wirkte sich auf Walts psychische Entwicklung aus: er blieb sein ganzes Leben lang Menschen gegenüber mißtrauisch und verschlossen. Viele seiner Filme thematisierten später ein gestörtes Verhältnis des Kindes zu den Eltern. Kritik konnte Walt Disney nicht ertragen und reagierte darauf häufig feindselig. Er war ein Einzelgänger, der selbst seinen ältesten Mitarbeitern abweisend und unergründlich erschien. Sein engster Freund und Vertrauter war neben seiner Familie der ältere Bruder Roy (1893 bis 1971), der in der Kindheit eine Art Elternersatz übernommen hatte.

Vielleicht die glücklichste Zeit seiner Kindheit verlebte Walt von 1906 bis 1910 in der Kleinstadt Marceline im Staat Missouri, etwa hundert Meilen nordöstlich von Kansas City. Sein Vater hatte seine Tätigkeit als Bauunternehmer in Chicago aufgegeben und hier eine kleine Farm gekauft. Diese Kindheit im ländlichen Mittelwesten versuchte Walt später immer wieder zurückzuholen. Sein Grundstück in Kalifornien versah er mit einem Nachbau der elterlichen Scheune, und die »Main Street« von Disneyland ist eine im Maßstab verkleinerte und idealisierte Nachbildung der Hauptstraße von Marceline. Walts spätere Vorliebe für die Eisenbahn hat ebenfalls ihren Ursprung in Marceline. Die Stadt verdankte ihre Gründung 1888 der nahegelegenen Santa-Fé-Eisenbahn. Walt benutzte jede Gelegenheit, um durchfahrende Züge zu beobachten.

Von Kind auf war Walt harte Arbeit gewohnt. Elias Disney gab 1910 die Farm auf und zog mit der Familie nach Kansas City, wo er einen Zeitungszustelldienst übernahm. Der neunjährige Walt mußte seinem Vater beim Vertrieb der Zeitungen helfen. Sechs Jahre lang hieß es, um halb vier aufzustehen und bei jedem Wetter Zeitungen zuzustellen, danach – noch vor der Schule – Zeitungen auf der Straße zu verkaufen. Noch im Alter plagten ihn Alpträume von den Schneebergen, die er durchzukämpfen hatte, um der Order seines Vaters gemäß die Zeitungen in den Windfang der Häuser zu legen. Nach Schulschluß arbeitete Walt in einem Süßwarenladen. Er erhielt weder Spielzeug noch Taschengeld.

Erst als Erwachsener, in seinen Filmen und vor allem durch den Vergnügungspark Disneyland konnte Walt die verlorene Kindheit nachholen. Sein Leben lang war Walt Disney von Arbeit besessen, sein tägliches Arbeitspensum betrug zwölf Stunden, er arbeitete Nächte durch, auf Urlaub reagierte er unwillig. Diese Einstellung zur Arbeit und sein Perfektionismus führten immer wieder zu Zusammenstößen mit seinen Angestellten, bei denen er den gleichen Eifer voraussetzte. Eine neuere Biographie von Leonard Mosley charakterisiert Walt Disney als einen von einem inneren Dämon getriebenen Menschen.

Die Kinder- und Jugendjahre im Mittleren Westen prägten Walt Disneys Weltanschauung und seine Wertvorstellungen. Seine Filme und später die »Themenparks« Disneyland und Walt Disney World spiegeln deutlich die Ideologie der protestantischen weißen Mittelklasse. Gestützt auf die Thesen eines Psychiaters aus Kansas City hat der kritische Disney-Biograph Richard Schickel Disneys Drang, andere zu beherrschen, alles zu kontrollieren und seine Umgebung sauber zu halten, auf die Mentalität der Farmer des Mittelwestens zurückgeführt. Der Farmer kann keine Freude über das Land im Urzustand empfinden, er muß kultivieren, säubern, das Wilde zähmen und immer mehr in Besitz nehmen. So ist Disneys Maus von Anfang an eine »saubere« Maus, die Landschaft seiner Filme erscheint geschönt, das wirkliche Leben, das auch häßlich sein kann, wird in den Filmen verdrängt. In seiner Organisation wollte Disney über alles seine Kontrolle behalten. Das ging so weit, daß er nachts die Schreibtische und Papierkörbe der Zeichner durchwühlte, sich um durchgebrannte Glühbirnen und weggeworfenes Papier auf den Straßen von Disneyland kümmerte.

An sich gibt es nichts in der Familie von Walt Disney, was auf eine außergewöhnliche Begabung hinweisen könnte. Im Elternhaus erhielt er kaum Anregungen für irgendeine künstlerische Betätigung. Außer Karikaturen und Comic strips in Zeitungen lernte er keine künstlerischen Bilder kennen. Die Bilder, die er dort sah, gehörten nicht der »hohen«, sondern der populären Kunst an. Zeichnerische Begabung zeigte sich schon in Walts Kindheit. Eine weitergehende formale Ausbildung konnte er nicht genießen. Als Dreizehnjähriger besuchte er im Kansas City Art Institute einen Kurs für Jugendliche im Zeichnen und Malen. Gleichzeitig studierte er Gags in Unterhaltungsshows und Slapstick-Filmen und trat zusammen mit einem Freund in einigen Amateurvorstellungen auf. Das Vorbild war Charlie Chaplin, der zu dieser Zeit in seiner Rolle als Tramp mit Slapstick-Komödien in den Kinos erste Welterfolge feiern konnte.

1916 zogen die Disneys nach Chicago, wo Elias Anteile an einer Marmeladenfabrik übernommen hatte. Walt belegte im Chicago Institute of Art Abendkurse bei Cartoonisten der Zeitungen »Chicago Herald« und »Chicago Tribune«. Chicago war zu dieser Zeit eine Hochburg der »Cartoons«. Cartoons ist ein Sammelbegriff für Comic strips und Karikaturen in den Boulevardzeitungen, die mit dem Durchbruch der Rotationspresse zur Jahrhundertwende ein Massenmedium vor allem für die unteren Schichten geworden waren. Besonders die Zeitungen, die zur Kette des Pressezaren William Randolph Hearst gehörten, versuchten, ihre Leser mit immer neuen Sensationen an sich zu binden – und mit Cartoons. Cartoons besaßen im 19. Jahrhundert Vorläufer in europäischen politisch-sozialen Karikaturen, Witzzeichnungen und in Bilderbögen. Letztere waren auch in die USA importiert und dort zu Bildgeschichten mit Sprechblasen weiterentwickelt worden. Dem deutschen Vorbild »Max und Moritz« von Wilhelm Busch etwa waren die »Katzenjammer Kids« nachempfunden, ab 1897 als Comic strip in den Vereinigten Staaten publiziert. Comic strips erschienen zunächst nur in den Sonntagsbeilagen der Zeitungen, später auch täglich, meist als Serien mit vorwiegend humoristischen Inhalten (»Funnies«). Ihre Helden waren leicht wiederzuerkennende Identifikationsfiguren. Die Schülerzeitschrift der Chicagoer High School, die Walt ohne Abschluß besuchte, veröffentlichte 1917 einige seiner Cartoons. Sie befaßten sich mit dem Weltkrieg, in den die USA gerade eingetreten waren, und orientieren sich stilistisch an den gängigen Vorbildern der populären Zeitungsstrips.

1918/19 konnte Walt, der sein Alter gefälscht hatte und in Frankreich als Fahrer für das Rote Kreuz diente, seine Zeichenkunst erstmalig kommerziell verwerten: er bemalte Lastwagenplanen und deutsche Stahlhelme, die als »Scharfschützenhelme« verkauft wurden. Walt beschloß, politischer Karikaturist zu werden. Einschlägige Zeitschriften schickten seine Zeichnungen jedoch wieder zurück. Er fand 1919 in Kansas City eine Anstellung in einer Werbefirma und fertigte dort Skizzen für Reinzeichnungen (gezeichnete reproduktionsfähige Vorlagen). Hier lernte er Ubbe Iwwerks kennen (der später seinen Namen zu Ub Iwerks verkürzte), Sohn holländischer Einwanderer. Iwerks wurde Disneys Partner in einer eigenen Werbefirma, die die beiden nach einem Monat wieder auflösten. Werbung gehörte zu den neuen Medien der Industriegesellschaft, sie war bestimmt von einer Bilderflut. Seit dem ausgehenden 19. Jahrhundert boten die explosionsartig angewachsenen Städte einen großen, leicht zugänglichen Markt für jede Art der Bildreproduktion, angefangen vom Holzschnitt über die Lithographie bis zur Rotationspresse. Das Bild war ein wichtiger Kommunikationsträger, denn nicht alle Menschen konnten lesen.

In einer weiteren Werbefirma lernte Walt 1920 den Zeichen(trick)film (»Animated Cartoon«) kennen. Zeichenfilme waren ebenfalls ein neues Medium, sie entstanden nur wenig später als die Comics. Nach ersten Versuchen in Frankreich in den 1880er Jahren gab es Zeichenfilme in den USA in ihrer eigentlichen Form seit 1906. 1914 meldete der Amerikaner Earl Hurd für eine Erfindung im Bereich des Zeichenfilms ein Patent an. Zeichnungen einzelner Phasen der Bewegung von Figuren sollten auf transparente Zelluloidfolien (»Cels«) übertragen, diese dann auf eine statische Hintergrundzeichnung gelegt und gemeinsam verfilmt werden. Dieses Verfahren revolutionierte den Zeichenfilm und wird bis heute angewandt. Immer mehr Serien entstanden, die weitgehend auf populären Comic strips der Zeitungen basierten: »Al Falfa«, »Mutt and Jeff«, »The Katzenjammer Kids«, »Krazy Kat«, »Happy Hooligan«, »Popeye«. Am erfolgreichsten war der schwarze Kater »Felix the Cat«, der ab 1920 international Furore machte.

1922 wagte Walt erneut den Sprung in die Selbständigkeit und produzierte mit seinem Partner Ub Iwerks und weiteren Mitarbeitern kurze Zeichenfilme, »Laugh-O-Grams«, mit modernisierten Märchenthemen, einige von ihnen sind deutschen Ursprungs, so die »Bremen Town Musicians«. Als die Verleihfirma pleite ging, kam auch Walt in Schwierigkeiten. Er besaß nicht einmal genug Geld, um seine Schuhe von der Reparatur zu holen. 1923 kehrte Walt eine Technik der Zeichenfilmer Max und Dave Fleischer um, die den gezeichneten Clown Koko vor realem, gefilmten Hintergrund agieren ließen. In Disneys neuem Film »Alice's Wonderland« erlebte das (wirkliche) Mädchen Alice Abenteuer in einer Zeichenfilmwelt. Ihr Partner ist die (gezeichnete) Katze Julius. Mit diesem Streifen erweckte Walt bei dem Filmverleih M. J. Winkler in New York Interesse, doch seine Firma besaß nicht genug Kapital, um die Produktion zu Ende zu bringen, und ging in Konkurs.

Walt beschloß, mit seiner Idee nach Hollywood zu gehen. Die großen Animationsfilmstudios lagen zwar in New York, aber Hollywood hatte sich innerhalb kürzester Zeit zur Hauptstadt des Geschäfts mit dem Realfilm entwickelt. Walt kam in Los Angeles bei seinem Onkel Robert unter. Bruder Roy war schon da, er kurierte hier seine Tuberkulose, eine Folge der Armeezeit, aus. Walt lieh sich etwas Geld von seinem Onkel und fing neu an. Als am 16. Oktober 1923 ein Vertrag mit der Verleiherin Winkler zustande kam, gründete Walt mit Roy, der von nun an für das Kaufmännische zuständig war, das »Disney Bros. Studio«. Den Gewinn jeder Folge, die Walt zunächst noch im Alleingang erstellte, investierten die Disneys in die nächste, um die Qualität der Filme zu verbessern. Dieses Prinzip, Qualität vor finanziellen Gewinn zu stellen, sollte zukünftig für Disneys Arbeit charakteristisch werden. Diese hohe Qualität war es auch, die ihn bald vor allen Konkurrenten auszeichnete und die von keinem von ihnen erreicht wurde.

Die Nebenfiguren in Disneys »Alice«-Serie stehen in der Tradition der humoristischen Comics und Filme jener Zeit mit vermenschlichten Tieren (»Funny animals«). So war Disneys Kater Julius »Felix the Cat« nachempfunden. Dessen Zeichner Otto Messmer hatte herausgefunden, daß runde Formen leichter zu animieren sind als kantige. Er führte in den Animationsfilm die Methode ein, Figuren aus Kreisen (für Kopf und Körper) und Schläuchen (für Arme und Beine) zu konstruieren. Vorbild für viele Posen von Felix und den rauhen Slapstick-Humor der Filme bot Charlie Chaplin. Anders jedoch als menschliche Darsteller konnte Felix alle Naturgesetze außer Kraft setzen, seinen Körper beliebig verändern, seinen Schwanz als Baseballschläger, Angel, Fernrohr oder Spazierstock benutzen. Wie in Sullivans Filmen wurden auch in denen von Disney die Gestalten übel zugerichtet und sogar verstümmelt, aber zum Schluß des Films wieder zusammengesetzt, so daß für die Zuschauer der spaßige Charakter der Slapsticks erhalten blieb.

Das Studio prosperierte, was sich auch auf das Privatleben der Disneys auswirkte. 1925 heiratete Roy seine Jugendliebe Edna Francis aus Kansas City, Walt Lilian Bounds aus Idaho, die seit 1923 als Tuscherin und Zeichnerin im Studio beschäftigt war. Walt erzählte später, er habe ihr so viel Gehalt geschuldet und sie deshalb heiraten müssen. Walt zeichnete nun nicht mehr selbst, sondern stellte dafür Mitarbeiter ein. Nach Ub Iwerks holte er zwei andere ehemalige Zeichner von Laugh-O-Gram aus Kansas City: Hugh Harman und Rudolf Ising, weitere folgten. Walt verlegte sich darauf, Ideen zu liefern und die generelle Richtung festzulegen. 1926 wurde ein neues Studio in der Hyperion Avenue bezogen. Viel später definierte Walt Disney gegenüber der »Times« seine Rolle im Studio: »Ich zeichne nicht, schreibe keine Musik oder trage viele Gags und Ideen zu den Filmen bei, die Sie heute sehen. Meine Arbeit ist es, weitgehend zu überwachen, Material auszuwählen und zu formen, zu koordinieren und die Bemühungen unserer Leute zu dirigieren«. Walt verstand es, aus seinen Mitarbeiten Fähigkeiten herauszuholen, »von denen sie nicht wußten, daß sie sie besaßen«, wie einer seiner bekanntesten Animatoren Frank Thomas sagte. Obwohl er nicht selbst zeichnete – Disney war mit Sicherheit ein kreatives Genie, der den meisten seiner Produktionen eine ureigene Note verlieh.

Viele Menschen glaubten noch bis in die siebziger Jahre hinein, jede der Zeichnungen unter seinem Namen stamme von Walt selbst – nach 1926 fertigte er keine einzige Zeichnung für irgendeinen seiner Zeichenfilme. Auch seine Namenssignatur, Markenzeichen und Gütesiegel, war nicht von ihm entworfen. Daß Walt nicht fähig gewesen sei, seine Figuren und seine Signatur eigenhändig zu zeichnen, entspricht allerdings nicht den Tatsachen. Tatsache ist aber, daß die Zeichnungen anderer für Filme und Comics unter seinem Namen veröffentlicht und ihre wahren Urheber selten genannt wurden. Die Kurzfilme führten erst ab 1944 im Vorspann die Namen von Regisseuren, Storymen und Zeichnern regelmäßig auf, die Comic strips bis vor einiger Zeit gar nicht. Dies gehörte in den letzten Jahren zu den Kritikpunkten an den Praktiken der Company. Heute, nachdem man der Marktwert der Disney-Künstler erkannt hat, werden grundsätzlich ihre Namen genannt.

Das Goldene Zeitalter

1927 ließ Disney der »Alice«-Serie eine Serie um das Kaninchen »Oswald the Lucky Rabbit« folgen, die durchgängig animiert war. Oswald übertraf an Qualität bereits die New Yorker Zeichenfilme. Damit war er so erfolgreich, daß der Verleiher Mintz Walt ein Jahr später bei einem Besuch in New York eröffnete, er wolle künftig Oswald-Filme ohne Disney machen. Dies war durchaus möglich, denn das Copyright für die Figur war auf den Namen von Mintz eingetragen. Zudem hatte Mintz hinter Walts Rücken fast alle Disney-Zeichner abgeworben. Von nun an sicherten sich die Disneys stets die Eigentumsrechte an ihren Filmen und Figuren. 1928 ließ Walt den im Studio verbliebenen Ub Iwerks eine neue Figur entwickeln – eine Maus. Die Geschichte der Geburt der Mickey Mouse ist mit vielen Mythen überlagert. Walt soll die zündende Idee im Zug auf der Rückfahrt von dem Fiasko in New York auf der Höhe des heimatlichen Kansas City gehabt haben, heißt eine der Legenden. Er habe sich an eine zahme Maus auf seinem Zeichenbrett erinnert und die Maus »Mortimer« nennen wollen, seine Frau Lilian dagegen für »Mickey« plädiert. Ganz neu waren allerdings weder der Name noch die Gestalt der Maus. In Disneys Alice-Filmen taucht schon eine Maus auf, die wie der Prototyp der späteren Mickey Mouse aussieht, und die Figur von Mickey ist eine formale Weiterentwicklung des Kaninchens Oswald. Als Namen gab es Mickey und Minnie Mouse bereits. Die Frauenzeitschrift »Good Housekeeping« hatte 1921 eine Geschichte mit Mäusen diesen Namens gebracht. Neu und mitreißend war jedoch der quirlige Charakter der Filmmaus.

Für seine ersten zwei Filme mit Mickey fand Walt zunächst keine kommerzielle Vertriebsmöglichkeit. Der dritte, »Steamboat Willie«, geriet nach der Premiere am 18. November 1928 zur Sensation, denn er besaß eine musikalische Untermalung und Mickey sprach ein paar Sätze. Der erste Realfilm mit Ton, »The Jazz Singer«, war erst am 6. Oktober des Vorjahres in die Kinos gekommen. Für Walt bot sich die Chance, in Neuland vorzustoßen. Mickey Mouse wurde schnell ein Star, der an Beliebtheit den »menschlichen« Stars bald um nichts mehr nachstand. Das »Goldene Zeitalter der Maus« begann. Filme mit Mickey und Minnie Mouse und ihren

Die »Vorfahren« von Mickey Mouse: eine Maus aus der »Alice«-Serie und »Oswalt« das Kaninchen, beides Figuren aus Walt Disneys Filmen von 1923 bis 1928.

Mickey Mouse überholte Anfang der Dreißiger menschliche Stars in der Gunst des Publikums. Solche Karten exportierte die britische Inter Art Company mit deutschen Bildunterschriften nach Deutschland.

1932 erhielten Walt und Roy Disney für die Figur von Mickey Mouse einen Oscar. Auf dem Bild ist eine Mickey-Puppe von Charlotte Clark aus Los Angeles zu sehen, die Walt allen anderen Fabrikaten vorzog.

Freunden liefen bereits 1929 mit großem Erfolg in England. 1930 hatten 468 Millionen Zuschauer auf der ganzen Welt Beifilme mit Mickey Mouse gesehen. Mickey verdrängte in den Kinos die Slapstick-Filme mit Charlie Chaplin und anderen Stummfilmstars.

Die frühen Filme mit Mickey sind anarchisch, gewalttätig und voller derbem, ländlichem Humor. So geriet einer der Filme in das Kreuzfeuer der mächtigen amerikanischen Hausfrauenvereinigungen: Kritisiert wurde, daß eine Kuh mit sehr strammem Euter mit tiefer aufreizender Stimme muhte. In einem der nächsten Film ließ Walt die Kuh dann mit Euterhalter auftreten und mit sanfter Engelsstimme muhen. Spätestens Mitte der Dreißiger war die Frühphase des Disney-Studios vorbei, wenn es auch in einigen Donald- und Goofy-Filmen in den Vierzigern noch recht drastisch zuging. Heute werden viele der frühesten Disney-Filme mit ihrer Derbheit und ihren Horror- und Abenteuerszenen nicht mehr gezeigt, da sie dem Image der Company abträglich sein könnten.

Neben Mickey hatte Walt 1929 eine weitere Kurzfilmserie lanciert, die »Silly Symphonies«, deren erste Folge, »The Skeleton Dance« (Tanz der Skelette), als Klassiker und einer der besten kurzen Zeichenfilme gilt. Der Anstoß zu dieser Serie kam von dem ehemaligen Kinoorganisten Carl Stalling, der die Musik zu »Steamboat Willie« komponiert und arrangiert hatte. In den Silly Symphonies richteten sich die Zeichnungen nach der – in der Regel klassischen – Musik und nicht die Musik nach dem Ablauf der Bewegungen. Die Silly Symphonies waren weniger gewinnträchtig als die Filme mit Mickey, erhielten aber ab 1932 fast jedes Jahr einen Oscar. Sie dienten Walt als Experimentierfeld für neue Stile, Erzählweisen und Techniken, die er später in seinen abendfüllenden Animationsfilmen einsetzen konnte. Es war Roy Disneys Aufgabe, Geldgeber zu finden, und so ist es vor allem sein Verdienst, daß Walt in seinen Filmen, ohne Kosten scheuen zu müssen, experimentieren konnte. Ein großer künstlerischer Verlust war 1930 der Weggang von Ub Iwerks, den Pat Powers, der Verleiher von Disney-Filmen, abwarb. Nachdem Iwerks mit seiner eigenen Serie »Flip the Frog« keinen Erfolg hatte, sollte er 1940 wieder zu Disney zurückkehren, allerdings nicht mehr als Zeichner, sondern als Spezialist für technische Effekte und Kameratricks. Aus Kunstakademien und anderen Zeichenfilmstudios stießen neue, hervorragende Künstler zu Disney. Immer wieder erinnern sich ehemalige Animatoren an die unglaublich freie und kreative Atmosphäre im Studio. 1931 besaß ein zuerst in den Vereinigten Staaten von Kinobesitzern ins Leben gerufener und organisierter »Mickey Mouse Club« weltweit eine Million Mitglieder. Es gab Clubausweise, einen Song und eine Zeitschrift. Beabsichtigt war neben dem Werbeeffekt eine gewisse patriotische und ethische Erziehung. Kinder sollten angehalten werden, aufrechte »kleine Bürger« zu werden, die Respekt gegenüber den Eltern, Älteren, Jüngeren und Schwächeren zu zeigen hatten. Bei Filmvorführungen mit Mickey-Cartoons gab es eine Club-Zeremonie mit einem Schwur: »Micky Mäuse fluchen, rauchen, betrügen und lügen nicht«. Mickey Mouse wurde von Cole Porter besungen, von Madame Tussaud in Wachs modelliert, in das »Who is Who« und die »Encyclopaedia Britannica« aufgenommen. Walt Disney wurde von Intellektuellen, Schriftstellern, Künstlern und Filmemachern, etwa Sergej Eisenstein, gepriesen.

Die Erfolge der Kurzfilme mit Mickey und besonders der Silly Symphony »The Three Little Pigs« von 1933 sind auch aus der Zeitgeschichte heraus zu verstehen. 1929 hatte mit dem Börsenkrach eine Krise begonnen, die die Vereinigten Staaten in die »Große Depression« stürzte und die sich zur Weltwirtschaftskrise ausweitete. 1932, das Jahr, in dem Franklin D. Roosevelt zum Präsident gewählt wurde, waren 18 Millionen Amerikaner arbeitslos. Das standfeste Haus der Schweinchen, das den bösen Wolf abhält, wurde als Symbol der Politik des Präsidenten gedeutet, der die Depression mit optimistischer Haltung anging. Die Melodie »Who's Afraid of the

Big Bad Wolf«, komponiert von dem ehemaligen Barmusiker Frank Churchill, wurde zum ersten Hit, der aus einem Animationsfilm stammte. Der Song geriet zur inoffiziellen Nationalhymne des »New Deal«, dem sozial- und wirtschaftsreformerischen Programm Roosevelts. Die Disney-Studios wurden durch die Depression in keiner Weise beeinträchtigt, im Gegenteil, viele Menschen versuchten, die schweren Zeiten wenigstens für einige Stunden im Kino zu vergessen.

Zu dem Erfolg mit Filmen kamen die Einnahmen aus dem Character Merchandise: Produkte der Konsumgüterindustrie, die die aus den Filmen bekannten Figuren vermarkteten und den Disneys Lizenzgebühren brachten. Im Merchandising setzten die Disneys völlig neue Standards. 1930 hatten die Brüder Merchandising-Verträge mit zwei Firmen geschlossen. George Borgfeldt in New York durfte nun Disney-Artikel für Nordamerika herstellen, vertreiben und Sublizenzen vergeben. William B. Levy nahm von London aus Disneys Interessen in den übrigen Ländern der Erde wahr. 1932 erhielt die Produktion von Disney-Merchandise einen gewaltigen Schub. Herman »Kay« Kamen, ein Werbefachmann aus Kansas City, wurde alleiniger Lizenzinhaber für die ganze Welt. Er konnte ganz erstaunliche Verkaufserfolge verzeichnen. Ein Jahrzehnt später sollten 10 Prozent der gesamten Einnahmen der Company aus Lizenzgebühren kommen.

Auch in den überseeischen Ländern, die von der Weltwirtschaftskrise geschüttelt waren, machte Mickey Furore. Millionen liebten die Maus, und nicht nur US-Präsident Roosevelt gehörte zu Mickeys Anhängern, sondern auch König Georg V. und Königin Mary von England, Benito Mussolini, Kanadas Premier Mackenzie King, Jan Christian Smuts, Premier von Südafrika, und Mahomet Zahir Khan, der Herrscher von Hyderabad im südlichen Zentralindien. Auch Adolf Hitler war – entgegen landläufiger Meinung – durchaus dem Charme der Maus erlegen. Zu den jüngeren Mickey-Fans gehörten der junge König von Siam und Prinzessin Elizabeth Alexandra Mary, die zukünftige Königin von England. 1935 erhielt Walt in Paris eine Medaille von der Liga der Nationen für seine Förderung internationalen guten Willens durch seine Filme mit Mickey Mouse. In der Sowjetunion schätzte man Disney, entlarve er doch in seinen »sozialen Satiren« die »Menschen der kapitalistischen Welt unter der Maske von Schweinen, Mäusen und Pinguinen«. 1935 erhielten Disney-Filme auf dem Moskauer Filmfestival eine Auszeichnung.

Um 1937 erschien Mickey in der einen oder anderen Form bei 38 Nationen. In Afrika nahmen einige Stämme keine geschenkte Seife an, wenn sie nicht mit Mickeys Bild versehen war, andere verwendeten Mickey Mouse als Amulette. Ein Korrespondent des »Daily Herald« sichtete die Maus auf seiner Weltreise im Pazifik, in Japan und China und in Manchuli, der Transferstation zwischen der Transsibirischen und der Chinesischen Eisenbahn. In Japan sollte die Maus die populärste Gestalt nach dem Kaiser sein. Die Herzogin von Alba, deren Ahnin einst mit Goya liiert gewesen war, wurde auf ihrem ersten Porträt mit ihrer Mickey-Mouse-Puppe verewigt, das Bild hängt heute neben den Alten Meistern in der Familiengalerie. Mickey wurde sogar zum Politikum. Im Dezember 1937 wurde der von Floyd Gottfredson gezeichnete Strip »Monarch of Medioka«, der auch in der jugoslawischen Zeitung »Politika« erschien, verboten. Verschwörung in einem europäischen Königreich – eine solche Comic-Handlung erschien den Zensoren angesichts von Parallelen in der jugoslawischen Monarchie zu risikoreich. Der Korrespondent der »New York Times«, der über den Vorfall berichtet hatte, wurde ausgewiesen.

Mickeys Aussehen war starken Veränderungen unterworfen: Das Rattenhafte und die sichtbaren Zähne verschwanden schon 1930. Er erhielt Schuhe, Handschuhe und »Tortenaugen« mit kleinen Einschnitten, die jedoch 1935 wieder wegfielen. Die Neuerungen waren Werk des Animators Fred Moore. 1938 verlieh ihm Ward Kimball Augen mit Pupillen, und von nun an trug Mickey, »erwachsen« geworden, lange Hosen. Mickeys unbekümmerte Art und sein Optimismus, mit dem er in seinen

In dem Cartoon »Mickey's Trailer« von 1938 unternehmen Mickey, Donald und Goofy eine chaotische Ferienfahrt im Wohnwagen.

frühen Filmen seine Probleme mit »großen Tieren« meistert, spiegeln viel von Walts Persönlichkeit. Bis 1946 verlieh er der Maus die hohe Falsett-Stimme. In den Kurzfilmen verlor Mickey allerdings in den späten Dreißigern an Bedeutung und wandelte sich zunehmend zur Symbolfigur für die Firma. Dafür gewannen andere Figuren an Beliebtheit: Pluto, Mickeys verständiger »Bluthund«, tauchte 1930 erstmalig auf, seinen Charakter definierte Norman Ferguson; Goofy, der liebenswert-tölpelhafte »Hund«, dessen Charakter Art Babbitt entwickelte, wurde 1932 eingeführt. Liebling des Publikums wurde vor allem aber der cholerische Enterich Donald Duck, der 1934 – animiert von Babbitt – seinen ersten Auftritt hatte.

Auch Donalds Aussehen – entwickelt von Dick Lundy und Fred Spencer – wandelte sich in den ersten Jahren. Donald verlor das Entenhafte und erhielt Hände, der Hals wurde kürzer, die Füße breiter. Sein langer Schnabel wurde 1936 etwas verkürzt, bis er 1938 seine endgültige Form erhielt. Donalds Gequake, dem die Figur viel von ihrer Beliebtheit verdankte, stammte von dem ehemaligen Milchmann Clarence Nash. Donalds Charakter ließ allerhand zu, er durfte all das, was Mickey nicht mehr durfte, Donald war geschwätzig, jähzornig, ungezügelt und konnte dabei auch Schläge einstecken. Dagegen zeigte Mr. Mouse seit Mitte der Dreißiger untadeliges Benehmen. Sein Charakter entwickelte sich zu dem eines gesetzten und bürgerlichen guten Amerikaners – ganz wie Walt, der zunehmend konservativer wurde. In den vierziger Jahren war Goofy beliebter Star einer Reihe von Kurzfilmen.

Innovator und Konservativer

Disneys Studio stand stets an erster Stelle im Einsatz technischer Innovationen. Walt Disney führte früh die Prinzipien der industriellen Fertigung ein, die Massenproduktion nach dem Fließbandprinzip von Henry Ford und eine effektive Arbeitsteilung. Da Zeichenfilme in der Herstellung teurer als Realfilme sind, trachtete Walt danach, bei geringsten Kosten ein hohes Produktionstempo zu erreichen. Menschliche Figuren, die schwerer zu animieren sind, wurden eliminiert. Die Mäuse und andere Tiergestalten nur mit vier Fingern zu zeichnen, sparte viel Geld. Mit standardisierten gerundeten Tierfiguren konnten viele Animatoren gleichzeitig am selben Film arbeiten, jeder Künstler zeichnete eine bestimmte Passage des Films, der schließlich zusammengesetzt wurde. Spezialisten fertigten Vorentwürfe und entwickelten Geschichte und Gags, die Animatoren entwarfen Rohzeichnungen, die von Assistenzzeichnern und Reinzeichnern vollendet wurden.

1928 hatte Walt als erster das Tonspurverfahren im Animationsfilm benutzt, 1931 erstmalig einen Moviola-Projektor dazu eingesetzt, um vorab verfilmte Szenen korrigieren zu können (in einem kleinen überhitzten Raum, daher nannten die Zeichner diesen Testdurchlauf »Sweatbox«). 1932 führte Walt in »Flowers and Trees« das neue Drei-Farben-System von Technicolor ein, im gleichen Jahr ließ er die zeichnerischen Fähigkeiten seiner Zeichner in Abendkursen mit Naturstudien verbessern. 1933 verlieh er mit den drei Schweinchen Zeichenfilmfiguren erstmalig eigenständige Persönlichkeiten (»Personality Animation«), 1934 führte er das »Storyboard« ein, eine Wandtafel, auf der Zeichnungen und Notizen befestigt wurden, um die Geschichte planen und entwickeln zu können. Mit Storykonferenzen und Brainstorming übernahm Disney Methoden des modernen Managements. 1935 ließ Walt seine Filme analysieren und den Charakter der Figuren genau definieren; in »The Tortoise and The Hare« wurde zum erstenmal im Zeichenfilm Geschwindigkeit dargestellt. Ebenfalls 1935 animierten Disneys Künstler die Hintergründe in wechselnder Perspektive und erreichten dadurch den Eindruck von Tiefe. 1937 setzte Walt in »The Old Mill« die »Multiplan«-Kamera ein, die durch mehrere Ebenen von Zeichnungen vom Vordergrund bis zum Hintergrund geführt werden kann. Dadurch entsteht der Eindruck von Dreidimensionalität.

Disney standen jetzt die besten Animatoren der Vereinigten Staaten zur Verfügung. Zusammen mit dem Veteranen Les Clark arbeiteten bei Disney einige junge Männer: Frank Thomas, Ollie Johnston, Milt Kahl, Marc Davis, Wolfgang (Woolie) Reitherman, Eric Larson, John Lounsbery und Ward Kimball. Diese Animatoren sollten später als die »Nine Old Men« (die neun Alten) den harten Kern des Studios bilden. Walt hatte erkannt, daß der Markt für Kurzfilme in Zukunft beschränkt sein würde. Auf seiner Europareise 1935 sah er, daß man in Stockholm, Paris und Berlin dazu übergegangen war, mehrere seiner Cartoons hintereinander und sonst nichts vorzuführen. Zur Produktion des ersten abendfüllenden Zeichenfilms »Snow White and The Seven Dwarfs« (1937, »Schneewittchen und die sieben Zwerge«) nahm das Studio räumlich und personell größte Ausmaße an. Kritiker priesen den Film als einen Schritt, den Animationsfilm zu einer eigenen Kunstform zu erheben. Verantwortliche Chefzeichner waren Norman (Fergy) Ferguson, Hamilton (Ham) Luske, Fred Moore und Vladimir (Bill oder T-bone) Tytla. Einzelne Passagen der Handlung hatte Walt von Schauspielern spielen und verfilmen lassen; im Rotoskopie-Verfahren wurden diese Bilder anschließend auf Zeichenpapier übertragen und dienten als Basis für die Animation.

Ein Cel aus Walt Disneys Meisterwerk »Snow White and the Seven Dwarfs« von 1937 – jeder der Zwerge besitzt einen eigenen Charakter.

Die vierziger Jahre brachten für das Studio erhebliche Rückschläge mit sich. Der künstlerisch hervorragende Film »Pinocchio« konnte 1940 zunächst kein größerer Erfolg werden, denn mit Beginn des Zweiten Weltkriegs änderte sich die Situation für die Disney-Organisation. Etwa 45 Prozent ihres Einkommens kam von überseeischen Märkten; durch die Kriegshandlungen gingen Deutschland, Österreich, Italien, Polen und die Tschechoslowakei als Markt verloren. Die Einnahmen aus England und Frankreich mußten im Land verbleiben und wurden »eingefroren«. Schon vorher hatte Disney in verschiedenen Ländern aufgrund verschärfter Devisenbestimmungen Probleme gehabt, Gelder herauszubekommen. 1940 verwendete Walt in dem Film »Fantasia«, bei dessen künstlerischer Entwicklung sich vor allem Bill Tytla hervortat, erstmalig Stereoton; ein Breitleinwandverfahren konnte er aus Kostengründen nicht durchsetzen. Nach dem Silly-Symphony-Rezept wurden in »Fantasia« klassische Kompositionen auf die Leinwand umgesetzt. Das gewagte Experiment erwies sich jedoch an den Kinokassen als Flop; Kritiker bemängelten die Eingriffe an den musikalischen Klassikern. Um die Verluste wettzumachen, produzierte man 1941 mit großem Erfolg den Low-Budget-Film »Dumbo«.

Nach dem japanischen Angriff auf Pearl Harbor, der für die USA den Kriegsbeginn bedeutete, wurden mehrere Monate lang 700 Mann einer Flugabwehreinheit im Studio einquartiert. Materialkürzungen und Einberufungen behinderten die Produktion. »Bambi« (1942) war noch in Friedenszeiten begonnen worden. Disney widmete sich jetzt fast ausschließlich patriotischen Aufgaben. Seine Künstler entwarfen kostenlos militärische Insignien. Und zwischen 1942 und 1945 produzierte das Studio mit mäßigem Gewinn vorwiegend militärische und Propagandafilme, darunter den Oscar-Gewinner »Der Fuehrer's Face« von 1943. Nach dem Krieg sollten in dieser Tradition Werbe- und Unterrichtsfilme für private Wirtschaftsunternehmen hergestellt werden.

Im Disney-Studio war in den späten Dreißigern unter den Mitarbeitern die Unzufriedenheit gewachsen. Durch die unverhältnismäßige Expansion nach »Snow White« – 1939 hatte man ein riesiges neues Studio in der Buena Vista Street in Burbank bezogen – waren die Disneys in die Abhängigkeit von fremden Geldgebern geraten. Im April 1940 waren sie gezwungen, Aktien an der Börse zum Verkauf freizugeben. Walt versuchte, die totale Kontrolle über seine Filme zu behalten, und setzte 1940 das »Animation Board« ein, das ihn als überwachende Instanz vertreten sollte. In dem Massenbetrieb des neuen Studios mit zeitweilig fast 1500 Angestellten, davon 900 im kreativen Bereich, bestanden nun nicht mehr die künstlerischen Freiheiten der Frühzeit. Die Mitarbeiter waren unzufrieden über die Verteilung der

Prämien von »Snow White«. Dazu kam die Angst vor Entlassungen durch die mißliche finanzielle Lage des Studios und Walts verfehlte Gewerkschaftspolitik.

Seitdem 1935 durch das Wagner Labor Relations Act Organisationen der Arbeiter zugelassen waren, hatte der Einfluß von Gewerkschaften in allen Industriezweigen, so auch in den Filmstudios, zugenommen. Das Disney-Studio widersetzte sich zunächst den Bestrebungen der Gewerkschaft der Animatoren (Screen Cartoonists Guild), dort Einfluß zu gewinnen. Walt selbst war in politischen Angelegenheiten oft naiv, seine konservativ-reaktionären Rechtsberater, voran Gunther Lessing, gleichzeitig Vizepräsident der Firma, empfahlen ihm 1940, als Gegenmaßnahme eine firmeneigene Gewerkschaft zu gründen. Die Screen Cartoonists Guild zweifelte jedoch an, daß diese die Interessen der Arbeitnehmer vertrete. Als Walt den Chefzeichner Art Babbit wegen Zugehörigkeit zur Guild entließ, begann 1941 ein neunwöchiger hart geführter Solidaritätsstreik. Disney stellte Streikbrecher an, während sich auf der Gegenseite – wie Fotos beweisen sollen – Disney-fremde »professionelle« Streiker postierten.

Die Gewerkschaft warf Disney Ausbeutung vor: Er habe Mitarbeiter zu niedrigen Löhnen beschäftigt, während sie bei ihm Erfahrungen gewannen, und gefeuert, als sie anschließend eine adäquate Bezahlung verlangten. Walt bezeichnete dagegen den Streik als kommunistische Verschwörung, die seinen Ruin zum Ziel hatte. Der Gewerkschaft gelang es, bei Kinos einen Boykott von Disney-Filmen zu erreichen. Walt selbst flog noch während des Streiks mit einem Team von Zeichnern auf eine mehrwöchige, von der US-Regierung unterstützte Reise durch verschiedene Länder Lateinamerikas. Beabsichtigt war, für gute Nachbarschaft zwischen den amerikanischen Staaten zu werben und gleichzeitig Filme für Lateinamerika zu produzieren. Als er zurückkehrte, war der Streik mit einem Sieg der Gewerkschaft beendet, die von nun an die Interessen der Angestellten vertrat. Die Entlassung von Babitt mußte zurückgenommen werden, er verließ aber nach drei Jahren von selbst das Studio. Die frühere persönlich-kreative Atmosphäre und ein engeres Verhältnis von Walt zu seinen Künstlern sollte es nicht mehr geben. Eine Reihe von hervorragenden Mitarbeitern, darunter Bill Tytla, Walt Kelly, Carl Barks und Jack Bradbury, wurden nach dem Streik entlassen oder kündigten von sich aus. Viele von ihnen machten Karriere bei anderen Studios oder als Comiczeichner.

Walt fühlte sich durch die Streikenden und die Kündigungen der Mitarbeiter persönlich angegriffen, seine konservativen Ansichten verstärkten sich. Möglicherweise lagen die Ursprünge dieser Ansichten in der Haßliebe zu seinem Vater, der sozialistisch wählte und zeitweilig eine linke Zeitung abonniert hatte. Walt teilte, wie sein Biograph Mosley überliefert hat, auch die Ansichten vieler anderer amerikanischer Konservativer mit Mittelwest-Hintergrund. Im Studio wurden keine Juden und in gehobenen Positionen keine Schwarzen beschäftigt, Frauen fast ausschließlich im nicht-künstlerischen Bereich. Im Zweiten Weltkrieg hatte Walt 90 Prozent seiner Filme im Auftrag der Regierung produziert, nun stellte Walt fest, daß andere Filmstudios Hollywoods aus ihren Unterhaltungsfilmen Kapital geschlagen hatten, während er mit fast 5 Millionen Dollar in den roten Zahlen stand. Er blickte mit Zorn auf diese Studios, die fast alle in jüdischem Besitz waren.

Mit den Juden in der Filmbranche brachten manche die vermeintlich drohende kommunistische Gefahr in Hollywood zusammen. Seit Kriegsende war die Allianz zwischen den USA und der UdSSR beendet. Die Linke, zu der etliche Filmschaffende zählten, wurde als äußere und innere Bedrohung angesehen. Nach einem gewalttätigen Streik bei Warner Brothers 1946 wurde der Kongreßausschuß für Unamerikanische Umtriebe (House Un-American Activities Committee) eingesetzt. 1947 sagte Walt neben Ronald Reagan, dem Präsidenten der Filmschauspielergilde, vor dem Ausschuß als einer der »freundlichen« Zeugen aus. Als 1964 der demokratische Präsident Lyndon B. Johnson Walt Disney mit der »Medal of Freedom« den höchsten zivilen Orden der USA verlieh, trug dieser einen Wahlkampfknopf für den reaktionären Republikaner Barry Goldwater. Er unterstützte verschiedene republikanische Politiker mit Wahlkampfgeldern, darunter Ronald Reagan. Als Mitte der sechziger Jahre die Disney-Organisation in einem unberührten kalifornischen Nationalpark das riesige Skizentrum Mineral King plante, konnte Reagan, mittlerweile Gouverneur von Kalifornien, sich revanchieren. Er votierte im Kongreß für eine Zufahrtsstraße zu dem Skigebiet durch eine Zone mit seltenen Redwood-Bäumen.

Neue Märkte

Aus der Goodwill-Tour 1941 nach Lateinamerika resultierten zwei Filme mit viel Lokalkolorit, »Saludos Amigos« (1942) und »The Three Caballeros« (1945). Sie halfen, Lateinamerika als neuen Markt zu erschließen und damit Ersatz für verlorengegangene europäische Einnahmen zu schaffen. Zwar waren Disneys Filme dort schon vor dem Krieg gelaufen, doch war dies ein erster massiver Vorstoß in Länder der Dritten Welt. Zu den Mitteln, Fuß zu fassen, gehörten neben Filmen vor allem Comics. Zeitungscomics mit Mickeys Abenteuern wurden bereits ab 1930 in vielen Ländern verbreitet, ab 1932 kamen Mickey-Mouse-Zeitschriften bestehend aus Nachdrucken von Zeitungsstrips, Rätseln und Spielen heraus. Sie wurden in den frühen Vierzigern in den USA durch Comic books mit eigens für sie gezeichneten Comic-Geschichten abgelöst. Unbestrittener Star der Comicserien »Walt Disney's Comics and Stories« und »Dell Four Color« war Donald Duck, ab 1942 meisterhaft gezeichnet von dem Autodidakten Carl Barks. Disney-Comic books nach dem US-amerikanischen Muster erschienen in Argentinien seit 1944, in Mexico seit 1949 und in Brasilien seit 1950. In den späten vierziger und frühen fünfziger Jahren wurden Disneys Serien zu multinationalen Comics. Zusammen mit Filmen und dem anderen Merchandise übten sie einen bedeutenden Einfluß auf die Kultur des jeweiligen Landes aus.

Speziell für den südamerikanischen Markt war die Figur des José (Zé) Carioca entworfen. Der Papagei aus Rio de Janeiro wurde 1961 in Brasilien Titelfigur einer eigenen Comicserie.

In der Phase der Allende-Regierung in Chile veröffentlichten der chilenische Literaturkritiker und Romancier Ariel Dorfman und der belgische Soziologe Armand Mattelart die Studie »Para Leer al Pato Donald« (1971, »Walt Disneys ›Dritte Welt‹«). Sie zeigten auf, wie Disneys Produkte angeblich den Alltag in Mittel- und Südamerika bestimmten und die Kultur massiv ideologisch beeinflußten. Dies hänge – so die Autoren – mit der wirtschaftlichen Abhängigkeit der betreffenden Staaten von den USA zusammen. Die Geschichten in den Comics förderten den US-Kolonialismus in der Dritten Welt und verhinderten gegenläufige Entwicklungen. Besonders viele kritische Punkte sahen die Autoren in den Donald Duck-Geschichten von Carl Barks. Arbeit im Sinne industrieller Produktion sowie Arbeiter würden hier nicht auftauchen. Dagegen ginge es zumeist um Bereicherung durch Gold- und Schatzsuche in Ländern der Dritten Welt, in den Geschichten mit verfremdeten Namen genannt: Chiliburgeria, Brutopia, Foola Zoola, Jumbostan, Unsteadystan. Dorthin werde US-Kultur importiert, ohne auf das nationale kulturelle Erbe Rücksicht zu nehmen. Die Bewohner der kolonialisierten Länder seien meist »gute Wilde«, ihre Darstellung sei durch stereotype Karikaturen und rassistische Vorurteile geprägt. Proteste und Revolutionen in diesen Ländern würden moralisch geächtet, der Leser sei gezwungen, den Blickpunkt der Herrschenden einzunehmen.

Daß in der Tat viele der Geschichten von Carl Barks ethnische Klischees spiegeln, ist für Comics durchaus nicht ungewöhnlich. Schon in der Frühzeit der Zeitungsstrips hatte man sich dort über Einwanderer und ihr soziales und sprachliches Verhalten lustig gemacht. Schließlich waren die Vereinigten Staaten ein »multikulturelles« Gebilde, im New York der Jahrhundertwende sprach man über 70 verschiedene Sprachen, ein Drittel der Einwohner waren Einwanderer. Zielscheibe des Spotts der Bildgeschichten wurden auch Schwarze und Südstaatler. Reisen, die die frühen

Comic-Helden in ferne Länder unternahmen, strotzen von Klischees. In den frühen langen Abenteuer-Strips mit Mickey Mouse, von Floyd Gottfredson gezeichnet, tauchen kannibalische Afrikaner, redefaule Indianer, betrügerische Zigeuner und viele andere ethnische Stereotypen auf. In den Disney-Filmen gab es ebenfalls Klischees: In der Urversion der »Three Little Pigs« stellte der Wolf eine Karikatur eines jüdischen Handelsvertreters dar, die Krähen in »Dumbo« sind Schwarze vom Typ Onkel Tom.

Die Disney-Organisation reagierte auf die Kritik von Dorfman und Mattelart. Verschiedene Comics von Floyd Gottfredson, Al Taliaferro und besonders von Carl Barks kamen auf eine interne Zensurliste. Geschichten mit teilweise recht drastischen Gags und Klischees, die nach heutigem Verständnis rassistisch sind, werden nur noch verändert nachgedruckt. Aus dem Werk von Carl Barks gehören dazu »Donald Duck's Atom Bomb« und »Volcano Valley« (1947) mit ständig siesta-haltenden, faulen Mexikanern, »In Darkest Africa« (1948), »Race to the South Seas« (1949), »A Cold Bargain« (1957), in der der Botschafter von Brutopia, der wie Chruschtschow aussieht, hinter dem kostbaren »Bombastium« (Uran oder Plutonium zur Atomspaltung) herjagt, »Bongo on the Congo« (1961). Der Strip »The Treasure of Marco Polo« (1966), der die kriegerischen Auseinandersetzungen in »Unsteadystan« (Vietnam) aufzeichnet, darf überhaupt nicht mehr nachgedruckt werden.

Einige Geschichten von Carl Barks dürfen nur noch mit Änderungen nachgedruckt werden. In der niederländischen »Donald Duck« war 1981 die Figur »Bombie der Zombie« noch in der ursprünglichen Fassung von 1949, im »Gladstone Comic Album« 1989 dagegen verändert zu sehen.

Als 1989 in den USA der Barks-Comic »Voodoo Hoodoo« von 1949 erneut erschien, waren die negroiden Attribute des Zombie und der Nebenfiguren sowie der Dialekt entfernt. Dagegen wurde eine ursprüngliche Zensur der Geschichte wieder aufgehoben. Seinerzeit hatte man aus der von Barks vorgelegten Version alle Hinweise entfernt, daß der Zombie »tot« sein könnte, was vierzig Jahre später niemand mehr zu schrecken scheint.

Seitdem man mehr über Carl Barks weiß, hat sich die Meinung der Kritiker etwas gewandelt. Ariel Dorfman läßt Barks in seinem Roman »Last Song of Manuel Sendero« (1987) als tragende Figur auftauchen. Der Kunsthistoriker David Kunzle, der seinerzeit die Einleitung zur amerikanischen Ausgabe von Dorfman/Mattelart verfaßt hatte, deutet heute die Geschichten von Carl Barks in seiner Studie über die »Welteroberung aus Entenperspektive« (1990) als soziale Satire.

Auf die hochindustrialisierten europäischen Länder mit relativ stabiler eigener Kultur läßt sich die Kritik von Dorfman/Mattelart sicherlich nicht unmittelbar übertragen. Allerdings konnte und kann man sich auch bei uns dem Einfluß Disneys durch Filme, Comics und nicht zuletzt durch Merchandising kaum entziehen. Diese Bedeutung von Disney hängt mit dem Einfluß der populären amerikanischen Kultur nach dem Zweiten Weltkrieg zusammen. Zu dieser Zeit stellten die USA die Nation mit der stabilsten Wirtschaft dar, eine Bastion der Freiheit. Im »Land der unbegrenzten Möglichkeiten« besaß man den höchsten technologischen Standard: Autos, Flugzeuge, Telefone, Kameras, Plattenspieler, später Weltraumschiffe und Computer. Filmstars, Blue Jeans, Kaugummi, Rock'n' Roll, Coca Cola und Micky Maus, all dies waren Boten des »American Way of Life«, eines Lebensstils, den man besonders in Deutschland bewunderte.

In den Vereinigten Staaten standen selbst manche Zeitgenossen der populären Kultur durchaus kritisch gegenüber. Richard Schickel, Filmkritiker der konservativen Zeitschrift »Life«, sprach von Disneys Imperium als einer »totalen Vergnügungsmaschine«, die dazu geschaffen worden sei, die »kostbarsten Dinge der Kindheit – ihre Geheimnisse und ihre stillen Momente – zu zerstören«. Sie habe jeden »gezwungen, an den gleichen genormten Träumen teilzuhaben und jeder kleinen, sich entwickelnden Persönlichkeit eine Mickey-Mouse-Kappe aufgedrückt. Kapitalistisch gesehen, ist es das Werk eines Genies – kulturell ist es aber hauptsächlich ein Horror«.

Realfilme und Naturfilme

Nach dem Krieg verloren die kurzen Animationsfilme für Disney allmählich an
Bedeutung. Teilweise hatte ihm die Konkurrenz, etwa Warner Brothers und MGM,
in Hinblick auf Tempo und Gags den Rang abgelaufen. Das Disney-Studio hatte sich
bereits während des Krieges auf kostensparende Produktionen verlegt, die Real- und
Zeichenfilm miteinander kombinierten. Diese Filme kamen beim amerikanischen
Publikum nicht so gut an wie erhofft. In »So Dear to my Heart« (1948) fand Disney
allerdings zu einer neuen Formel für eine Reihe von emotionsgeladenen Filmen. Sie
entstanden nach dem Prinzip der Lassie- und Rin Tin Tin-Geschichten: Erlebnisse
eines (Waisen-)Kinds mit einem klugen (und vermenschlichten) Tier als Gefährten.
Walts Bestrebung war es stets, bei seinen Tierfiguren mehr Realismus zu erreichen
– bei den Vorarbeiten zu »Bambi« (1942) wurden lebende und tote Rehe studiert.
Diese Bestrebungen führten konsequenterweise zu Naturfilmen. Es begann 1948 mit
einem kurzen Film über Robben im Beringmeer: »Seal Island«. Niemand hatte so
recht an den Erfolg glauben wollen, auch Roy Disney nicht. Als der Streifen überra-
schenderweise einen Oscar erhielt, schmetterte Walt die Statuette über Roys Kopf an
die Wand. Seal Island war der Anfang zu der Naturfilm-Serie »True Life Adventures«. Ab 1953 wurde diese Serie von einer weiteren, »Peoples and Places«, abgelöst,
die fremde Länder und Kulturen zeigte. Beide Serien wurden mit Oscars geradezu
überhäuft.

Abendfüllend waren sechs Naturfilme, darunter »The Living Desert« (1953, »Die
Wüste lebt«) und »The Vanishing Prairie« (1954, »Wunder der Prärie«). Naturfilme
konnten billig produziert worden – Tiere bekamen keine Gage – und brachten hohe
Profite. Trotz der anerkannt hohen Qualität der Naturaufnahmen, die von Biologen
mit speziell entwickeltem Kameraequipment eingefangen wurden, gab es Kritik:
Disneys Naturfilme würden die Realität verzerrt wiedergeben und Tiere vermensch-
lichen. Tatsächlich hatte man bei der Montage im Studio die Szenen so zusammen-
geschnitten und mit Musik hinterlegt, daß eine spielfilmähnliche Handlung nach
Disneys Vorstellungen entstand. Die Tiere, in menschliche Kategorien von »gut«
und »böse« eingeteilt, schienen Emotionen oder rationalen Überlegungen zu folgen.
Eine realistische Zeichnung des Überlebenskampfes fiel der »Verschönerung« zum
Opfer. Noch weiter ging Walt Disney mit seinen abendfüllenden Spielfilmen aus der
Serie »True-Life Fantasies«. Der Film »Perri« (1957, »Perris Abenteuer«) basierte
wie »Bambi« auf einem Roman des österreichischen Schriftstellers Felix Salten.
Perri und seine Nachfolger verwendeten als »Stars« domestizierte Tiere, deren ein-
studierte Tricks in die Spielfilmhandlung eingebunden wurden.

1950 begann Walt Disney mit der Adaption von Robert Louis Stevensons Klassiker
»Treasure Island« (»Die Schatzinsel«) eine Reihe abendfüllender Kostümfilme, die
in England gedreht wurden. Hier lag das »eingefrorene« Geld aus den Vorkriegsein-
nahmen, das nur im Land ausgegeben werden durfte. Diese erfolgreichen Filme halfen, das angeschlagene Studio wieder in die schwarzen Zahlen zu bringen. Für
»20.000 Leagues Under the Sea« (1954, »20.000 Meilen unter dem Meer«) nach
Jules Verne verpflichtete Disney erstmalig Hollywood-Stars: Kirk Douglas, James
Mason und Peter Lorre. Man verwendete von Ub Iwerks ausgetüftelte Spezialeffekte. Die Riesenkrake war bereits ein Vorläufer der »Audio-Animatronics«: Roboter,
die später in Disneyland und Walt Disney World eine tragende Rolle spielen sollten.
Der Trend des Studios ging in Richtung Realfilme. Cartoons spielten kaum noch
eine Rolle, Mickey Mouse war nur noch Symbol für die Company. Von 1953 wurde
(bis 1984) kein Kurzfilm mehr mit der Maus produziert, von 1957 an zunächst überhaupt kein Cartoon mehr für das Kino. Die abendfüllenden Animationsfilme der
Nachkriegszeit »Cinderella« (1950), »Alice in Wonderland« (1951, »Alice im Wunderland«), »Peter Pan » (1953), »Lady and the Tramp » (1955, »Susi und Strolch«)

*»The Living Desert« von 1953 war
einer der beliebtesten Naturfilme von
Walt Disney. Der Schriftsteller
Manfred Hausmann hat die Handlung
in dem Buch »Die Wüste lebt«,
erschienen 1955 im Blüchert-Verlag,
nacherzählt.*

Für »20.000 Leagues Under the Sea« (1954) verpflichtete Walt Disney erstmalig Hollywood-Stars. Die »Illustrierte Film-Bühne« Nr. 3123 ist das Programmheft der deutschen Filmfassung.

und »Sleeping Beauty« (1959, »Dornröschen und der Prinz«) brachten nicht alle den erhofften Erfolg, trotz technischer Innovationen wie dem Breitwandformat Cinemascope und Stereoton. »Sleeping Beauty« erwies sich sogar als völliger Fehlschlag. Es war der letzte abendfüllende Film, der durchgängig animiert war. Ab »101 Dalmations« (1961, »Pongo und Perdita«) wandte man ein von Ub Iwerks entwickeltes Kopierverfahren an. Die Zeichnung der Animatoren wurde nun nicht mehr von Hand übertragen, sondern maschinell auf das Zelluloid kopiert. Die vielen Tierfiguren wären anders gar nicht zu bewältigen gewesen. Durch dieses Kopierverfahren wurde der Bedarf an Personal im Animationsfilmbereich erheblich kleiner. Für Walt waren jetzt andere Projekte wichtiger, und es gab Pläne, den Bereich völlig einzustellen.

Die Kritik, die in den Dreißigern Disney als Wunderkind pries, hatte sich angesichts der Entwicklung des Studios seit den späten vierziger Jahren von ihm abgewandt. Einige Kritiker warfen Walt vor, den künstlerischen Pfad verlassen zu haben. Andere rügten die Gewalttätigkeit und Horroreffekte in seinen Märchenumsetzungen. Am schwersten wiegt die Kritik, Disney habe die literarischen klassischen Vorlagen seiner Filme verstümmelt. Walt kaufte die literarischen Vorlagen zu seinen Filmen in der Regel mit sämtliche Rechten an der Geschichte und ihren Figuren. Das war erforderlich, um die Geschichten in Comics und Büchern für verschiedene Altersstufen aufbereiten und die Figuren intensiv durch lizenziertes Merchandise vermarkten zu können. Selbst die Ehepartner und Kinder der Autoren mußten sich verpflichten, keine weiteren Forderungen mehr aus den verkauften Geschichten abzuleiten. C. Collodis Pinocchio wurde Walt Disneys Pinocchio, Felix Saltens Bambi wurde Walt Disneys Bambi, Lewis Carrolls Alice Walt Disneys Alice, J. M. Barries Peter Pan Walt Disneys Peter Pan. Die Originalstoffe erschienen den Kritikern nach dem spezifischen Disney-Muster verändert – ohne Rücksicht auf den Originalstoff und seinen kulturellen Hintergrund: Man habe sie mit süßlichen Melodien unterlegt, Gags eingebaut und eine sentimentale Stimmung erzeugt. Was aber fehle, sei ihre ursprüngliche Botschaft, ihr eigentliches Wesen.

Fernsehen

1956 endete eine Ära der Cartoons, das Zeitalter von Fernsehen und Disneyland, Walt Disneys eigenem Vergnügungspark, war angebrochen. Beide Zweige bestimmten den kommerziellen Erfolg der Firma ab den späten fünfziger Jahren, und ohne sie hätten sich die Walt Disney Productions nie zu dem Weltunternehmen mit einer Spitzenposition in der Unterhaltungsbranche entwickelt. Fernsehen war in den Vereinigten Staaten bereits 1928, im Geburtsjahr von Mickey, eingeführt worden, Farbfernsehen ein Jahr später. Die Jahre der Depression und dann der Weltkrieg verzögerten die Entwicklung. Nach dem Krieg waren Fernsehgeräte zunächst teuer und selten, es existierten noch wenig Programme. 1948 begann der Ansturm auf VHF (Hochfrequenz)-Sendungslizenzen und 1949 die Massenproduktion preisgünstiger Fernseher. Ab 1950 wirkte sich das neue Medium auf Rundfunk und Kino aus. Die Zuschauer blieben aus, und die Filmtheater strichen aus Kostengründen Wochenschauen und Kurzfilme. Viele Hollywood-Produzenten verkauften ihre Filmbibliotheken an die Fernsehgesellschaften, um dann mit Neuproduktionen gegen ihre eigenen alten Filme konkurrieren zu müssen. Dies überlebten einige finanziell nicht. Walt Disney war der einzige Filmmogul Hollywoods, der das neue Medium geschickt für sich zu nutzen verstand. Am Weihnachtstag 1950 um 16 Uhr präsentierte er sich mit seinen Töchtern Diane und Sharon in seiner ersten TV-Show »One Hour In Wonderland« auf NBC und erreichte damit die größtmögliche Zuschauerschaft. Trotzdem verhielt er sich die nächste Zeit dem Fernsehen gegenüber zurückhaltend. Um sein Projekt Disneyland finanzieren zu können, schloß Disney dann

1954 mit der American Broadcasting Company (ABC) einen Siebenjahresvertrag. Walt produzierte eine wöchentliche Fernsehshow, dafür erwarb die Fernsehgesellschaft über ein Drittel der Aktien von Walts neuer Gesellschaft Disneyland, Inc. In seiner Familien-Fernsehshow mit dem Titel »Disneyland« konnte Walt hervorragend für seinen Vergnügungspark werben. Die einzelnen Folgen vermittelten Millionen von Zuschauern das Gefühl, am Entstehen von Disneyland beteiligt zu sein, und machten den Park schon vor der Eröffnung bekannt. Große Teile seiner Sendung stammten aus Disneys Filmfundus, gleichzeitig betrieb er darin Werbung für seine neuen Kinofilme. Für die Reportage über die Dreharbeiten zu »20.000 Leagues Under the Sea« erhielt er die Fernseh-Auszeichnung »Emmy«. Speziell für das Fernsehen konzipiert waren drei Filme um den amerikanischen Pionier Davy Crockett, die um die Jahreswende 1954/55 ausgestrahlt wurden. Sie sollten eine regelrechte Davy-Crockett-Manie auslösen.

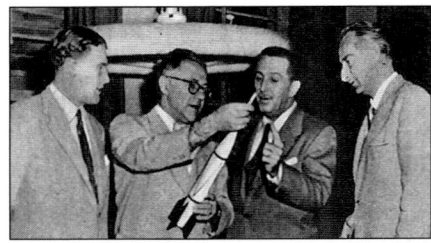

Für seine Fernsehfilme zu Raumfahrtthemen zog Walt Disney deutsche Experten heran. Die »Micky Maus« Nr. 38 von 1958 zeigte Wernher v. Braun (links) und Heinz Haber (rechts) im Gespräch mit Walt.

»Man in Space« war eine von Ward Kimball animierte aufwendige und teure »Disneyland«-Folge von 1955. Sie entstand unter Beratung der deutschen Weltraumwissenschaftler Wernher von Braun, Heinz Haber und Willy Ley, die nach dem Zweiten Weltkrieg in die Vereinigten Staaten gegangen waren. Von Braun erklärte in dem Film populärwissenschaftlich aufbereitet das Prinzip einer vierstufigen Rakete mit einer Kapselspitze, die wie ein konventionelles Flugzeug zur Erde zurückkehrt. Der Raumfahrtmediziner Haber erläuterte die Auswirkungen des Weltraumflugs auf den menschlichen Körper. Die Vereinigten Staaten waren zu dieser Zeit noch wenig interessiert an der Erforschung des Weltraums. Erst als 1957 der russische Erdsatellit Sputnik ins All vorstieß, sollte sich das schnell ändern: US-Präsident Eisenhower führte Disneys Film seinen Generälen vor. Eine weitere Folge aus der Reihe »Tomorrowland« von 1955 mit dem Titel »Man on the Moon« nahm sogar den bemannten Mondflug vorweg. Als 1969 das amerikanische Raumschiff Apollo 8 tatsächlich den Mond erreichte, rief von Braun Kimball an und sagte, man folge offenbar dem Filmskript. In einer weiteren Folge, »Our Friend The Atom« erklärte 1957 Heinz Haber Laien den Aufbau von Atomen und die Vorzüge der Atomenergie. »Mars and Beyond«, ein weiterer Fersehfilm mit den deutschen Raumfahrtexperten, thematisierte 1957 den Flug zum Mars. Für ESSO Deutschland produzierte man davon eine 16 mm-Version. Diese Weltraumfilme liefen einige Zeit später auch im Kino, teilweise nur in Europa, meist in England. Hier war das Fernsehen weitaus weniger verbreitet als in den USA. In Deutschland wurden einige von ihnen erst in den späten Sechzigern im Fernsehen gezeigt.

Eine weitere einstündige TV-Serie, der »Mickey Mouse Club«, wurde von 1955 bis 1958 täglich im Vorabendprogramm ausgestrahlt. Dreiviertel aller amerikanischen Fernseher waren angeschaltet, wenn die Sendung lief. Sie wurde von 1962 bis 1965 wiederholt. Die Serie war speziell auf Kinder und Jugendliche zugeschnitten und verlieh der Titelfigur neuen Schwung. Die junge Generation konnte über die alten Cartoons genau so lachen wie seinerzeit ihre Eltern. Das »Mousketeer«-Ensemble bestand aus talentierten Kindern und zwei erwachsenen Moderatoren, ihr Kennzeichen waren Kappen mit Mickey-Ohren. Annette Funicello, der beliebteste Mousketeer, erhielt bis zu sechstausend Fanbriefe pro Monat. Ein neuer Mickey Mouse Club entstand, der nun nicht mehr wie sein Vorläufer in den Dreißigern mit Kinos, sondern mit der Fernsehshow verbunden war. Überall sang man die Clubhymne »M-I-C-K-E-Y M-O-U-S-E«. Eine Welle von Mickey-Manie erfaßte das Land und garantierte Mauseohr-Kappen sowie weiteren Disney-Produkten einen sicheren Markt. Walt, der alle Folgen seiner Fersehserien moderierte, war zum »Märchenonkel der Nation« geworden. 1961 wurde die Sendung in »Walt Disney's Wonderful World of Color« umbenannt, sie war die erste Farbserie des US-Fernsehens. 29 Jahre lang stellten Disney-Shows eine Institution dar. 1982 lief die letzte Disney-Show im regulären Fersehen, ein Jahr später wurde mit dem »Disney Channel« ein Pay-TV-

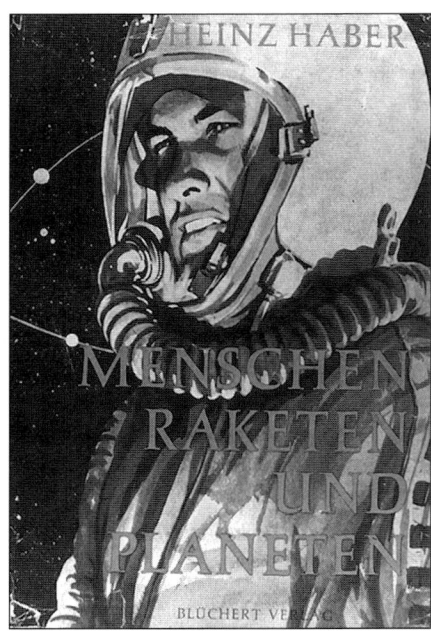

»Menschen, Raketen und Planeten« erschien 1955 im Blüchert-Verlag. Es war die deutsche Fassung von Professor Heinz Habers Buch »Man in Space«, auf dem Walt Disneys gleichnamiger Film basiert.

Programm eingerichtet, das kodiert und nur bei Extrazahlung empfangen werden kann. Die Beendigung des herkömmlichen Programms erwies sich als Managementfehler, denn damit wurde der ständige Kontakt mit dem breiten Fernsehpublikum unterbrochen. 1985 besann sich daher die neue Führungsspitze auf alte Traditionen und begann erneut mit regulären Disney-Fernsehsendungen.

Disneyland

1947 kaufte sich Walt Disney eine elektrische Eisenbahn. Er holte damit die versäumten Freuden der Jungenzeit nach. Seine Animatoren Ollie Johnston und Ward Kimball besaßen aufwendige Eisenbahnanlagen, letzterer einen echten alten Zug. Walt suchte das Grundstück für ein neues Haus von vornherein so aus, daß es sich für eine Anlage einer Eisenbahn im Maßstab 1:8 eignete. Walt war auch fasziniert von Miniaturen, die er von seinen vielen Reisen mitbrachte, darunter befanden sich zahlreiche mechanische Figuren. Abends werkelte er zur Entspannung vom Studioalltag und begann, sich eine Welt en miniature zu schaffen. Sein Traum war es, lebensechte, bewegliche Figuren zu entwickeln. Aus diesen Hobbies entstand Walts Interesse an einem eigenen Vergnügungspark. Sonntags besuchte er mit seinen Töchtern die Parks der Umgebung, störte sich aber an Schmutz und dem desinteressierten und unhöflichen Personal. Er plante einen besseren »Mickey Mouse Park« in der Nähe des Studios, der neben den üblichen Attraktionen für Familien ein Dorf mit Geschäften und öffentlichen Einrichtungen, so einen Bahnhof, enthalten sollte. Auf jeder seiner Reisen in Europa und den Vereinigten Staaten besuchte Walt Vergnügungsparks, Zoos, Zirkusse, Museen und andere Attraktionen, um Ideen zu sammeln. Der Zeitpunkt für die Planung schien allerdings nicht günstig zu sein. Die Zeit der großen Vergnügungsparks ging in den USA zu Beginn der Fünfziger zu Ende, und die Walt Disney Productions hatten noch mit den finanziellen Schwierigkeiten der Kriegs- und Nachkriegsjahre zu kämpfen.

1952 stand der Name für den künftigen Park fest: »Disneyland«. Walt ließ eine erste schematische Draufsicht fertigen. Roy wollte für diese »verrückte Idee« nicht mehr als 10.000 Dollar aus dem Studio-Etat bewilligen, es kam zu einem Zerwürfnis zwischen den Brüdern. Walt belieh seine Lebensversicherung und gründete eine eigene Gesellschaft, die Walt Disney, Inc. (später WED Enterprises), die sich mit der Planung des Parks befaßte. Diese Gesellschaft besaß eine weitere Funktion: sie kassierte für die Benutzung des Namens Walt Disney von den Walt Disney Productions 5 Prozent von jedem Merchandise-Artikel und konnte darüber hinaus bis zu 15 Prozent in jedes Disney-Projekt investieren. Dieser Schachzug trug zu Walts persönlicher Vermögensbildung bei, benachteiligte aber seinen Bruder Roy. 1953 kam es zur Standortfeststellung durch ein Institutsgutachten. Walt kaufte Land in Anaheim, das später zu einem Vorort von Los Angeles werden sollte. Zur Planung der Attraktionen setzte Walt »Imageneers« ein, Künstler, Schriftsteller, Ingenieure, Architekten, Techniker und Handwerker. Durch den Vertrag mit der Fernsehgesellschaft ABC 1954 war das Unternehmen finanziell gesichert, und der Bau konnte beginnen. Weiteres Geld beschaffte Walt von Sponsoren aus der Wirtschaft: Coca Cola erhielt eine exklusive Konzession zum Getränkeverkauf in Disneyland, Kodak zum Verkauf von Filmen. Auch weniger illustre Firmen durften sich beteiligen.

Disneyland eröffnete nach einer ersten Investition von 17 Millionen Dollar am 17. Juli 1955, obwohl noch nicht alles für den Massenansturm vorbereitet war. Der Park wurde sofort zum Erfolg, ein Muß für alle Schichten der Gesellschaft. Die Disney-Fernsehserien warben massiv für Disneyland, und der Park erfüllte alle Versprechungen, er erwies sich für die Besucher wirklich wie in der Werbung genannt als »Magisches Königreich«. Alles war blitzsauber, gemäß Walts Anweisungen wurden die Besucher wie »Gäste« behandelt und nicht wie »Kunden«. In sechs Monaten

Die Souvenir-Postkarte aus Disneyland zeigt Walt mit seinen Figuren vor »Sleeping Beauty's Castle«. Solche kostümierten Charaktere traten übrigens schon 1948/49 zuerst in einer Eisrevue auf.

besuchten mehr als eine Million, nach einem Jahr bereits drei Millionen Menschen Disneyland. Eine Reihe von Staatsoberhäuptern und Monarchen statteten dem Park in der Folgezeit einen Besuch ab, nur dem Generalsekretär des ZK der Sowjetunion, Nikita Chruschtschow, sollte 1959 das ersehnte Vergnügen versagt bleiben, weil der Polizeichef von Los Angeles den Besuch als zu risikoreich empfand. Chruschtschow reagierte mit einem seiner berühmten Wutanfälle, und Walt war schwer enttäuscht. Zu Beginn existierten 22 größere, thematisch in fünf Gebiete gegliederte Attraktionen. »Main Street USA« stellt eine idealisierte amerikanische Kleinstadtstraße um 1900 dar. Sie ist Marceline in Missouri, Disneys Wohnort in seiner Kindheit, nachempfunden und wirkt unter anderem so heimelig, weil die Gebäude nach oben hin im Maßstab abnehmen. »Fantasyland« setzt die klassische Jugendliteratur in den Disney-Versionen dreidimensional in Szene, Mittelpunkt ist das »Sleeping Beauty Castle«, eine Mixtur aus französischen und bayrischen Schlössern mit starkem Anklang an Neuschwanstein. »Adventureland« basiert auf der »True-Life Adventure«-Filmreihe; es reproduziert Sehenswürdigkeiten exotischer tropischer Gegenden. Besucher können hier durch einen krokodilverseuchten afrikanischen Fluß fahren und ähnliche Abenteuer erleben. »Frontierland« mit Anklängen an die »Davy-Crockett«-Filme ist den amerikanischen Pioniertagen von den Revolutionskriegen bis zur Erschließung des Südwestens gewidmet. Es enthält eine Westernstadt und ein Fort, das von Indianern überfallen wird. »Tomorrowland« präsentiert eine Vorschau auf die Welt von morgen, wie sie sich der Meinung von Wissenschaftlern nach entwickeln könnte. Der Besucher wird in Disneyland wie in einem Film von Attraktion zu Attraktion geführt. Die Wirkung der einzelnen Stationen, die zum Teil von Disneys Filmkünstlern entworfen wurden, ist sorgfältig aufeinander abgestimmt.

Anders als Filme, die er nach ihrer Fertigstellung nicht mehr verändern konnte, bot der Park Walt die Möglichkeit der ständigen Weiterentwicklung. In seiner Eröffnungsansprache stellte Walt daher fest: »Disneyland wird niemals komplett sein, solange es Phantasie auf der Welt gibt«. Ständig werden neue Attraktionen installiert, andere verändert. So mußte Tomorrowland nach der Entwicklung der amerikanischen Raumfahrt in den sechziger Jahren völlig neu gebaut werden. In Disneyland baute Walt eine gleichermaßen nostalgische wie futuristische Gegenwelt zur Realität auf. Er ließ Disneyland durch einen Wall von der Außenwelt trennen und stellte seine eigenen Regeln auf. In seinem »Magischen Königreich« konnte Walt Kindheitserinnerungen und Liebhabereien frönen. Hier setzte er der amerikanischen Kleinstadt ein Denkmal. Eisenbahnen spielen eine große Rolle, von Schmalspurbahnen bis zur 1959 von Vizepräsident Nixon und seiner Familie eingeweihten »Disneyland Alweg-Monorail«-Bahn, deren Prototyp Walt aus Deutschland bezogen hatte. Die futuristisch anmutende Alweg-Bahn ist nach ihrem Initiator, dem schwedischen Industriellen Axel Lennart Wenner-Gren benannt. 1951 beauftragte der Multimillionär die Entwicklung eines Verkehrsmittels mit eisenbahnähnlichen Charakter, das mit einer Höchstgeschwindigkeit von 300 Stundenkilometer fahren sollte. Die 1,7 Kilometer lange Versuchsstrecke befand sich in Köln-Fühlingen. Ende der fünfziger Jahre erreichte ein Zug Baureife. Nach Disneyland entstanden Alweg-Bahnen vorwiegend in Japan: 1964 zu den Olympischen Spielen eine Strecke zwischen Tokio und dem Flughafen Haneda, zur Expo 1970 in Osaka eine weitere Strecke.

Disneyland stellte für Walt eine Weiterentwicklung seiner Filme in der dritten Dimension dar, hier konnte er endlich den größtmöglichen Realismus erreichen, den er immer angestrebt hatte. Dies ermöglichte vor allem das »Audio-Animatronics«-System, das Disneys Ingenieure aus einem ursprünglich in der Weltraumfahrt verwendeten elektronischen Steuerungssystem entwickelten. Das System läßt Tiere und Menschen lebensähnliche Bewegungen ausführen – bis hin zum Augenaufschlag. Diese Technik verwendete man erstmalig 1963 bei den singenden und sprechenden Vögeln im »Tiki-Room«. Auf der Weltausstellung in New York 1964/65 nahm Dis-

Diese amerikanische Reisebroschüre vom Herbst 1959 hat die kurz zuvor eingeweihte »Disneyland Alweg Monorail« auf ihrem Titelbild. Die Einschienenbahn stammte aus Deutschland, die Versuchsstrecke befand sich in Köln-Fühlingen.

Welcher Fan möchte nicht einmal Donald Duck persönlich treffen? Das Erinnerungsfoto zu Donalds Geburtstag entstand 1984 in Disneyland.

Das Pressefoto aus »The Absent Minded Professor« (1961, »Der fliegende Pauker«) zeigt ein Ford-Modell »T« mit dem Hauptdarsteller Fred MacMurray im Konflikt mit einer Lockheed F-102. Dies war einer von Disneys erfolgreichen Realfilm-Komödien mit »magischem« Einschlag.

ney mit vier Audio-Animatronics-Präsentationen teil, von denen drei von den US-Konzernen Pepsi Cola, General Electric und Ford in Auftrag gegeben waren. »Great Moments with Mr. Lincoln« war dagegen für den Staat Illinois entworfen worden und präsentierte den von Disney bewunderten Präsidenten als Audio-Animatronic-Roboter, der eine Rede hält. Lincoln und einige der anderen Präsentationen wurden später in Disneyland aufgebaut.

In den Jahren nach der Eröffnung beliefen sich die Bruttogewinne Disneylands auf rund 10 Millionen Dollar, was ein Drittel des Gesamtgewinns der Walt Disney Productions ausmachte. 1961 war Disneys Kredit bei der Bank of America abbezahlt, die Gewinne aus den Filmen und anderen Unternehmungen flossen nun direkt in die Company. Der Schritt Walt Disneys hin zum Neuschöpfer einer eigenen, artifiziellen Realität rief den Widerspruch vieler intellektueller Kulturkritiker hervor. Disneyland verewige die schlechtesten Eigenschaften der Kleinstadt, Engstirnigkeit und Intoleranz, hieß es. Der Park, in dem »alles echt aussieht, aber falsch ist«, sei eine »degenerierte Utopie«, er präsentiere auf geschmacklose und grelle Weise die schlimmsten Elemente der ethnozentrischen und seichten amerikanischen Massenkultur. Der amerikanische Sozialkritiker Alan Watts bezeichnete den Park als »das Land der Potemkinschen Dörfer, das Reich der Synthetik, die Heimat des Schwindels«. Es gibt natürlich auch andere Stimmen. »Die Rieseninstallation Disneyworld ist größer als alle Projekte Christos, die Pyramiden und Versailles zusammen, und vor allem lustiger«, urteilte der Künstler Gottfried Helnwein über den späteren Themenpark, einen Teil von Disneys »Gesamtkunstwerk«.

»Saubere Familienunterhaltung«

Der Animationsfilm »Sleeping Beauty« spielte 1959 kaum seine Produktionskosten von 6 Millionen Dollar ein. Dagegen konnte der für etwas über eine Million in Schwarzweiß produzierte Realfilm »The Shaggy Dog« (1959, »Der unheimliche Zotti«) nach einem Roman von Felix Salten 10 Millionen Dollar Einnahmen erzielen. Mit der Story um einen Teenager, der durch einen magischen Ring in einen Hund verwandelt wird, hatte Disney die Formel für ein neues Genre gefunden – die »übersinnliche« Realfilm-Komödie. Aus dem gewaltigen Erfolg dieses Films resultierten Fortsetzungen und Nachahmungen bis hin zu den verschiedenen Folgen um den »menschlich« handelnden VW-Käfer Herbie ab 1968. Weiterhin gab es Tiergeschichten, Klassiker der Jugendliteratur sowie Filme, die das Familienleben thematisierten und alle mehr oder weniger stark Walt Disneys Mittelklassen-Ideologie spiegelten. Meist zeichnete er in ihnen das Bild einer Kleinstadt, wie es sie in Wirklichkeit lange nicht mehr gab. Star vieler Filme war Fred MacMurray, der in den späten fünfziger und sechziger Jahren fast die Rolle einnahm, die Mickey Mouse in den Dreißigern innehatte.

Die Geschichten der Disney-Filme dieser Phase waren schematisiert. Der Schwerpunkt lag jetzt mehr auf Produktion als auf der einzigartigen Qualität, die das Studio weltberühmt gemacht hatte. Eine vorgegebene Formel ersetzte weitgehend Experimentierfreudigkeit und Risikobereitschaft. Auch im Fernsehen präsentierten allzuviele Disney-Sendungen Tiere als Helden. Jeder der Filme war technisch gut gemacht, aber er hinterließ das Gefühl, man habe ihn schon einmal gesehen. Walt selbst zeigte wenig Interesse an den Filmen, für ihn standen Disneyland und ein weiterer geplanter Themenpark in Florida im Vordergrund. Als er sich bei »Mary Poppins« (1964) und »The Jungle Book« (1968, »Das Dschungelbuch«) stark persönlich engagierte, resultierten daraus überdurchschnittliche Filme, die beim Publikum und bei der Kritik Anerkennung fanden.

Mit seinen konservativen Ansichten ging Disney konform mit der »schweigenden Mehrheit«, er verstand es in seinen Filmen, genau den Geschmack der breiten Masse

des Publikums zu treffen. Persönlich war er fern jeder Extravaganz anderer Film-
größen, er blieb ein »Mann des Volkes«, der am liebsten Makkaroni oder Hühnerle-
ber aß, der nicht auf rauschende Parties ging, sondern im Kreis der Familie ein stil-
les Leben führte. Immer wieder thematisierte er den spezifisch amerikanischen
Mythos vom Erfolgsmenschen: Draufgängertum und harte Arbeit werden belohnt.
Im Sündenbabel Hollywood war Disneys Studio für seine puritanisch strenge Moral
bekannt. Bis nach dem Krieg arbeiteten Männer und Frauen in verschiedenen
Gebäuden. Der Aufenthalt in der falschen Abteilung war ein Kündigungsgrund.
In den fünfziger Jahren hatte sich Walt Disney endgültig zu »Mr. Clean« entwickelt;
er besaß das Monopol auf »saubere Familienunterhaltung«. Kein anderes Studio in
Hollywood war derartig spezialisiert. Die Besucher der Disney-Filme und Disneylands konnten zwar durchaus mit gruseligen oder traurigen Elementen unterhalten
werden, niemals aber durften ihre Erwartungen enttäuscht oder gar die Werte der
weißen Mittelklasse in Frage gestellt werden. Jedes Abweichen von dieser Tradition
hätte sinkende Besucherzahlen nach sich ziehen können. Dem »sauberen« Image der
Company entsprechend setzte Walt strenge Maßstäbe für seine Produkte und für
Disneyland. Die Mitarbeiter in dem Vergnügungspark hatten konservativ und nach
einem einwandfreien Lebenswandel auszusehen, Bärte waren nicht erlaubt.
Schwarze wurden nicht beschäftigt. Mitarbeiter mußten ihre Namensschilder mit
Mickey und Donald abnehmen, wenn sie in eine Bar gingen. Walt hätte selbst nicht
in seinen Parks arbeiten dürfen, so lautet später ein Witz, denn er trug einen Schnurr-
bart, fluchte, war Kettenraucher und genoß am Ende des Arbeitstages seinen Drink.
Besucherinnen durften in Disneyland keine rückenfreien Oberteile tragen, Rockmusik und das Tanzen von Paaren gleichen Geschlechts waren verboten. Diese Tradition der äußeren Konventionen setzt sich bis heute fort. Erst das neue Management
in den achtziger Jahren hat die Regeln ein wenig gelockert.

Disney ohne Walt

Mitte der sechziger Jahre verschlechterte sich Walt Disneys Gesundheitszustand
rapide. In den Dreißigern hatte er Polo gespielt; die Folgen eines Sturzes damals und
chronische Entzündungen im Gesicht bereiteten Walt jetzt starke Schmerzen. Er ließ
sich nach Feierabend regelmäßig von einer ausgebildeten Krankenschwester mas-
sieren. Zu dieser Gelegenheit nahm er – häufig zu viele – starke Drinks zu sich.
Bekannte überredeten ihn zu einer ärztlichen Untersuchung, im Spätherbst 1966
begab er sich in das von ihm finanziell unterstützte St. Joseph Hospital, das gegenüber vom Studio in Burbank liegt. Dort entdeckten die Ärzte Lungenkrebs im fortgeschrittenen Stadium und entfernten einen Lungenflügel. Walt hatte bis zu 70 starke
Zigaretten am Tag geraucht, sein Hüsteln war im Studio ein Erkennungszeichen.
Sechs Wochen später, am 15. Dezember, starb Walt Disney, gerade 65 Jahre alt.
Gerüchte, denen zufolge er sich nach seinem Tode habe einfrieren lassen, um später
durch eine fortgeschrittene Medizin wiederbelebt zu werden, gehören wohl in das
Reich der Legenden.
Drei Projekte hatten Walt in seinen letzten Monaten beschäftigt. Die Erschließung
des ausgedehnten Skigebiets Mineral King in Nordkalifornien kam durch massive
Proteste von Umweltschützern zum Stillstand. Auf dem Gelände der studioeigenen
Ranch entstand 1961 das California Institute of Arts (Cal Arts), ein College für alle
schönen Künste, die sich gegenseitig befruchten sollen. Der Ursprung für dieses
Institut ist auf die Tage zurückzuführen, als Walt für seine Animatoren abendliche
Zeichenkurse einführte. Das wichtigste Projekt war zweifellos die Einrichtung eines
zweiten Themenparks, den Walt seit 1958 geplant hatte. 1964 begannen streng
geheimgehaltene Grundstückskäufe bei Orlando in Zentralflorida. Walts Ankündi-
gung auf einer Pressekonferenz im November 1965 geriet zur Sensation: Die Com-

*Seit seinem Auftritt in dem Film
»Steamboat Willie« von 1928 erfuhr
Mickey in seinem Aussehen und Charakter eine Reihe von Veränderungen:
1931 erhielt er »Tortenaugen« mit
kleinen Einschnitten, die 1935 wieder
wegfielen, 1938 Augen mit Pupillen.
Von nun an war Mickey »erwachsen«
und trug lange Hosen. Aus der quirli-
gen Maus wurde der gesetzte Bürger
und zuletzt der Disco-Besucher.*

Donald erblickte das Licht der Filmwelt 1934 in »The Wise Little Hen«. Auch Donalds Aussehen hat sich gewandelt: Er verlor das Entenhafte und erhielt Hände, der Hals wurde kürzer, die Füße breiter. Sein langer Schnabel wurde 1936 etwas verkürzt, bis er 1938 seine endgültige Form erhielt. Lernte er im Lauf seiner Filmkarriere auch die Welt kennen, seine Temperamentsausbrüche blieben!

pany würde auf einem Gebiet, zweimal so groß wie Manhattan, bestanden mit Zypressenhainen und Sümpfen, einen Themenpark nach dem Muster von Disneyland schaffen. Gleichzeitig sollte darauf ein Modell für eine Stadt der Zukunft entstehen. Das Projekt erhielt den Namen EPCOT (Experimental Prototype Community Of Tomorrow). Nach Walts Vorstellungen sollte EPCOT sich zu einer Metropole entwickeln, die ihr eigenes Klima bestimme, die ihre Abfälle wiederverwende und in der es keine »Tyrannei des Automobils« gebe. Slums könnten hier nicht entstehen, es gebe keine Hausbesitzer, keine Rentner, jeder hätte Arbeit. EPCOT sollte ein Modell für eine Gemeinschaft sein, die Hunger, Unwissenheit, Krieg und sogar Krankheit überwunden hatte.

Der neue Themenpark, genannt »Walt Disney World«, öffnete nach einer Anfangsinvestition von 400 Millionen Dollar am 1. Oktober 1971 seine Pforten und erwies sich schnell ebenso erfolgreich wie Disneyland. Am 1. Oktober 1982 wurde das EPCOT-Center eingeweiht. Es steht deutlich in der Tradition der großen Weltausstellungen des vorigen Jahrhunderts. Kritiker empfanden die auf Hochtechnisierung ausgerichtete positivistische Weltsicht, die in EPCOT vermittelt wird, als wenig geeignet, um gegenwärtige Probleme ökologischer und ökonomischer Art zu lösen. Von Walts Vorstellungen von EPCOT als einer wirklichen Stadt, in der Menschen leben können, sei nicht viel übriggeblieben. EPCOT besitzt zwei Teile: »Future World« besteht aus Pavillons, für die große US-Konzerne als Sponsoren auftreten. Sie sind dem menschlichen Erfindergeist und technischen Fortschritt gewidmet. Dagegen will »World Showcase« die Besonderheiten in der Kultur von nahezu ein Dutzend Nationen aufzeigen. Der deutsche »Platz« etwa besteht aus einer Mischung idealisierter, im Maßstab verkleinerter historischer Bauwerke: Das Freiburger »Kaufhaus«, die Bauten auf dem Frankfurter Römerberg, die Stadtmauer von Rothenburg ob der Tauber, Burg Eltz an der Mosel. Die märchengeschwängerte Atmosphäre entspricht dem amerikanischen Traum vom »gemuetlichen« Old Germany.

Nach Walts Tod hatte sein Bruder Roy Disney das Unternehmen gemeinsam mit Donn A. Tatum und E. Cardon Walker im Sinne von Walt weitergeführt – finanziell erfolgreicher denn je. Die Anstrengung forderte jedoch ihren Tribut. Am 20. Dezember 1971, kurz nach der Eröffnung von Walt Disney World, starb Roy Disney an einer Gehirnblutung. In den siebziger Jahren blieb die Company unter Führung von Card Walker und Walt Disneys Schwiegersohn Ron Miller, seit 1976 Leiter des Filmstudios, beim alten Konzept der »sauberen Familienunterhaltung«. Die bange Frage »Was hätte Walt getan?« ließ keine neuen Entwicklungen zu. Die Filme erschienen immer weniger inspiriert, und seit »The Love Bug« (1969, »Ein toller Käfer«) gab es keinen Realfilmhit mehr. Die verbliebenen der »Nine Old Men«, die seit den Dreißigern im Studio waren, beherrschten als Chefzeichner immer noch Disneys Zeichenfilmabteilung. Eine Gruppe junger Animatoren, unter ihnen Don Bluth, verließ 1979 das Studio, weil sie die Qualität vermißten, die das Studio in seiner großen Zeit auszeichnete.

Die Themenparks waren für Disney nach wie vor einträglich. 1983 öffnete nach einer Investition von 570 Millionen Dollar in Japan Tokio-Disneyland seine Pforten und entwickelte sich schnell zur Attraktion für japanische Touristen. Im übrigen verlegte sich die Company auf Grundstücksgeschäfte. Der Wandel im Filmgeschäft und bei den Vorlieben der Zuschauer blieb unberücksichtigt. Ältere Teenager und junge Erwachsene, die Mehrheit der Kinogänger, zogen seit längerem »erwachsenere« Filme vor: »Jaws« (1975, »Der weiße Hai), »Star Wars« (1977), »E.T.« (1982), die Filme um »Indiana Jones« (achtziger Jahre) und Sex-Komödien wie »Porky's« (1982). Sogar die Spitzen-Animationsfilme von Disney erwiesen sich für die Kinos als problematisch. Im Gegensatz zu den anderen Filmgesellschaften verbanden die Zuschauer mit dem Namen Disney ausschließlich Kinder- und Familienunterhaltung, die nun als altmodisch empfunden wurde. Ron Miller, seit 1980 Firmenpräsident und Chief Operating Officer (Leitender Geschäftsführer), seit 1983 Präsident und Chief Executive Officer (Vorstandsvorsitzender) besaß wenig Glück. 1982 wurde »Tron«, der erste Disney-Film, bei dem Computeranimation verwendet wurde, eine Pleite, die sich auch in Wall Street auswirkte. Der Wert der Disney-Aktien sank an einem Tag um 2,5 Punkte. Mit den Walt Disney Productions schien es jetzt schnell bergab zu gehen.

Ron Miller gründete 1984 eine neue Vertriebsgesellschaft, Touchstone Films, um Filme auch für ein erwachsenes Publikum produzieren und vermarkten zu können. Der erste dieser Filme, »Splash«, in dem kurz der Busen der Meerjungfrau-Darstellerin Daryl Hannah zu sehen ist, hatte großen Erfolg, der jedoch zu spät kam. Das Absinken der Firma rief Finanzhaie auf den Plan. Zwei berüchtigte Finanziers, Saul Steinberg und Irvin Jacobs, kauften große Aktienanteile. Steinberg wollte die Firma stückweise verkaufen und nur die Themenparks behalten, was angesichts der Firmentradition einem Sakrileg gleichgekommen wäre. Miller kaufte mit Hilfe der texanischen Milliardärs-Familie Bass die Aktien mit einem Riesenverlust für 52 Millionen Dollar zurück. Innerhalb der Organisation lebte der Zwist zwischen den Familien von Walt Disney und Roy Disney auf. Nach Roys Tod hatte sich zunächst die Familie von Walt durchgesetzt. Roy E. Disney (geb. 1930), der Sohn von Roy O. Disney, lange als »der idiotische Neffe« abqualifiziert, war mit 3 Prozent Anteilen der größte individuelle Aktionär. Bereits 1977 war er wegen der mangelnden Kreativität in der Filmproduktion als Vizepräsident und als Mitarbeiter in der 16 mm-Naturfilmabteilung ausgeschieden, jetzt zog er sich aus dem Vorstand zurück und intervenierte. Ron Miller mußte gehen, ein neues Management wurde eingesetzt.

Michael Eisner (geb. 1942), vorher Präsident bei der Filmgesellschaft Paramount, wurde Chairman und Chief Executive Officer. Bei Paramount hatte er Filmhits von »Saturday Night Fever« (1978) bis »Beverly Hills Cop« (1984) möglich gemacht. Zu Eisners Freunden zählen die Kultregisseure George Lucas und Steven Spielberg, die er nun für Disney verpflichtete. Eisner besitzt einen jüdisch-urbanen Hintergrund, damit tritt das protestantisch-kleinstädtische Element in der Organisation zurück. Vice-Chairman wurde Roy O. Disney, zum Präsidenten und Chief Operating Officer bestimmte man Frank Wells. Als ehemaliger erfolgreicher Produzent bei Warner Bros. besitzt er beste Beziehungen zu Mega-Stars und anderen Produzenten. Die Leitung der Filmproduktionsabteilung übernahm Jeffrey Katzenberg, den Eisner mit anderen 20 fähigen Leuten von Paramount zu Disney zog.

Unter dem neuen Management begann eine neue Ära in der Company. Walt Disney als Mensch und als Symbolfigur verschwand allmählich in die Annalen der Firmengeschichte. Marketing und Entwicklung der Firma, The Walt Disney Company, wie sie seit 1986 heißt, wurden verstärkt. Diese Entwicklung trug schon nach kurzer Zeit Früchte. Von 1983 bis 1987 stiegen die Einnahmen um mehr als das Doppelte, die Profite fast um das Vierfache. Der Wert von Disney kletterte an der Börse von zwei Milliarden auf fast zehn Milliarden Dollar. Die Themenparks zogen 22 Prozent mehr Besucher an. 1990 hatten die Einnahmen mit 824 Millionen Dollar das Achtfache der von 1984 erreicht. Man warf einige Traditionen über Bord und entwickelte dafür neue. Die klassischen Figuren um Mickey und Donald erhielten eine zeitgemäße Stilisierung als »cool« und »hip«. Minnie wurde zur Kultfigur wie Madonna aufgebaut und vor allem auf modischer Kleidung präsentiert. Disney produzierte wieder jedes Jahr einen neuen Animationsfilm. Für »Who Framed Roger Rabbit« (1988, »Falsches Spiel mit Roger Rabbit«) konnte Steven Spielberg als Producer gewonnen werden. Der Film mit Übergängen zwischen Trick- und Realfilm brachte die klassischen Zeichenfilmfiguren mehrerer Studios zusammen. Roger Rabbit ist auch Star neuer Kurzfilme. Die Company nutzte nun die umfangreiche Filmbibliothek, um Videokassetten mit den Disney-Klassikern auf den Markt zu bringen.

Zur Finanzierung neuer Disney-Filme trug eine Investition japanischer Gesellschaften in Höhe von 600 Millionen bei. Die Vertriebsgesellschaft Touchstone Films konnte einen Kinohit nach dem anderen landen, schon der erste Film unter Eisner, »Down and Out in Beverly Hills« (1986, »Zoff in Beverly Hills«), wurde ein Erfolg. Bevorzugt werden Schauspieler ohne Engagement verpflichtet, für relativ geringe Gagen und immer zugleich für mehrere Filme. Robin Williams, Star unter anderem in dem anspruchsvollen Touchstone-Film »Dead Poets Society« (1989, »Club der toten Dichter«) charakterisierte die neue Linie von Disney: »Disney ist immer noch Disney, wie er im Gedächtnis der Amerikaner bewahrt ist. Aber es ist ein anderer Disney, der andere Sachen macht. Touchstone stammt aus der gleichen Familie, aber es ist ein neues Kind. Minnie hat jetzt Brustwarzen.« »Pretty Woman« (1990), für 17 Millionen Dollar produziert, spielte bisher in den USA 177 Millionen und außerhalb 200 Millionen Dollar ein. Im Fernsehen lancierte Eisner 1985 die Serie »Golden Girls«. Außerdem ließ er die traditionellen Disney-Serien wieder aufleben, die er selbst moderierte. Mittlerweile ist er zu einer Vaterfigur wie seinerzeit Walt Disney herangewachsen. Die Serien mit neuen Figuren, »Disney's Adventures of The Gummi Bears«, »The Wuzzles«, »Duck Tales« und »Chip and Dale's Rescue Rangers« sind zeitgemäß an Abenteuergeschichte à la Indiana Jones orientiert.

Die Themenparks erweiterte man um zeitgemäße Anziehungspunkte: »Captain EO« (1986), eine Zusammenarbeit von Francis F. Coppola, George Lucas und Michael Jackson und »Star Tours« (1987) von George Lucas. In Walt Disney World wurden die Disney-MGM-Studios eingerichtet, die das alte Hollywood wieder aufleben lassen. 1989 wurde die neue Filmgesellschaft Hollywood Pictures ins Leben gerufen, 1990 stellte Disney seinen neuen Buchverlag Hyperion vor, 1991 die Plattengesellschaft Hollywood Records. Nachdem fünf Jahre lang der fanorientierte Herausgeber Gladstone die Lizenz innegehabt hatte, begann die Company 1990, erstmalig Comics in eigener Regie herauszugeben. Die neuen besitzen gegenüber den traditionellen Disney-Serien einen weitaus stärkeren Anteil an abenteuerlichen Inhalten. Für dieses Projekt wurde Len Wein, ehemals Chefredakteur beim Superhelden-Comic-Herausgeber Marvel, verpflichtet. Allerdings stellte man einige der neuen Serien bereits 1991 wieder ein. Weltweit boten sich in den späten Achtzigern für Disney dank der Beliebtheit amerikanischer Popkultur lukrative neue Märkte, besonders in China und anderen ostasiatischen Ländern, aber auch in Osteuropa. Die neunziger Jahre sollen, so hatte Michael Eisner verkündet, ein »Disney-Jahrzehnt« werden. Im April 1992 eröffnete bei Paris der neue Themenpark Euro Disney, der etwa ein Drittel so groß ist wie die französische Hauptstadt. Die Franzosen erhoffen sich eine wesentliche Strukturverbesserung durch die Milliarden-Investitionen, dies trotz der traditionellen Vorbehalte gegen die amerikanische Kultur. Die Pariser Theater-Direktorin Ariane Mnouchkine bezeichnete Euro Disney gar als »kulturelles Tschernobyl«. Disneys Praxis, sich hier wie im amerikanischen Walt Disney World einen Freiraum mit eigenen Gesetzen zu schaffen, stieß nicht überall auf Gegenliebe. Michael Eisner hat an das Europa-Projekt sogar seinen Job geknüpft. In den Vereinigten Staaten sind in jüngster Zeit durch die Rezession die Park-Einnahmen, von denen die ganze Company stark abhängig ist, geschrumpft. Zwar sind die Sparten Film, Video und Consumer Products durchaus einträglich, aber 1991 ging der Konzerngewinn erstmals seit acht Jahren wieder zurück. Spätestens seit der Krise unter Ron Miller weiß man bei Disney, daß Wall Street sensibel reagiert. Wie wird der Gigant die Lage in den Griff bekommen? Bekanntlich ist Disney für Überraschungen immer gut. Werden auch in Deutschland »Disney Stores« eingerichtet, die wie ihre amerikanischen Vorbilder eine ganze Palette von Merchandise-Artikeln anbieten? Kommen auch wir in den Genuß fleischloser Hamburger und anderem gesunden Fast-Food in Restaurants mit dem Namen »Mickey's Kitchen«? Entsteht eine weiterer Disney-Park in Europa?

Am 12. April wurde Euro Disney feierlich eingeweiht. Firmenchef Michael Eisner zeigte sich während der Eröffnungszeremonie umrahmt von Walts Neffen Roy Disney und Mickey Mouse.

Disney-Merchandising

Comic Character Merchandise

Seitdem gegen Ende des vorigen Jahrhunderts in den USA Comic strips aufgekommen waren, wurden die bekannten und beliebten Figuren durch »Comic Character Merchandise« vermarktet. Die Serie mit dem Jungen »The Yellow Kid«, 1896 von Richard Outcault für die New Yorker Sonntagszeitung »World« geschaffen, gilt als erster Comic strip der Vereinigten Staaten, dem weitere Serien in konkurrierenden Blättern bald folgten. Es dauerte nicht lange, bis zu der Figur des Yellow Kid Merchandise produziert wurde: gußeiserne Spielzeugfiguren, Zigarrenschachteln, Zigarettenbilder, Krawattennadeln, Puppen und Spiele. Mit seiner neuen Comicfigur, dem penetrant-frechen Jungen »Buster Brown«, erschien Outcault 1904 auf der Weltausstellung in St. Louis und konnte diverse Hersteller für Lizenzen gewinnen. Es gab eine ganze Palette von Buster-Brown-Merchandise, vom Spielzeug über Kleidung bis zum Schmuck. Die Popularität der Figur wurde erhöht durch reisende Vaudeville-Shows, in denen Lilliputaner als Buster verkleidet auftraten. Erst Disneys Merchandising sollte ein Vierteljahrhundert später den Werberummel um Buster Brown übertreffen. In den zwanziger Jahren verschwand die Figur aus den Strips, überlebt haben die Buster Brown Shoe Company und die Buster Brown Textile Company, sie sind heute riesige Industrieunternehmen. Schließlich gehörte zu der breitgefächerten Vermarktung der Comicfiguren auch ihre Verwendung in Zeichenfilmen. Den Anfang machte Winsor McCay, der 1911 einen ersten animierten Film mit seiner Figur »Little Nemo« in Varietés vorführte.

Schon zu der Zeit von Buster Brown gab es Importe von Blechfiguren aus Deutschland in die Vereinigten Staaten. Deutschland war im 19. Jahrhundert zum bedeutendsten Spielwarenherstellerland geworden, Nürnberg durch die Massenproduktion von Blecharerikeln zur Spielzeugmetropole. Seit etwa 1890 wurden die Nürnberger Blechspielzeuge nicht mehr lackiert, sondern mit Offset-Lithographien in den typischen bunten Farben bedruckt. Als Antriebswerke der Spielzeuge diente das aus der Uhrenindustrie übernommene Flachfederwerk. 1911 bestritt Deutschland 80 Prozent des gesamten Weltexports an Spielwaren. Etwa ein Drittel der deutschen Blechspielzeugproduktion wurde in die USA exportiert. Deutsche Produkte waren auf dem Weltmarkt beliebt, denn sie besaßen gute, handwerkliche Qualität und lagen niedrig im Preis. Dies war möglich durch die – gegenüber den konkurrierenden Spielzeugländern England und Amerika – niedrigen Löhne in Deutschland. Man nutzte die miserabel bezahlte Arbeit von Heimarbeitern, Frauen und Kindern.

Deutsche Hersteller waren flexibel und erfüllten schnell die jeweiligen Wünsche des ausländischen Kunden, dabei gaben die Exporteure die im Ausland erhaltenen Anregungen sofort an die Fabriken weiter. Nach dem Einschnitt des Ersten Weltkriegs stiegen die USA und Japan in die Herstellung von Spielwaren ein und übernahmen bis dahin von Deutschland gehaltene Anteile am Weltmarkt. In den zwanziger Jahren verstärkte sich die Produktion von »Comic Character Toys«. Deutschland lieferte nach wie vor wundervolles Spielzeug, in erster Linie aus Blech. Die populären Comicfiguren, zu deren graphischer Charakteristik klare Linienführung und leuchtende Farben gehört, ließen sich ausgezeichnet in lithographierte Blechfiguren umsetzen.

In den Zwanzigern war »Felix the Cat« ein Star, der dem Zeichenfilm, Comic und Merchandising zahlreiche Impulse gab. Geistiger Vater des schwarzen Katers war der aus Australien in die USA eingewanderte Pat Sullivan, der das Zeichnen bald dem deutschstämmigen Otto Messmer überließ. Sullivan verstand es, seine Figur weitreichend und konsequent zu vermarkten; die internationale Beliebtheit des

Eine Folge des Sonntags-Strips »Dr. Oofgay's Secret Serum« vom 12. August 1934, geschrieben von Ted Osborne, gezeichnet von Floyd Gottfredson, getuscht von Al Taliaferro. Viele der frühen Strips spielen in der freien Natur. Dr. Oofgay spricht mit starkem deutschen Akzent.

Am 7. November 1937 erschien, gezeichnet von Al Taliaferro, ein Sonntags-Strip aus der Serie »Donald Duck«, in dem Donald von seinen Neffen gepiesackt wird. Taliaferro hatte kurz zuvor die drei Ableger von Donalds »Kusine Della« in den Strip eingeführt.

Katers gründete sich zum Teil auf die zahlreichen Merchandise-Produkte: von Puppen über Schreibwaren bis hin zu Schallplatten. 1923 entstand ein Zeitschriftenstrip mit Felix, dem eigene Bücher folgten. Persönliche Probleme Sullivans – der Unfalltod seiner Frau und Alkoholismus – verhinderten, daß er die Chancen des Tonfilms erkannte. Seine Animatoren arbeiteten 1926 an einem Tonsystem, er verwarf es jedoch als zu kostspielig und verlor so seine Vorreiterrolle an Walt Disney. Sullivan war für Walt Vorbild, Felix findet sich modifiziert in Disneys »Alice«-Filmen wieder. Als Künstler, Innovator und nicht zuletzt als Geschäftsmann sollte Disney dieses Vorbild übertreffen.

1923, fünf Jahre vor Mickey Mouse, hatte Walt bereits zwei Trickfilm- bzw. Mischfilm-Serien entwickelt: Alice und Oswald the Lucky Rabbit. Zu Alice gab es kein Merchandise, zu Oswald nur wenig: Schokoladenriegel und Werbebuttons mit der Figur des Kaninchens. Walt erhielt aus diesem Merchandise keine Lizenzgebühren, hätte sie auch niemals bekommen, denn für Oswald besaß nämlich nicht er das Copyright, wie er 1928 schmerzlich feststellen mußte, sondern der Verleiher.

Nach den Erfolgen der Mickey Mouse dauerte es nicht lange, bis in Deutschland, aber auch in England, Frankreich sowie teilweise in den Vereinigten Staaten Mickey-Merchandise ohne offizielle Lizenz Disneys entstand, meist Spielzeug. Die Ur-Mickey sieht rattenähnlich aus, hat fünf Finger und häufig Zähne. Eine erste offizielle Genehmigung erteilte Walt Ende 1929 in einem New Yorker Hotel. Für eine Gebühr von 300 Dollar durfte der Hersteller eine Schultafel mit Mickey fertigen. Walt erkannte schnell die Bedeutung von Merchandise mit Mickey. Im Dezember 1929 gründeten die Disneys eine neue Gesellschaft, Walt Disney Enterprises, die den Namen der Disneys und die Charaktere durch Merchandise verwertete und die Lizenzen regelte. Für diesen Bereich war Roy Disney verantwortlich.

Am 13. Januar 1930 erschien mit Lizenz Disneys der erste Comic strip mit Mickey Mouse in Zeitungen, vertrieben vom King Features Syndicate, das dem Pressezaren William Randolph Hearst gehörte. Syndikate sorgten ab etwa 1910 für den Vertrieb der Comicserien, die auf diesem Wege in verschiedenen amerikanischen Zeitungen und später auch weltweit erschienen. Zunächst schrieb Walt selbst das Skript, und sein engster Mitarbeiter Ub Iwerks zeichnete den Strip. Nachdem Iwerks im selben Jahr von dem Verleiher der Disney-Filme, Pat Powers, abgeworben wurde, übernahm für kurze Zeit sein Assistent Win Smith den Comic. Nachdem auch er ging, wurden die Fortsetzungsgeschichten fast ausschließlich von dem Zwischenphasenzeichner Floyd Gottfredson geschrieben und gezeichnet.

Floyd Gottfredson (1905-1986) war von 1930 bis zu seiner Pensionierung 1975 tätig und schuf in dieser Zeit über 14.000 Tages- und rund 350 Sonntags-Strips. Er ließ Mickey und seine Freunde die merkwürdigsten Abenteuer in von verschiedenen Medien beeinflußten Genres erleben – von Wildwest- bis zu Science-fiction-Geschichten. Nach dem großen Erfolg der schwarzweißen Mickey-Mouse-Strips vertrieb King Features auch farbige Mickey- und Silly-Symphony-Strips für die Sonntagsbeilagen. Für letztere war Charles »Al« Taliaferro (1905-1969) verantwortlich, der 1934 Donald Ducks ersten Auftritt in der Folge »The Wise Little Hen« zeichnete. Als Donald 1936 Hauptfigur wurde und 1937 einen eigenen Strip bekam, zeichnete Taliaferro die Ente, bis zu seinem Tod 1969. Er entwickelte eine Reihe von Donalds Charaktereigenschaften und schuf die Figuren der Neffen Huey, Louie und Dewey (Tick, Trick und Track), Grandma Duck und der hundegesichtigen Statisten. Diese populären Zeitungsstrips sorgten für weite Verbreitung der Disney-Charaktere.

Die Ära Borgfeldt und Levy

Im Januar 1930 begann die Näherin Charlotte Clark aus Los Angeles mit der Produktion von Mickey-Mouse-Plüschfiguren, die der 14jährige Bob Clampett nach dem Film-Vorbild entworfen hatte. Die Disneys waren von den Mustern begeistert und richteten in einem Haus neben dem Studio einen kleinen Fertigungsbetrieb ein. Charlotte Clark und sechs weitere Näherinnen fabrizierten in kleiner Stückzahl Mickeys, die als Geschenke für Studiobesucher und ähnliche Zwecke verwendet wurden. Die Disney-Brüder sahen zu diesem Zeitpunkt das Merchandising mit ihren Charakteren noch mehr als Werbung für die Filme, weniger als ein eigenständiges Geschäft an. Die Lizenzgebühren sollten sich erst im Lauf der Zeit zu einer erheblichen zusätzlichen Einnahmequelle entwickeln, die der kostspieligen Arbeit im Studio zugute kam. Um sich auf die Filmproduktion konzentrieren zu können, überließen sie das Geschäft mit dem Merchandise zunächst Spezialisten. Im Februar 1930 schlossen die Disneys einen Merchandising-Vertrag mit der George Borgfeldt Corporation in New York, die nun Disney-Artikel für Nordamerika herstellen und vertreiben sowie ihrerseits Sublizenzen vergeben durfte. Die Disneys erhielten zweieinhalb Prozent Tantiemen auf Artikel unter fünfzig Cent Verkaufspreis, fünf Prozent für Artikel darüber.

George Borgfeldt war im vorigen Jahrhundert aus Deutschland in die Vereinigten Staaten eingewandert. Er wurde Partner in der führenden Spielzeugfirma Strasburg, Pfieffer & Co. Sein großer Erfolg kam mit einer Neuerung: Borgfeldt stellte Muster von Spielzeugen verschiedener Hersteller in einem Präsentationsraum zur Schau. Die Käufer begutachteten die Ware, bestellten und wurden direkt ab Fabrik beliefert. Um 1900 repräsentierte Borgfeldt mehr als 250 Firmen, in seinem Ausstellungsraum waren über 8.000 Muster zu sehen. George Borgfeldt starb 1902, aber seine Firma bestand bis 1962. Die Borgfeldt Corporation vertrieb vorwiegend billiges Spielzeug und »Novelties« (Neuheiten) und besaß Repräsentanzen auch in verschiedenen europäischen Ländern. Eine erste Disney-Lizenz von Borgfeldt erhielt 1930 die Firma Waldburger, Tanner & Co. aus St. Gallen in der Schweiz, die Taschentücher mit Mickey Mouse herstellte.

Da sich abzeichnete, daß Merchandise mit Mickey und Minnie auch außerhalb der Vereinigten Staaten ein gutes Geschäft ergeben würde, schlossen die Disneys im Juni 1930 einen Vertrag mit William Banks Levy, der von London aus als Repräsentant Disneys Interessen in den Ländern außerhalb Nordamerikas wahrnahm. Lizenzierte Gegenstände erhielten meist den Vermerk Copyright Walt E. Disney oder Walter E. Disney. Während Borgfeldt Schwierigkeiten hatte, die geforderte Menge an Merchandise auf den Markt zu bringen, hatte Levy bald eine ganze Reihe von Herstellern an der Hand, die von Mickey-Eierbechern und Zahnbürsten bis zu Mustern für Kleiderstoffen und Tapeten alles mögliche anboten. Schon im darauffolgenden Jahr 1931 ließ allerdings die Intensität nach.

Ein Problem war, daß Borgfeldt und Levy ohne Koordination oder Absprache teilweise bei denselben Fabrikanten in Deutschland, Großbritannien, Japan, den USA, Kanada, Frankreich oder der Schweiz fertigen ließen, wodurch ihnen zusätzliche Rabatte oder ähnliche Sonderkonditionen entgingen. Es handelte sich hauptsächlich um Niedrigpreisartikel mit wechselnden, meist niedrigen Lizenzgebühren. So wurden massenhaft Figuren und Spielzeug aus Zelluloid, Holz und Keramik aus Japan importiert. Aus Deutschland kam eine Mickey-Zelluloidfigur von Schildkröt, Mickey-Blechspielzeuge von Distler, Mickey- und Minnie-Plüschfiguren von Margarete Steiff, Porzellangeschirr von Richard G. Krüger, um die vielleicht bedeutendsten zu nennen. Viele der in Deutschland gefertigten Artikel waren in erster Linie für den amerikanischen Markt bestimmt, aber natürlich fand Mickey-Merchandise auch in Deutschland selbst Absatz. Hier entstand allerdings vieles ohne Lizenz.

Walt und Roy Disney, die hohe Ansprüche an die Qualität der Produkte mit der Maus stellten, waren mit dem Merchandise von Borgfeldt und Levy wenig zufrieden. Nach einem Zeitschriftenartikel mit einem Foto von den Plüsch-Mickeys von Charlotte Clark wuchs die Nachfrage enorm, der diese nicht mehr nachkommen

George Borgfeldt hatte im Februar 1930 mit Disney einen Lizenzvertrag geschlossen. 1931 warb er für deutsche Import-Artikel, die er unter dem Namen »Nifty« auf den Markt brachte. Zu sehen sind unter anderem ein Plüsch-Mickey von Steiff und Spiele der Nürnberger Firma Spear.

1932 posierte Walt Disney mit Merchandise, das mit seiner Figur der Mickey Mouse auf dem Markt war – bereits eine beachtliche Menge.

konnte. Roy beauftragte Borgfeldt, einen geeigneten großen Hersteller zu finden, doch keine der Muster-Mickeys gefiel den Disneys. Die Füße seien zu klein, die Füße zu dick, die Handschuhe zu groß und der Mund schief, »nicht, wie wir es mögen«, schrieb Roy Disney. Auch die von der Dean's Rag Book Company in England und von Steiff in Deutschland produzierten Mickeys gefielen den Disneys nicht besonders. Die mangelnde Koordination bei der Lizenzierung führte zu einem Kuriosum: So produzierte die englische Dean's Rag Book Company eine Mickey-Puppe nach dem Muster von Charlotte Clark, die Borgfeldt eine Zeitlang nach Amerika importierte und dort zusammen mit den Originalen von Charlotte Clark verkaufte. Dabei stellte Dean's Rag bereits Mickey-Puppen nach eigenem Design her und exportierte sie nach Amerika. Schließlich ließen die Brüder 1932 Puppen nach dem Clark-Muster von der McCall Company in New York fertigen.

Die Ära Kamen

Die vielen Probleme mit dem Lizenzgeschäft durch Borgfeldt und Levy ebneten den Weg für Herman »Kay« Kamen (1892-1949) aus Kansas City, der als einer der führenden Werbeleute der USA galt. Er hatte den Erfolg der Disney-Cartoons beobachtet und durch Nachfragen festgestellt, daß viele Hersteller von Merchandise gar nicht erst um eine Genehmigung zur Fertigung nachsuchten und keine Lizenzgebühren zahlten. 1932 unterbreitete er Walt telefonisch Vorschläge, wie man die Charaktere besser vermarkten könne. Kamen garantierte Walt ein Extra-Einkommen von 50.000 Dollar im Jahr, wenn er seinen Vorschlägen folgen würde. Walt schlug ein Treffen vor, wenn Kamen das nächste Mal in Kalifornien sei. Dieser setzte sich auf der Stelle in Bewegung. Einer seiner späteren Mitarbeiter erzählte dem Disney-Biographen Mosley die Geschichte des Treffens mit Walt folgendermaßen: Kamen belieh seine Lebensversicherung, nahm eine Hypothek auf sein Haus auf. So brachte er eine Summe von 65.000 Dollar auf, die er in Eintausend- und Fünftausend-Dollarnoten einwechselte. Er nähte die Scheine in seinen Mantel ein und löste eine Bahnfahrkarte nach Los Angeles. Da er einen Schlafwagen nicht bezahlen konnte und um sein Geld fürchtete, bekämpfte er die gesamte Fahrt den Schlaf. Nach vier Tagen Fahrt begab er sich sofort ins Disney-Studio – um während der Unterhaltung mit Walt einzuschlafen. Kamen legte 50.000 Dollar auf den Tisch, um seine lauteren Absichten zu demonstrieren. Diese Summe würde Walt und Roy gehören – den gleichen Betrag könne er ihnen in einem Jahr noch einmal garantieren, wenn er das Recht erhielte, Disneys Namen für US-Merchandise zu nutzen. Danach wolle er die Hälfte der Gewinne aus Lizenzgebühren, die 5 Prozent des Großhandelspreises betragen sollten, für sich haben.

Die Disneys beeindruckten der solide Finanzplan von Kamen und seine Forderung, Merchandise müsse einen hohen Standard haben. Da mit Borgfeldt und Levy keine Exklusivverträge geschlossen worden waren, ernannten sie Kamen im Juli 1932 zum persönlichen Repräsentanten für Lizenzvergaben. Eines seiner ersten Geschäfte bestand aus der Herstellung von zehn Millionen Mickey-Mouse-Eistüten. Nachdem 1933 die Verträge mit Borgfeldt und Levy ausliefen, wurde die Kay Kamen Ltd. Inc. alleinige Repräsentantin für Lizenzen für die ganze Welt. Levy und Borgfeldt blieben weiterhin Lizenznehmer, Borgfeldt sogar noch bis 1950. Kamen trieb mit seinen Strategien die totale Vermarktung der Maus voran. Er war ein Meister des Verkaufs und ständig auf Reisen. Kamen erschien stets äußerst elegant gekleidet. Dank seiner außergewöhnlichen Physiognomie erkannte ihn jeder Kunde sofort wieder. Als Ausgangspunkt seiner Gespräche, die bevorzugt in Hotellobbies stattfanden, dienten neue Mickey-Mouse-Filme. Kamen überzeugte die potentiellen Kunden von dem Profit, den sie als Lizenznehmer Disneys mit ästhetisch gestalteten Figuren haben würden. Nachdem er eine Lizenz arrangiert hatte, half er dem Lizenznehmer beim

Verkaufen an Großabnehmer, indem er Präsentationen für Aussteller, Warenhäuser und andere Endverkäufer vorbereitete. Seine künstlerischen Mitarbeiter entwarfen das Design für die Waren, ihre Verpackungen, Displays und andere Werbemaßnahmen. Dabei dienten die Model sheets des Studios als Muster, so daß das künstlerische Resultat auch für die Disneys zufriedenstellend war. Kamen stellte zunächst Verkaufskataloge für das Weihnachtsgeschäft zusammen, von 1934 bis 1950 auch Generalkataloge, die heute eine Fundgrube für Disneyana-Sammler darstellen, sind hier doch die Artikel mit Abbildungen und Preisangaben verzeichnet.

Kamen konnte ganz erstaunliche Verkaufserfolge verzeichnen. Die amerikanische Uhrenfirma Ingersoll stand 1933 kurz vor dem Ruin, aber eine mit Lizenz hergestellte Armbanduhr mit Mickey brachte die Wende: durch die enorme Nachfrage nach der Uhr mußte die Belegschaft des Werks in Waterbury, Connecticut, von dreihundert auf dreitausend aufgestockt werden. Zwei Jahre später waren bereits über zweieinhalb Millionen von den Uhren verkauft. Ähnliches war von der Lionel Corporation, die Spielzeugeisenbahnen herstellte, zu verzeichnen. Die Firma war schwer von der Depression getroffen und mußte 1934 Konkursantrag stellen. Kamen vergab an Lionel eine Lizenz über eine Mickey- und Minnie-Draisine zum Aufziehen nebst einem Schienenkreis zu einem Verkaufspreis von einem Dollar. Innerhalb von vier Monaten waren 235.000 Draisinen verkauft und die Firma wieder solvent. In Zeiten der tiefsten Depression schafften Mickey und seine Freunde so für Tausende von Amerikanern Arbeitsplätze.

1934 rettete eine Spielzeug-Draisine mit Mickey und Minnie Mouse die New Yorker Lionel Corporation vor dem Konkurs. In vier Monaten wurden 235.000 Stück verkauft. 1936 kam die Draisine mit Donald und Pluto auf den Markt.

1934 besaß Disney in New York 15 Angestellte für den Lizenzbereich, ein fester Stab von Künstlern, die häufig vom Kansas City Art Institute rekrutiert worden waren. Mehr als sonst in dieser Branche üblich, waren die Disneys auf Qualität des Merchandise bedacht. Dabei kam zu der künstlerischen Kontrolle, der die Produkte unterworfen waren, eine Art ethisch-moralischer Kontrolle. Es gab keine Tabakwaren, Alkohol und Medikamente mit Disney-Figuren, allerdings Aschenbecher. Den Produzenten des – als amoralisch betrachteten – Theaterstücks »Who's Afraid of Virginia Woolf?« von Edward Albee verweigerte Disney das Recht, den Song »Who's Afraid of the Big Bad Wolf?« zu verwenden. Zu diesem Zeitpunkt fertigten etwa 80 US-Konzerne, darunter General Foods, RCA Victor, National Dairy und International Silver Disney-Merchandise im Wert von etwa sieben Millionen Dollar. Es gab Artikel in allen Varianten, vom einfachsten Spielzeug für ein paar Cent bis hin zum Cartier-Schmuck aus Gold und Platin mit Diamanten für 1150 Dollar. Neben den 80 US-Herstellern gab es 15 kanadische, 40 englische, 80 weitere europäische und 15 australische, die Disney-Merchandise in Lizenz herstellten. Durch Kay Kamens Arbeit konnte von 1933 bis 1937 eine Steigerung von 30 Millionen Dollar im Verkauf von Mickey-Mouse-Merchandise verzeichnet werden.

Walt und Roy wachten darüber, daß Merchandise nur mit Lizenz erschien und Mickey nicht nachgeahmt wurde, was trotzdem immer wieder vorkam. Hersteller, die die Popularität der Disney-Figuren ausnutzen wollten, verwendeten Gestalten und Namen, häufig in geringer Abwandlung, um die Lizenzgebühren zu sparen. So wurde 1934 ein Prozeß gegen zwei amerikanische Keksfabriken und eine Verpackungsfirma geführt, die Cracker unter dem Namen »Mickie« Mouse und mit den Disney-Figuren auf den Verpackungen in den Handel gebracht hatten. Für die Disneys trat ihr juristischer Vertreter Gunther Lessing auf, der eine gewisse Berühmtheit erreicht hatte, weil er auf dem Höhepunkt der mexikanischen Revolution Pancho Villa beraten hatte. Lessing sollte später in dem Streik in den Disney-Studios eine wenig rühmliche Rolle spielen. Lessing gewann den Prozeß, indem er nachwies, daß alle Figuren der künstlerischen Produktion Walt Disneys entstammten, für den Namen Mickey Mouse bestand seit dem 18. September 1928 ein eingetragenes Warenzeichen. Prozesse gegen den Mißbrauch der Disney-Charaktere sollten in der Folgezeit immer wieder vorkommen.

Um die Mitte der dreißiger Jahre erwies sich das Merchandising besonders nützlich beim weiteren Erschließen der Märkte außerhalb der Vereinigten Staaten, die durch Filme bereits eröffnet worden waren. 1934 besaß die Kay Kamen Ltd. als Repräsentantin der Walt Disney Enterprises Zweigstellenbüros in Toronto, London, Paris, Kopenhagen, Mailand, Barcelona, Lissabon und Sydney. Ihre Aufgabe bestand darin, den Vertrieb von Merchandise und Filmen zu verbessern. Doch 1937 standen die Kurzfilme erst in französisch, spanisch und deutsch synchronisierter Fassung zur Verfügung. In anderen Ländern mußten sie mit Untertiteln gezeigt werden, was zunächst nicht so problematisch war, mit wachsendem Anteil an Dialogen sich jedoch als hinderlich erwies. Comic strips, Bücher und Merchandise waren besser geeignet, die Botschaft der Maus zu verbreiten.

Ab 1930 erzählten Disney-Bücher in vielen Sprachen die Stories der Filme nach oder präsentierten neue Geschichten für Kinder. In Italien gab es bereits 1932 eine Wochenillustrierte »Topolino« mit italienischen Mickey-Strips, die ersten sechs Nummern erschienen allerdings ohne die Genehmigung Disneys. In den USA erschien 1933 ein erstes »Mickey Mouse Magazine«, das Spiele, Rätsel und kleine Geschichten brachte. Ab 1935 enthielt eine größerformatige Zeitschrift gleichen Namens neue Strips und Nachdrucke der Zeitungsstrips von Floyd Gottfredson, dem Schöpfer vieler Abenteuer mit Mickey Mouse. 1934 kam in Frankreich die erste Ausgabe von »Le Journal de Mickey« heraus. William B. Levy veröffentlichte im Februar 1936 die erste englische Disney-Wochenzeitschrift »Mickey Mouse Weekly«, die Auflagenhöhen bis zu 600.000 Stück erreichte. Britische Künstler gestalteten die farbenfrohen Covers und zeitweilig die Serie »Donald und Mac«, die die ersten Abenteuergeschichten mit Donald überhaupt bot. Die »Mickey Mouse Weekly« beeinflußte weitere europäische Mickey-Mouse-Zeitschriften, so die 19 deutschsprachigen Ausgaben der »Micky Maus Zeitung«, die 1936/1937 in Zürich erschienen.

Kritiker und Publikum gleichermaßen priesen Disneys ersten abendfüllenden Animationsfilm »Snow White and The Seven Dwarfs« , der 1937 uraufgeführt wurde. Das Metropolitan Museum of Art in New York zeigte 1938 eine Ausstellung von Zelluloidfolien (»Cels«) aus Snow White, auf die die Zeichnungen vor dem Verfilmen übertragen wurden. Guthrie Sayle Courvoisier, ein Besitzer einer Kunstgalerie in San Francisco, erkannte im gleichen Jahr, daß die Cels in Zukunft einen Markt für Museen, Kunstinstitute, Bibliotheken, Kunstsammler und Designer bieten würden. Er ersuchte Kay Kamen um die Genehmigung, Cels aus »Snow White« verkaufen zu dürfen. Kamen startete seinerseits unverzüglich einen Testverkauf in einem Kaufhaus in St. Louis, ohne Courvoisier einzubeziehen. Dieser protestierte in einem Schreiben an Kamen mit Kopien an Walt und Roy: Cels seien kein Massenartikel, sondern gehörten in die Kategorie der Kunst. Das Studio übertrug ihm daraufhin die Verkaufsrechte, die Cels bot er für einen Dollar das Stück an. Kamen half ihm beim Vermarkten. Als sich Erfolge zeigten, wurde der Verkauf auf Originalhintergründe mit oder ohne Cels sowie Skizzen für das »Storyboard« und Originalzeichnungen ausgedehnt. Walt selbst soll das Interesse von Sammlern an dem »ausrangierten Material« nicht verstanden haben. Nach acht Jahren endete der Kontrakt, mittlerweile waren 20.000 Cels und Zeichnungen aus Snow White und anderen Filmen verkauft.

Die Einführung neuer Charaktere führte zu einer Ausweitung des Merchandise-Programms. Dabei war das Spielzeug mit Mickey, Donald und den Sieben Zwergen mehr auf Jungen ausgerichtet, während Snow White eher der weiblichen Welt zugeordnet wurde. Kay Kamens Katalog von 1938/39 enthielt Korsetts, Kochbücher, Kleider, Kappen, Seidenstoffe und die größte Auswahl an Puppen, die es jemals gab. 1939 organisierte Walt das Studio neu; Walt Disney Enterprises, die Spezialfirma für Aktivitäten außerhalb des Films, wurde aufgehoben. Die Gegenstände erhielten jetzt

Der Zwerg Dopey aus »Snow White« war beim Publikum sehr beliebt. Die amerikanische Firma Seiberling Latex Products brachte nach der Premiere Figuren der Zwerge aus Hartgummi einzeln oder im Set mit Schneewittchen auf den Markt.

ein neues Copyright-Zeichen: © Walt Disney Productions oder © W.D.P. In den späten Dreißigern erwuchs dem Studio eine weitere Einnahmequelle: Tantiemen für Musik aus den Disney-Filmen. Schon der Song »Who's Afraid of the Big Bad Wolf« aus dem Film »Three Little Pigs« von 1933 war populär, spielte aber kommerziell noch keine große Rolle. Songs aus »Snow White and the Seven Dwarfs« erwiesen sich als Hits. Der Erfolg weiterer Titel aus »Pinocchio«, »The Three Caballeros« und »Song of the South«, die noch durch unterschiedliche Firmen vermarktet wurden, führte 1949 zur Gründung der Walt Disney Music Company. Zwei Songs aus »Cinderella«, die Titelmelodie »The Ballad of Davy Crockett« aus der Fernsehserie und vor allem die Lieder aus »Mary Poppins« sollten große Erfolge werden.

Durch den Erfolg des Abenteuer-Comic »Superman« wurden in den Dreißigern kleinerformatige Comic-Hefte populär. Disney entwickelte daher nach dem Vorbild anderer Herausgeber »Comic books« in einer Form, wie wir sie heute auch noch kennen: kleiner im Format und fast ausschließlich gefüllt mit eigens für sie gezeichneten Comic-Geschichten. Als Nachfolgeserie des amerikanischen »Mickey Mouse Magazine« erschien seit 1940 mit Lizenz Disneys in monatlicher Folge »Walt Disney's Comics and Stories«. Den Hauptanteil boten farbige Comicseiten, einige wenige Text-Geschichten (»Stories«) waren nötig, um das Heft per Post an Abonnenten senden zu können. Die ersten dreißig Ausgaben enthielten fast ausschließlich Nachdrucke von Zeitungsstrips von Al Taliaferro und Floyd Gottfredson. Nummer 31 aus dem Jahr 1943 brachte das erste Mal eine völlig neue Geschichte mit Donald Duck, der seit einiger Zeit Mickey als Figur an Beliebtheit überholt hatte. Zeichner war Carl Barks, der als Zwischenphasenzeichner und Storyman im Studio begonnen hatte, nach dem Streik bei Disney seinen Arbeitsplatz wechselte und Angestellter des Comic-Herausgebers Western Publishing wurde.

Neben den 10seitigen Geschichten in Comics and Stories gestaltete Barks längere Geschichten in der Serie »Dell (Four) Color Comics«. »Donald Duck finds Pirate Gold« von 1942, eine mit Jack Hannah gemeinsam gezeichnete 64seitige Geschichte, ist der erste Barks-Comic und die erste lange Abenteuergeschichte mit »funny animals« überhaupt. In über zwanzig Jahren schrieb und zeichnete Barks mehr als 500 Enten-Geschichten für verschiedene Disney-Serien und Einzelhefte, darunter Gratisausgaben zur Firmenwerbung. Barks entwickelte den von Al Taliaferro umrissenen Charakter von Donald. Er bereicherte das Disney-Universum um Figuren wie Gladstone Gander (Gustav Gans), Scrooge McDuck (Dagobert Duck), Gyro Gearloose (Daniel Düsentrieb) und die Beagle Boys (Panzerknacker), und er institutionalisierte »Duckburg« (Entenhausen) als Wohnort der Enten und Hundegesichtigen. All seine Figuren besitzen komplexe Charaktere mit vielen menschlichen Zügen, was sie gegenüber den Cartoon-Vorbildern hervorhebt.

Neben Carl Barks wirkten viele andere hervorragende Künstler an den amerikanischen Heftreihen mit, darunter Walt Kelly, Paul Murry, Al Hubbard, Dick Moore, Jack Bradbury und Tony Strobl. Am langlebigsten erwies sich die Serie »Walt Disney's Comics and Stories«, sie erscheint bis heute. Betrug 1942 die Druckauflage eine Million Exemplare, erreichte sie im September 1952 mit 3.115.000 einen Höhepunkt, bevor sie infolge der Konkurrenz durch das Fernsehen stark absank. Wenn sie im eigenen Lande auch an Bedeutung verlor – die amerikanischen Disney Comic books wurden Vorbild für ähnliche Publikationen in der ganzen Welt.

Der Zweite Weltkrieg brachte auch für das Merchandising erhebliche Rückschläge. Kamens Merchandise-Katalog von 1940/41 sollte ein letzter vor 1947 sein. Das Bombardement von Pearl Harbor am 7. Dezember 1941 zeigte sofort Folgen für das Studio und die Produktion von Merchandise. Die Herstellung japanischer Disney-Artikel hörte schlagartig auf. Viele Mitarbeiter der New Yorker Merchandise-Abteilung wurden eingezogen. Außer Holz gab es kaum andere Materialien. Die Materialkürzungen bedeuteten auch Einschnitte in langwährende Geschäftsverbindungen,

Die »Micky Maus« brachte 1963 die Geschichte »Im Land der viereckigen Eier«, 1949 geschrieben und gezeichnet von Carl Barks. Sie ist satirisch, spannend und künstlerisch meisterhaft. Barks selbst nannte sie seine liebste Story.

denn viele Lizenznehmer kehrten später nicht mehr zurück. Kay Kamen verlegte sich darauf, Lizenznehmer unter Lebensmittelherstellern zu gewinnen, denn Nahrungsmittel waren in dieser Zeit der Rationierungen durchaus wettbewerbsfähig. Donald-Duck-Orangensaft war das erste Produkt, es folgten Kaffee, Senf, Reis und andere, meist mit Donald auf der Verpackung. Als Disney später in das TV-Geschäft einstieg, lizenzierte man keine neuen Nahrungsmittel mehr, um Konflikte mit der Werbung zu vermeiden. Durch die beiden Filme, die 1941 auf Disneys Lateinamerika-Reise entstanden, konnte die Company sich auf dem Gebiet des Merchandising neue Märkte erschließen, in verschiedenen lateinamerikanischen Staaten wurden lizenzierte Disney-Artikel produziert.

In eigener Regie

Bis 1947 gab es in den Vereinigten Staaten Kürzungen einiger Materialien. Als Kay Kamen 1949 mit seiner Frau Kate bei einem Flugzeugabsturz bei den Azoren ums Leben kam, war das Lizenzgeschäft noch in der Erholungsphase. Wenige Monate vor seinem Tod hatte Kamen einen neuen Kontrakt mit den Disneys geschlossen. Er war jetzt nur noch für Merchandising in Amerika zuständig, für die übrigen Länder die Walt Disney Productions selbst. Der Tod von Kay Kamen veränderte die Merchandising-Politik der Disney-Organisation. Oliver B. Johnston, der in den frühen vierziger Jahren die Verbindung Disneys zu Kamen hielt, fiel nun die Aufgabe zu, die Kay Kamen Ltd. Inc. in eine Abteilung der Walt Disney Productions umzuwandeln. Das Büro verblieb in New York, aber das Studio nahm mehr Einfluß als vorher. Der Übergang war mit Schwierigkeiten verbunden. Viele Lizenznehmer vermißten Kamens Entscheidungsfreiheit und seine persönliche Hilfe bei der Kontaktaufnahme zu den Großabnehmern. Eine Leistung von Johnston war die Durchsetzung eines Programms für Merchandising zu Animationsfilmen. Die Artikel wurden bereits ein Jahr vor der Filmpremiere lizenziert, gefertigt und waren beim Anlaufen des Films im Handel. Zu Kamens Zeit gab es noch eine Differenz von mehreren Monaten. Am erfolgreichsten wurde diese Vorablizenzierung 1955 beim Merchandising zum Film »Lady and the Tramp« praktiziert.

Seit dem Beginn der fünfziger Jahre gewann das Fernsehen für die Walt Disney Productions immer mehr an Gewicht. In der »Disneyland«-Fernsehserie lief um die Jahreswende 1954/55 mit Riesenerfolg eine Trilogie um Davy Crockett, einen Helden der amerikanischen Pionierzeit. Durch die Serie wurde der unbekannte Crockett-Darsteller Fess Parker zum Star, die Erkennungsmelodie blieb 13 Wochen lang Nummer eins der US-Hitparade. Eine Davy-Crockett-Manie ergriff die Nation. Johnston, der Davy Crockett nicht allzuviel abgewinnen konnte, sah das kommerzielle Potential an Nebenprodukten nicht. Er trat die Merchandise-Rechte an einen Hersteller ab, der bald beachtliche Verkaufserfolge mit Nachbildungen erzielen konnte. Schließlich erkannte Phil Sammeth in der Marketingabteilung bei Disney, daß mit Nachbildungen von Crocketts Waschbärenkappe Geld zu verdienen war. Allerdings, so stellte man fest, waren amerikanische Hersteller nicht mehr in der Lage, Waschbärenkappen zu fertigen; andere Felle oder Kunstfelle waren nicht einfach zu beschaffen. Dann kam die Nachricht, daß früher US-Waschbärenfelle nach China exportiert worden waren, aber seit der kommunistischen Machtergreifung mit einem Embargo belegt waren. Ein kalifornischer Exporteur besaß ein Warenlager voller eingemotteter Felle, die er längst abgeschrieben hatte und günstig verkaufte. Ein Lizenznehmer wurde mit einem großzügigen Rabatt überredet, die Kappen herzustellen. Sammeth trieb einen Veteran der Kürschnerei auf, der die Waschbärenkappenfertigung überwachte. Bald waren die Bestände aufgebraucht, man mußte von Jägern neue Felle ankaufen. Die Großhandelspreise für Waschbärenfelle stiegen in sechs Monaten von fünfzig Cent das Dutzend auf fünf Dollar, die an sich so fruchtbaren Tiere schienen gar in ihrem Bestand bedroht zu sein. Die Fernsehepisoden wurden zusammengeschnitten und 1955 unter dem Titel »Davy Crockett, King of the Wild Frontier« (»Davy Crockett, König der Trapper«) in die Kinos gebracht. Sie entfachten international eine Nachfrage nach Waschbärenkappen, die nur durch den Einsatz von Kaninchen- und Eichhörnchenfellen befriedigt werden konnte. Ein New Yorker Hersteller produzierte ein Zobel-Modell für Damen, das erfolgreich für 750 Dollar an die Frau gebracht werden konnte. Insgesamt wurden 10 Millionen Waschbärenkappen abgesetzt.

Nach der Schlappe von Johnston setzten die Disneys 1955 Vince Jefferds als neuen Abteilungschef ein. Jefferds schickte Telegramme an die großen Warenhäuser, in denen er warnte, sie würden regreßpflichtig gemacht, wenn sie Waren ohne Lizenz verkauften. Das entsprach zwar nicht den Tatsachen, aber so gewann die Company Zeit, um Lizenznehmer für ihre Davy-Crockett-Artikel zu finden. In New York mußten die Lizenzbüros zeitweilig ihre Telefone abstellen, weil sie pausenlos von potentiellen Kunden angerufen wurden. Davy-Crockett-Artikel waren in amerikanischen Geschäften ein Renner: komplette Trapperausrüstungen, Zelte, Gitarren, Lunchboxen, Taschenmesser. Am beliebtesten war ein hölzernes Gewehr, doch die Idee, einen 45er Davy-Crockett-Colt zu lizenzieren, lehnte Walt ab, da es zu Crocketts Zeiten noch keine Colts gab. Von Davy Crocketts Waschbärenkappe inspiriert, erfand Jefferds eine Donald-Duck-Mütze, die quietschte, mit Schnabel als Schirm und Plastikaugen. Von dieser Mütze wurden im ersten Jahr achteinhalb Millionen verkauft.

Eine weitere Fernsehserie brachte viel Merchandise: der »Mickey Mouse Club«, der von 1955 bis 1958 und von 1962 bis 1965 lief. Die neue Welle von Mickey-Merchandise trug das Clubemblem als Kennzeichen. Es gab Hunderte von Artikeln, viele davon eigentlich wenig traditionsreich: Zeitschriften, Comics und Bücher, Posters, »Mousketeer«-Kappen, T-Shirts, Schallplatten, Plattenspieler und »mousgetars«-Gitarren. Von den charakteristischen Mauseohrenkappen verkauften sich zeitweilig 24.000 Stück pro Tag, 1962 waren es über 500.000. Einige der Mickey-Mouse-Club-Folgen wurden übersetzt und in 17 Ländern gesendet, darunter in Österreich. Dies führte auch dort zu vermehrtem Interesse an Disney-Artikeln. Eine weitere Fernsehsendung, »Zorro«, die von 1957 bis 1959 lief, führte ebenfalls zu viel Merchandise. Die Geschichte des maskierten Helfers von Armen und Unterdrückten aus dem frühen Los Angeles wurde durch Hüte, Masken, Degen und Capes und weitere Artikel mit dem Bild des Edelmanns vermarktet. Nicht zuletzt ist der Vergnügungspark Disneyland als Quelle von Merchandise zu erwähnen. Hier werden fortlaufend Übersichtspläne, Postkarten, Führer, Buttons und Souvenirs produziert. Da Disneyland sich ständig weiterentwickelt, gibt es immer ein besonderes Ereignis, an das im Park erinnert wird und das sich im Merchandise spiegelt. Das gleiche gilt natürlich für die anderen Parks.

Vince Jefferds hatte das Merchandising für die Disneys zu einem äußerst profitablen Geschäft gemacht. Es gelang ihm, sogar aus Filmen, die an den Kinokassen kein Erfolg waren, durch Lizenzvergaben Profit zu schlagen. Er führte beim Merchandising eine Reihe von kostensparenden Maßnahmen durch. So hielt er Lizenznehmer dazu an, eigene Entwürfe für ihre Produkte zu verwenden, die dann von der Merchandise-Abteilung kontrolliert wurden. Deren Standards waren hoch. Den Lizenznehmern standen spezielle Model sheets zur Verfügung, trotzdem gab es immer wieder Probleme mit abweichenden Entwürfen. Hatte Kay Kamen auf dem Höhepunkt seines Schaffens 3 Millionen an Lizenzgebühren eingebracht, erhöhte Vince Jefferds die Summe nach zwei Jahren seiner Tätigkeit als Abteilungsleiter auf 12 Millionen. Als er 1983 in den Ruhestand trat, nachdem er zum Vizepräsidenten der Marketingabteilung, dann Vizepräsident der Abteilung Consumer Products und schließlich Senior Vizepräsident der Marketingabteilung aufgestiegen war, hatte er der Organisation einen Profit von 50 Millionen Dollar im Jahr gebracht.

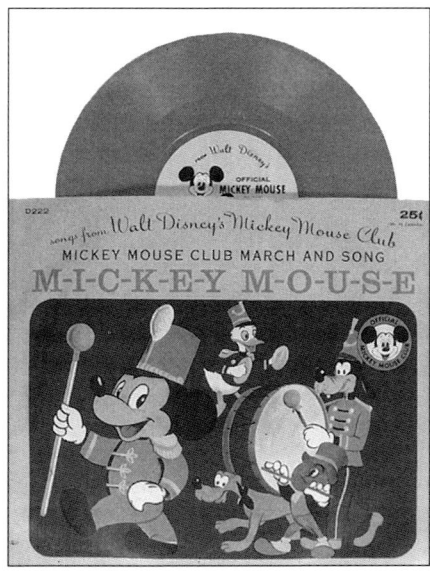

Die US-Fernsehserie »Mickey Mouse Club« verhalf der Maus Mitte der Fünfziger zu neuer Popularität. Auf der Schallplatte aus rotem Vinyl singen die »Mousketeere« ihre Clubhymne »M-I-C-K-E-Y M-O-U-S-E«.

Disneys Fernsehsendungen brachten Zorro-Hüten, den Mauseohr-Kappen der Mousketeers und Donald-Duck-Mützen mit quiekendem Schnabel schwindelerregende Verkaufszahlen. Dies ist eine Werbung von 1958.

1986 wurde das Unternehmen in The Walt Disney Company umbenannt, der Copyrightvermerk lautet von nun an © Disney. »Disney« wurde als Markennamen für viele Bereiche des Merchandise etabliert. Im Bereich der Lizenzvergaben fand eine Konzentration auf große multinationale Firmen statt. So schloß man mit den Spielzeuggiganten Matell und Hasbro exklusive Verträge. Eine Strategie des neuen Managements sah vor, mehr Einfluß auf die Produkte zu nehmen. Ein Problem der Abteilung Consumer Products war, daß nicht Disney, sondern die Lizenznehmer bestimmten, welche Dinge produziert wurden. Ein neuer Plan sah vor, daß die Ideen für neue Produkte von Disney selbst kamen. Redibra, ein brasilianischer Subunternehmer der Company, wandte dieses Prinzip zuerst an. Anfang der Achtziger hatte Redibra die »Disney Babies« erfunden und Lizenzen für Baby- und Kleinkindartikel vergeben, die Donald, Mickey und andere als Krabbelkinder zeigten. Die neuen Figuren bewährten sich auch in Europa und Japan und wurden 1987 in die USA eingeführt. Man konzentrierte sich auf die Generation, die gerade einen Babyboom erlebte; das Geschäft wurde zusammen mit den etablierten Großhandelsketten gemacht, mit denen man erstmalig in der Geschichte der Company gemeinsame Werbeaktionen durchführte.

Disney ging jetzt auch selbst unter die Produzenten; so erwarb man 1988 die Childcraft Education Corporation. Die Idee vom direkten Verkauf an den Endverbraucher hatte es Disney-Chef Eisner angetan. 1987 eröffnete die Company in Einkaufzentren in Glendale und San Francisco auf Disney-Merchandise spezialisierte Geschäfte. Auch über Versandkataloge erreichte man die Kunden direkt. Mittlerweile gibt es weit über 50 Disney Stores, 1992 eröffnete die Londoner Filiale als die erste in Europa. Superlative sind bekanntlich bei Disney stets zu vermelden, so auch nach wie vor beim Merchandising. Ende 1990 hatten sich die Einnahmen der Abteilung Consumer Products gegenüber 1984 verfünffacht. Während nach Walts Tod 1966 80 Millionen Menschen auf der ganzen Welt einen Konsumartikel mit Disney-Charakteren kauften, waren es nach einer neueren Zählung 270 Millionen.

Disney in Deutschland

Die erste Micky-Maus-Welle

Die zwanziger Jahre erlebten die Deutschen als eine Zeit der Krisen. Nach dem verlorenen Weltkrieg erschütterten Inflation und anschließend die Weltwirtschaftskrise die Republik. Die Zahl der Arbeitslosen und Kurzarbeiter stieg, Arbeitskämpfe und zunehmende politische Radikalisierung verunsicherten die Menschen. Man suchte Zerstreuung, wo es nur ging, und fand sie in Varietés, Kabaretts, Revuen, Klubs, Vergnügungsparks, vor allem aber in Kinos. 1928 wurden im Deutschen Reich 517 Spielfilme aufgeführt, von denen über die Hälfte aus dem Ausland stammte. Der Kinobesuch entführte viele Menschen für kurze Zeit in eine andere Welt und ließ sie ihre Alltagssorgen vergessen. Vor den häufig recht melodramatischen Hauptfilmen zeigte man das sogenannte Beiprogramm. Dies waren Vorfilme, kurze spritzige Grotesken mit zahlreichen Gags, die die Banalitäten des Alltags aufs Korn nahmen und befreiendes Gelächter hervorriefen. Die beliebtesten Kurzfilme stammten aus amerikanischer Produktion. Es gab Wildwest- und Slapstickkomödien mit menschlichen Darstellern, dagegen zeigten Zeichenfilme die phantasievollen und gewalttätigen Abenteuer vermenschlichter Tiere. Wie in den USA bevorzugte man bei uns die Serie »Felix, der Kater« .

Seit Ende der Inflation befand sich die deutsche Filmwirtschaft in einer mißlichen Lage. Mit den finanzkräftigen großen US-Filmgesellschaften waren Kooperationsverträge geschlossen worden, und so entstanden Abhängigkeiten, schwierig zu durchschauende Verflechtungen. Die Universal Pictures Corp. gründete in Berlin eine Tochtergesellschaft, den Universal-Matador-Filmverleih GmbH, die am 12. Juli 1927 den Zeichenfilm »Oswald und die Straßenbahn« (»Trolley Troubles«) die Berliner Filmprüfstelle passieren ließ. Der Kurzfilm mit »Oswald, dem verrückten Karnickel« war der erste Film von Walt Disney, der in Deutschland gezeigt wurde. Die nächsten zwei Jahre brachte die Südfilm AG, deutsche Tochtergesellschaft der British International Pictures Ltd., etliche Disney-Filme der Serien »Oswald« und »Alice im Papierland« nach Deutschland, die allerdings keine übermäßige Beachtung fanden.

1928 erzielte Walt Disney in den USA mit seiner neuen Figur Mickey Mouse in dem Tonfilm »Steamboat Willie« erste Erfolge. 1929 wiederholten sich die sensationellen Erfolge in England. Am 17. Januar 1930 war es dann in Deutschland soweit, der erste »Micky-Maus«-Film der Südfilm AG, »The Barn Dance«, durchlief die Berliner Filmprüfstelle und wurde noch am gleichen Abend im Berliner Universum-Filmtheater als Vorfilm der UFA-Premiere »Wenn Du einmal Dein Herz verschenkst« vorgeführt. Von nun an ging es Schlag auf Schlag. Die Südfilm AG startete eine zu dieser Zeit in Deutschland einmalige Werbekampagne. »Die fabelhaften, unerreichten Tonfilm-Lustspiele, das beste und erfolgreichste Beiprogramm für jedes Tonfilm-Theater, das Entzücken von alt und jung: Micky, die weltberühmte Tonfilm-Maus, und Silly, die närrischsten Jazzsymphonien aus einer phantastisch belebten Natur«, so der Wortlaut einer Werbung, begeisterten das deutsche Publikum wie kein Kurzfilm zuvor. Disneys Zeichenfilme entwickelten sich zu Zugpferden für das Hauptfilmprogramm. Sie waren jugendfrei, und 90 Prozent von ihnen erhielten das Prädikat »künstlerisch wertvoll«, dadurch waren sie steuerbegünstigt. Dies wirkte sich auf den Eintrittspreis und damit wiederum auf die Zuschauerzahlen aus. In wenigen Monaten war Micky Maus im gesamten Deutschen Reich bekannt. Die Filme mit Micky wirkten laut der Zeitschrift »Filmwoche« mitten in der Wirtschaftskrise »als Lebenselixier, als konzentrierte Lebensfreude«.

Vier Monate nach der Premiere fing man an, Micky Maus auch außerhalb der Licht-

Das erste Ton-Lustspiel
mit
Liane Haid
in
2 X Hochzeit
mit **Ralph Arthur Roberts — Luci Englisch**
Ein Film voll Tempo — Humor und reiz. Einfällen —
Die Launen einer Millionärstochter — Eine mißglückte
Heiratsvermittlung — Ein großes Erfolgs-Tonlustspiel
in 7 Akten. — Vordem:
Micky Maus als fahrender Sänger
(Ein Schlager für sich)
Flock und Flicky unter Indianern
Fox tönende Wochenschau (doppelte Fassung)
Sonnabend 4 Uhr: Große Jugendvorstellung.
Ein vollständiges Tonfilm-Programm
Preise: 0.30 u.50 0.70   Erwachsene: 0.80 1.20 2.00
Vorverkauf bei Frese für die Abendvorstellung.

Am 17. Januar 1930 wurde in Berlin der erste Film mit Micky Maus gezeigt. Ende des Jahres war die Maus auch in die Provinz vorgedrungen: am 28. November lief in Celle ein Micky-Film vor dem ersten Tonfilm.

spielhäuser zu vermarkten. In England und Frankreich hatte man große Erfolge mit einer Mickey-Anstecknadel erzielen können. Die Südfilm AG ließ ebenfalls eine Nadel mit der Maus herstellen, die zunächst an Besucherinnen verschenkt wurde. Als es Mode wurde, sich Micky Maus an die Kleidung zu stecken, entstand ein ganzer Gewerbezweig, vor allem in dem böhmischen Städtchen Gablonz spezialisierten sich Fabrikanten auf die Herstellung von Micky-Maus-Broschen. 1931 kam es sogar zu einem Rechtsstreit. Walt Disney ging zusammen mit einer Gablonzer Firma, der er ein Herstellungsmonopol erteilt hatte, gegen unlizenzierte Schmuckherstellung durch andere Unternehmer in der Region vor.

Die Schauspielerinnen Olga Tschechowa und Martha Eggerth nutzten die Popularität der Maus und lockten mit Micky auf Plakaten, Filmprogrammen und Starpostkarten Zuschauer in ihre Filme. Im November 1930 präsentierte sich Anny Ondra in ihrem ersten Tonfilm »Die vom Rummelplatz« (in Österreich »Das Micky-Maus Girl«) als Varieté-Girl in einem Micky-Kostüm. Der Rennfahrer Rudolf Caracciola posierte nach seinem Sieg im Irischen Grand Prix in Dublin mit einer Blech-Micky. Es gab Micky-Maus-Bühnen- und Ballettshows, Micky-Maus-Orchester, die Micky-Maus-Jazzmusik spielten. Eine Reihe von Firmen produzierten Schallplatten mit verschiedenen Musikern, den Anfang machte Mitte 1930 der »Mickey-Foxtrott« in unterschiedlichen Versionen. Kaufhäuser dekorierten mit Micky Maus und stimmten ihre Werbung entsprechend ab.

In Fritz Langs berühmten Film »M« von 1931 betritt der Kommissar auf der Suche nach dem Kindesmörder eine Bäckerei, in der zahlreiche Micky-Maus-Figuren zu sehen sind. In Deutschland wurden auch die amerikanischen Mickey-Zeitungsstrips abgedruckt, etwa in der »Kölnischen Illustrierten Zeitung« vom 27. Dezember 1930 und in der »Erfurter Allgemeinen Zeitung«. »Micky Maus – Ein lustiges Filmbildbuch« ist vermutlich das erste deutsche Disney-Buch, es erschien 1931 im Berliner MAN-Verlag. Die Kaffeefirma Darboven warb mit einer Geschichte in der Werbebroschüre »Darbohnes Erlebnisse – die Erlebnisse einer Kaffeebohne«, in der die Darbohne Micky von der Filmleinwand holt, um mit ihr Darboven-Kaffe zu trinken. Spielzeugfabrikanten, Nippesproduzenten und Hersteller aller möglichen Gebrauchsgegenstände brachten Anfang der Dreißiger eine Vielzahl von Gegenständen mit Micky auf den deutschen Markt. Die Warenzeichenrolle des Reichspatentamts in Berlin nennt an Micky-Artikeln Kaffeepackungen, Nähnadeletuis, Lebensmittel, Reißbrettstift-Schachteln, Strümpfe, Putzmittel, Schuhkartons, Feuerwerkskörper, Schokolade, Spielwaren und – Schnaps. Der Original-Mickey ähnelten die Mäuse auf den Verpackungen teilweise recht wenig, auch auf Postkarten, in Zeitschriften und Büchern fanden sich Darstellungen von Micky und Minnie, die anders aussahen als in den USA, wo die Disney-Brüder strenge Lizenzkontrollen ausübten. Mit Mickys heutigem Image wären sie überhaupt nicht zu vereinbaren. In Deutschland waren die Micky Mäuse in der Regel stärker vermenschlicht, besaßen häufig fünf Finger, zeigten ihre Zähne, lebten in einer Großfamilie, rauchten, tranken und prügelten sich.

Deutsche Hersteller hätten ab 1930 bei einem der beiden Repräsentanten Disneys, bei George Borgfeldt in New York oder bei William B. Levy in London, offiziell um eine Lizenz ersuchen müssen. Doch in Deutschland war die Situation recht verworren, es gab Probleme mit der klaren Abgrenzung der jeweiligen Einflußbereiche von Borgfeldt und Levy. Zu der unklaren Rechtssituation trug auch das Verfahren zur Warenzeicheneintragung beim Reichspatentamt in Berlin bei: Wenn einmal ein Artikel von einer Firma eingetragen worden war, kümmerte sich das Amt nicht um weiterreichende Rechte, die Firmen mußten also selbst gegen Verstöße vorgehen. Diese Situation auf dem deutschen Markt nutzten zahlreiche Hersteller und produzierten ohne Genehmigung oder Lizenz Artikel mit Micky und Minnie oder setzten sie als Werbeträger ein.

In Deutschland sah Micky häufig anders aus als in den Vereinigten Staaten, wo die Disney-Brüder eine strenge Kontrolle ausübten. Das Buch »Murz der Kater und die Mickymäuschen« erschien 1935 im Hamburger Uhlenhorst-Verlag.

Es gab natürlich auch deutsche Produkte, die in ihrem Aussehen der Original-Maus nahekamen und zum Teil ausschließlich für den Export, vorwiegend in die Vereinigten Staaten, hergestellt und lizenziert waren. Bereits Ende 1929 hatte die Nürnberger Spielzeugfirma Distler mit der Produktion einer Kollektion von Mickey und Minnie Mäusen aus Blech mit Federwerk begonnen, die heute in Sammlerkreisen als schönste Beipiele von Disneyana dieser Periode, als Art-deco-Kunstwerke, gelten. Da Mickey zu diesem Zeitpunkt in Deutschland noch fast unbekannt war, waren die Artikel wohl in erster Linie für den Export gedacht. Da die Mäuse ohne Lizenz gefertigt worden waren, konnten sie in den USA nicht ohne weiteres vertrieben werden. Distlers Exporteur Borgfeldt bot an, die Blechspielzeuge in einer auf den amerikanischen Markt abgestimmten Verpackung unter dem Namen der Scheinfirma »Nifty« in den Vereinigten Staaten zu vertreiben.

Ein lithographiertes Blech-Motorrad der Nürnberger Firma Tipp & Co., um 1930 mit Mickey und Minnie für den Export.

Als die Micky Maus durch ihre Filme in Deutschland bekannt geworden war, lief auch hier der Verkauf der Blechmäuse an. Den Vertrieb für das kontinentale Europa und Südamerika übernahm die Fürther Firma Eisenmann & Co., sehr wahrscheinlich mit offizieller Genehmigung. Wenn ein Hersteller die Lizenz zur Produktion eines bestimmten Merchandise-Artikels erhalten hatte, organisierte Borgfeldt den Vertrieb in den USA und übertrug die Vertriebsrechte für den Rest der Welt einer anderen Firma, meist im Herstellerland. Anfang der Dreißiger fertigten deutsche Firmen einige ihrer mechanischen Blechspielzeuge in zwei Versionen: eine mit »menschlichen« Figuren und eine mit Micky für den Export. So gab es Distlers Drehorgelspieler mit Äffchen auch in der Version mit Micky und Minnie Maus (»Mickey Mouse Hurdy Gurdy«), das Motorrad von Tipp & Co. existierte sowohl mit Mann und Frau als auch mit dem Mäusepaar auf dem Sattel.

Am kreativsten und am produktivsten bei der Herstellung von Merchandise mit der Maus waren wohl die deutschen Keramikproduzenten. Die figürlichen – häufig ohne Genehmigung hergestellten – Mäuse wirken aus heutiger Sicht recht rattenhaft und »archaisch«. Es überwogen minderwertige Qualitäten des in vielen Formen angebotenen »Nippes«. Dagegen stellte der bayrische Porzellanfabrikant Richard G. Krüger Anfang der Dreißiger mit offizieller Lizenz eine umfangreiche Palette hochwertiger Porzellanartikel vom Aschenbecher bis zum Nachttopf her. Die Ware wurde für den Export in die Vereinigten Staaten gefertigt, den dort die Firma Schumann Brothers, ein Sub-Lizenzunternehmer von Borgfeldt, organisierte. Von guter Qualität waren auch die Porzellanfiguren und andere Artikel mit Micky und Minnie der Porzellanfabrik Rosenthal, der William B. Levy die Lizenz für Herstellung und Vertrieb für die ganze Welt, allerdings außer den USA und Kanada, erteilt hatte. Zwei der schwarzweißen Mäuse, heute rare und gesuchte Sammlerstücke, zeigen ihre Zähne.

Ein deutsches Mickey-Mouse-Orchester. Diese etwa 7 cm hohen bemalten Keramik-Mäuse wurden Anfang der Dreißiger für den Export in die USA produziert. Mickey stellte man im »Jazz Age« häufig mit Musikinstrumenten dar.

Große Wertschätzung genießt bei den heutigen Sammlern eine weitere deutsche Produktgruppe: die Micky- und Minnie- Mäuse der Firma Margarete Steiff in Giengen. Paul Steiff begeisterten 1930 bei einem Kinobesuch in Stuttgart die »Micky- und Silly«-Filme, die er »lebendig, plastisch, grotesk, verständlich, lustig, humorvoll, komisch« fand. Daß Borgfeldt seit Jahrzehnten amerikanischer Alleinimporteur der Steiff-Erzeugnisse war, paßte gut. Steiff erhielt eine Lizenz und stellte 1931 über 30.000 Stück in verschiedenen Größen ausschließlich für den US-Export her. Als Steiff 1932 einen Prototyp von Mickys Freundin Minnie nach New York zur Begutachtung schickte, war die Reaktion jedoch enttäuschend. Borgfeldts Chefeinkäufer Fred Wander teilte ihm Walts Urteil mit: »Sie hat ein dünnes Gesicht, das offene Maul ist häßlich, so ich wünsche, daß keine mehr geliefert werden.« Die Disneys bemängelten auch, daß die Micky statt eines runden einen viereckigen Schwanz besaß. Walt und Roy Disney legten größten Wert darauf, daß das Aussehen der Mäuse denen im Film glich. Übrigens waren sie auch mit der englischen Maus der Dean's Rag Company nicht zufrieden. Nachdem Steiff die geforderten Änderungen vorgenommen hatte, blieben die Mäuse bis 1936 im Programm, die letzten drei

Jahre wurden sie über die Niederlande exportiert. Micky verkaufte sich insgesamt 53.000mal, Minnie 13.000mal.

1930 hatte es sich gezeigt, daß nicht alle Filme mit Micky Maus in Deutschland salonfähig waren. Die Filmprüfstelle verbot den Film »Micky im Schützengraben« (1929, »Barnyard Battle«), der Micky Maus im Krieg zwischen Katzen und Mäusen zeigte. Man begründete diese Maßnahme damit, daß latente Deutschfeindlichkeit im Ausland aufleben und das Vaterlandsgefühl deutscher Besucher verletzt werden könnte: die Mäuse trugen in dem Film französische Käppis, die Katzen Stahlhelme ähnlich denen der deutschen Truppen im Ersten Weltkrieg. Der Film lief dennoch gekürzt unter anderem Titel. Mittlerweile waren in der Republik die rechten Kräfte erstarkt. Die NS-lastige UFA besaß aus kommerziellen und ideologischen Gründen ein Interesse am jugendlichen Filmpublikum und versuchte, den amerikanischen hauseigene deutsche Zeichenfilme entgegenzusetzen, die jedoch nicht mit denen Disneys und anderer US-Studios konkurrieren konnten. Kaum eine UFA-Filmaufführung kam ohne Micky- und Silly-Filme im Vorprogramm aus. Disneys Kurzfilme waren von den gesetzlichen Bestimmungen, die die Einfuhr ausländischer Filme drosselten, ausgenommen. 1932 machte die Südfilm AG als Folge der Wirtschaftskrise pleite, und es sollte anderthalb Jahre dauern, bis neue Disney-Filme erschienen.

Im Nationalsozialismus

1931 hatte »Die Diktatur«, das pommersche Gauorgan der NSDAP, unter der Überschrift »Der Micky-Maus-Skandal!!!« einen Aufruf gegen Micky-Anstecknadeln veröffentlicht: »Die Micky Maus ist eine Verblödungskur des Young-Kapitals. Das gesunde Gefühl sagt eigentlich jedem anständigen Mädchen und jedem ehrlichen Jungen von selbst, daß das schmutzige und mit Dreck behaftete Ungeziefer, der große Bakterienüberträger im Tierreich, nicht zum idealen Tiertypus gemacht werden kann. Haben wir nicht etwas Besseres zu tun, als mit schmutzigem Viehzeug unser Kleid zu schmücken, weil amerikanische Geschäftsjuden verdienen wollen? Hinweg mit der jüdischen Volksverdummung! Hinaus mit dem Ungeziefer! Herunter mit der Micky Maus, steckt Hakenkreuze auf!« Der »Film-Kurier« konterte: »Her mit der Micky Maus! Nehmen wir sie als das fröhliche Symbol aller Vernünftigen, die sich gegen Ungeist, Verleugnung und Mord wenden. Steckt sie an, die kleine Micky Maus, als ein Wahrzeichen gegen Hakenkreuz und Verhetzung.«

Nach der Ernennung Adolf Hitlers zum Reichskanzler 1933 überwachte das Reichsministerium für Volksaufklärung und Propaganda unter Führung des Reichspropagandaministers Filme. Gegen Zeichenfilme von Walt Disney hatte das »Promi« nichts einzuwenden. Ab 1934 brachten die UFA und die Bavaria Film Aktiengesellschaft in München wieder Disney-Filme. Allerdings wurde im Vorspann der Filme der zweite, »jüdische« Vorname von Walter Disney, Elias, nicht mehr genannt. 1934 begeisterte der Film »Three Little Pigs« mit seinem »Lebensoptimismus«, der schon den Menschen in den Vereinigten Staaten über die Zeit der Depression geholfen hatte, das deutsche Publikum. Der Film schlug sich auch im deutschen Merchandise nieder. Mittlerweile war für die Lizenzen Disneys »Kay« Kamen zuständig, der mehr als Borgfeldt und Levy auf Qualität achtete und die totale Vermarktung der Disney-Figuren anstrebte. Schon vor dem Start des Kurzfilms gab es diverse Schallplatten mit dem Wolf-Song, und im Berliner Verlag Williams & Co. erschien das aus dem Amerikanischen übersetzte Buch »Drei kleine Schweine«. Die Nürnberger Firma Schuco hatte bereits 1931 »Karikatur-Mäuse«, unlizenzierte Micky-ähnliche Mäuse, hergestellt. 1934 produzierte Schuco – diesmal mit Lizenz – filzüberzogene Blechfiguren der Schweinchen in fünf Varianten. Den Körper des Schweinchens mit der Trommel benutzte man gleichzeitig für die Figur eines Hitlerjungen.

In den Jahren 1934 und 1935 wurden mehrere Kurzfilme zu abendfüllenden Veranstaltungen zusammengestellt und unter dem Titel »Die lustige Palette« in deutschen Großstädten gezeigt. Donald Duck hatte seinen ersten Auftritt in Deutschland am 2. Juni 1935 in dem Film »The Wise Little Hen« im Rahmen einer eigens für Münchner Kinos zusammengestellten lustigen Palette. Nach der ersten Welle der Beliebtheit Anfang der Dreißiger lagen Disneys Zeichenfilme, die sich jetzt zum großen Teil farbig präsentierten, in Deutschland wieder voll im Trend. Das berühmte Berliner Kino »Marmorhaus« war mit der lustigen Palette über Wochen ausverkauft, und das bei fünf Vorstellungen täglich.

In der amerikanischen Literatur über Disney ist gewöhnlich zu lesen, Adolf Hitler habe 1935 Mickey zum »Feind des Dritten Reichs« erklärt, Disney-Filme seien von nun an verboten gewesen, und die Produktion von deutschem Disney-Merchandise hätte ein Ende gefunden. Diese Ansicht entspricht nicht den Tatsachen. Adolf Hitler und andere NS-Größen waren durchaus von der Maus aus Amerika angetan. Disney galt im Deutschen Reich als »genialer Filmkünstler«. Außerdem konnte er eine deutschstämmige Mutter aufweisen und hatte von Beginn seines Filmschaffens an immer wieder deutsche Volksmärchen thematisiert. Walt und Roy Disney befanden sich vom Juni bis August 1935 mit ihren Familien auf einer Europa-Reise. Von Paris, wo Walt eine Auszeichnung im Namen des Völkerbunds erhielt, fuhren sie mit dem Auto nach München. Hier verhandelten sie mit der Bavaria. Walt soll zwischendurch auf Einladung von Vertretern der NS-Führungsspitze zu einem Kurzbesuch nach Berlin geflogen sein. Anschließend hielten sich die Disneys in Rom auf, wo sie vom italienischen Propagandaminister empfangen wurden. Mit dem »Duce« Benito Mussolini führte Walt eine angeregte Unterhaltung über die Kunst des Zeichenfilms. Mussolini war seit langem begeisterter Anhänger von Micky-Maus-Filmen.

Richtig ist, daß nach Weihnachten 1935 regulär keine neuen Disney-Filme mehr ins Deutsche Reich eingeführt wurden. Dies hatte allerdings weniger politische als ökonomische Gründe. Die Einfuhr lohnte sich für Disney nicht. Einerseits war die Einfuhrsteuer für ausländische Filme stark erhöht worden, andererseits führten die Ausfuhrbeschränkungen von Devisen dazu, daß Disney sein Geld nicht mehr aus Deutschland herausbekam. Es sollte sich immerhin eine Summe von 70.000 Reichsmark ansammeln. Alle Disney-Filme, die jetzt noch gezeigt wurden, waren im Reich bereits gelaufen. Die Deutschen lernten so bis nach dem Weltkrieg Donald Duck nicht richtig kennen und lieben. Etwas anders sah es in Österreich aus. Von dort floß noch Geld in die Kassen der Disneys, und unsere Nachbarn kamen in den Genuß von Filmen, die den Deutschen versagt blieben. 1938, nach dem »Anschluß« Österreichs, fand auch dies ein Ende. Disney-Filme wurden beschlagnahmt und wanderten ins Reichsfilmarchiv nach Berlin.

1936 boten die Olympischen Spiele in Berlin Anlaß, der Welt das nationalsozialistische Deutschland als friedliebendes und dem Ausland gegenüber aufgeschlossenes Land zu präsentieren. In der Reichshauptstadt lief eine neu zusammengestellte »Lustige Palette« zusammen mit dem NS-Propagandafilm »Die Waffenträger der Nation«. 1937 bestellte die Adjutantur des Führers »fünf Mickey-Mouse-Filme«. Im gleichen Jahr vermerkte Joseph Goebbels in seinem Tagebuch, er habe »dem Führer 30 Klassefilme und 18 Micky-Maus-Filme zu Weihnachten« geschenkt: »Er freut sich sehr darüber. Ist ganz glücklich über diesen Schatz, der ihm hoffentlich viel Freude und Erholung spenden wird.«

Auch in den fortgeschrittenen dreißiger Jahren kamen deutschsprachige Leser in den Genuß von Disney-Lektüre. »Das grüne Blatt« sowie die drei in Wien erscheinenden Zeitschriften »Kiebitz«, »Der Papagei« und »Der Schmetterling« brachten nachgedruckte amerikanische Strips mit Micky oder den Figuren aus der Silly-Symphony-Serie. Letztere waren Kundenzeitschriften und erhielten Firmenaufdrucke der verteilenden Einzelfirmen. Im Vierfarbendruck produziert, kamen sie den US-Comicbooks schon recht nahe. Erst 1941 bereitete der kriegsbedingte Papiermangel ihrem Erscheinen ein Ende.

1936 erschienen im Züricher Bollmann-Verlag sieben »Micky Maus-Wunderbücher«, überarbeitete Fassungen der amerikanischen »Pop-Up-« und »Waddle-Books«. Der gleiche Verlag begann im Dezember 1936 mit einer Probenummer die Herausgabe der »Micky Maus Zeitung«, von der 1937 18 Ausgaben erschienen. Sie war stark an der britischen »Mickey Mouse Weekly« orientiert. In der Pobenummer konnte man folgende Sätze lesen: »Die Micky Maus ist nicht nur ein Spielzeug, nicht nur ein Zeitvertreib. Sie möchte eine Verbindung schaffen zwischen der Jugend der ganzen Welt; sie möchte diese Jugend wegführen von allen Gedanken des Hasses, der Waffen und Kriege. All dies ist ihr ein Greuel, denn sie liebt nur das Gute, das Edle und Schöne. Ginge es nach dem Sinne der Micky Maus, so gäbe es keine Aufrüstung und keine Wehrgesetze, die Menschen würden sich friedlich untereinander verständigen, und eitel Freude herrschte auf dieser Welt.« 1937 produzierte die deutsche Firma Schuco eine mechanische Donald-Duck-Figur. Wenn man das Federwerk aufzog, drehte sich Donald im Kreis und quakte, dabei bewegte sich der lange Schnabel, der dem damaligen Aussehen der Filmente entsprach. Diese Figur wurde auch in die Vereinigten Staaten exportiert. In dem amerikanischen Spielfilm »Bachelor Mother« von 1939 sind in einer Szene die Hauptdarsteller David Niven und Ginger Rogers in einer Spielwarenhandlung mit zahlreichen Schuco-Donalds zu sehen.

1937 geriet die deutsche Filmwirtschaft durch den Boykott des deutschen Films im Ausland und die Drosselung der Filmeinfuhr in eine Krise. Der UFA-Konzern wurde verstaatlicht. Disney-Filme wurden nach wie vor aufgeführt, deutsche Märchenfilmproduktionen erreichten Disneys Qualität nicht und kamen beim Publikum wenig an. Gespannt blickte man Anfang 1938 auf den ersten abendfüllenden Zeichenfilm aus den Disney-Studios, »Snow White and the Seven Dwarfs«, der mit »deutschem Kulturgut« in den USA Triumphe feierte. Im Februar 1938 beauftragte Adolf Hitler seinen Adjutanten, ihm für sein privates Kino auf dem Obersalzberg eine Kopie von Snow White zu besorgen. Sowohl die UFA als auch die kurz zuvor neu gegründete Bavaria Filmkunst GmbH waren an einer deutschen Lizenz interessiert. Allerdings erschien die Devisenausfuhr in Höhe der geforderten Million Reichsmark für den Verleihankauf zu hoch. Auf den Filmfestspielen in Venedig im August 1938 erhielt Snow White den großen Preis. Die Gründung einer Anti-Nazi-Liga in den Vereinigten Staaten, deren Zielen sich 56 Hollywoodstars anschlossen, erschwerte die Verhandlungen der Deutschen um den Ankauf. Als 1939 gegen Nazi-Deutschland gerichtete US-Spielfilme erschienen, verbot das Propagandaministerium die Aufführung von amerikanischen Filmen in Ur- und Erstaufführungskinos. Für Snow White mit seiner hohen künstlerischen Qualität sollte jedoch eine Ausnahmeregelung gelten.

Bei den fortgeführten Verhandlungen um »Schneewittchen« fungierte der Boxer Max Schmeling als Lizenzgeber der RKO, dem amerikanischen Verleiher von Disney-Filmen. Schmeling hatte 1936 von der RKO die Aufführungsrechte für den Film über seinen Boxkampf gegen Joe Louis, »Max Schmelings Sieg, ein deutscher Sieg«, erworben und besaß ausgezeichnete Verbindungen. Mittlerweile waren auf dem deutschen Schallplattenmarkt von den Firmen Odeon und Electrola bereits Schallplatten mit den Hits aus Snow White erschienen, und 1939 hatte die österreichische Kundenzeitschrift »Kiebitz« eine Comic-Version von Disneys Schneewittchen abgedruckt. Um den Film trotz des Aufführungsverbots in deutschen Ur- und Erstaufführungstheatern nach Deutschland zu bekommen, dichtete man Walt Disney eine spanische und sogar deutsche Herkunft an. Daß RKO nun ebenfalls Propagandafilme gegen Nazideutschland produzierte, behinderte die Verhandlungen erneut.

Joseph Goebbels machte eine Entscheidung abhängig von den Reiseeindrücken der Regisseurin Leni Riefenstahl, die sich im Winter 1938/39 in den USA aufhielt. Sie wurde in Hollywood offiziell von keinem Filmschaffenden außer von Walt Disney empfangen, der seine Bewunderung für ihre Olympia-Filme äußerte. Allerdings sollte es nicht zu einer gemeinsamen Ansicht dieser Filme kommen. Disney befürchtete einen Boykott seiner Filme. Schließlich seien seine Filmvorführer alle gewerkschaftlich organisiert, erzählte er der deutschen Regisseurin, und so würde man es sofort überall erfahren, wenn er sich mit ihr die Filme ansehe. Die Gewerkschaften stellten eine treibende Kraft gegen Nazideutschland dar. Nach Leni Riefenstahls Rückkehr schrieb Goebbels in sein Tagebuch: »Wir haben da (in Hollywood) nichts zu bestellen. Die Juden herrschen mit Terror und Boykott.«

Schließlich wurden die Verhandlungen um Schneewittchen im März 1939 eingestellt. Das Propagandministerium ließ nach dem Ende der Verhandlungen einen deutschen Schneewittchen-Film produzieren, der einige Monate später uraufgeführt wurde, dem aber kein Erfolg beschieden war. Die bereits synchronisierte deutsche Fassung von Disneys »Schneewittchen« kam ins Berliner Reichsfilmarchiv, erst 1950 sollte es zu einer deutschen Erstaufführung in den Kinos kommen. Später gelangten auch »Pinocchio« und »Fantasia«, die wie viele andere amerikanische »Feindfilme« in den annektierten Ländern beschlagnahmt worden waren, in das Archiv und konnten nun zu »Studienzwecken« einem ausgewählten Personenkreis verliehen werden. Am 12. Februar 1940 vermerkte Joseph Goebbels in seinem Tagebuch, er habe sich mit Anny Ondra in seinem Heimkino Disneys »Schneewittchen« angesehen, »eine großartige künstlerische Schöpfung. Ein Märchen für Erwachsene, bis ins Einzelne durchdacht und mit großer Menschen- und Naturliebe gemacht. Ein künstlerischer Hochgenuß!«

Weltkrieg und Propaganda

Noch zu Beginn des Zweiten Weltkriegs zeigten deutsche Kinos immer noch amerikanische Filme, auch Kurzfilme mit Micky Maus. Erst im September 1941 wurden die Aufführungen von ausländischen Filmen außer solchen aus den verbündeten Staaten verboten. Mittlerweile waren von 1927 an 181 Walt-Disney-Zeichenfilme in Deutschland gelaufen. Für die Vereinigten Staaten begann der Krieg am 7. Dezember 1941 nach der Bombardierung von Pearl Harbor. Die Disney Studios fertigten vorwiegend für Luftwaffe und Marine Zeichenfilme zu Trainings- und Ausbildungszwecken, daneben Filme mit wissenschaftlichen und Gesundheitsthemen für unterschiedliche Regierungsstellen. Am 11. Dezember hatte Deutschland den USA den Krieg erklärt. Gleich der erste Werbefilm für kanadische Kriegsschuldverschreibungen von 1941, Disneys »The Thrifty Pig«, läßt den großen bösen Wolf als Nazi auftreten. Einige Filme für die US-Armee des Jahres 1942 hatten Anti-Nazi-Themen, und der für Kanada produzierte Film »Stop That Tank« zeigt eine Parodie auf Adolf Hitler. Der Kurzfilm »Der Fuehrer's Face« erhielt 1942 einen Oscar. Donald Duck träumt, er arbeite in einer Rüstungsfabrik im »Nutziland«. Überall sind Hakenkreuze zu sehen und ständig wird mit dem Hitlergruß salutiert. Aus Mangel gibt es Brot aus Sägespänen mit Schinken- und Eieraroma, zum Kaffeekochen wird eine Bohne am Faden in eine Tasse mit Wasser gehängt. Schließlich wacht Donald auf, sieht einen Schatten mit erhobenem Arm am Fenster und will »Heil« schreien, als er sieht, daß es das Modell der Freiheitsstatue ist. Er küßt sie und ruft »Junge, bin ich froh, daß ich Bürger der Vereinigten Staaten bin«. In der Schlußszene wird Adolf Hitler eine reife Tomate an den Kopf geworfen.

Besonders beliebt wurde der Titelsong aus »Der Fuehrer's Face«, eine Parodie auf deutsche Marschmusik mit dem Refrain »Ve Heil! Heil! Right in der Fuehrer's Face«, begleitet von dem Geräusch eines Darmwinds. Amerikanische Soldaten san-

Der Propaganda-Kurzfilm »Der Fuehrer's Face« gewann 1942 einen Oscar. Hier ist das Notenblatt zu dem Titelsong in der australischen Version zu sehen.

Im Herbst 1943 erschien der Zeitungs-strip »Mickey Mouse On a Secret Mission«, geschrieben von Bill Walsh, gezeichnet von Floyd Gottfredson und getuscht von Dick Moores. Hier fliegt Mickey mit seinem Superflugzeug über brennende deutsche Städte.

Sowohl amerikanische als auch deutsche Einheiten verwendeten im Zweiten Weltkrieg militärische Insignien mit Disney-Figuren. Während man in Deutschland Micky Maus bevorzugte, wie Adolf Galland auf seiner Me 109, befand sich auf US-Flugzeugen häufig Donald Duck.

gen das Lied, und wie Walt Disneys Tochter Diane in einem Erinnerungsbuch mitteilte, gelangten Übersetzungen auch in die Hände der Widerstandsgruppen hinter den deutschen Linien. Übrigens verwendeten auch die Nationalsozialisten Disney-Songs zu Propagandazwecken. 1942 ließ das Propagandaministerium für den Einsatz in Kriegsgefangenenlagern und deutschen Sendestationen in den okkupierten Staaten das Propagandaorchester »Charlie and his Orchestra« amerikanische und englische Hits für eine Platte einspielen. Diese verspotteten im englischsprachigen Refrain die Anti-Hitler-Koalition und spielten auf aktuelle Kriegsereignisse an. Auf der Platte befand sich auch der Song »Who's Afraid of the Big Bad Wolf?«, der folgenden Refrain erhielt: »Bye, bye, Churchill, BBC, trallala/Your tricks won't work with Italy.../Why not give us different news?/ Skip those Soviets, skip those Jews«.

Ein weiterer Propagandafilm Disneys »Education for Death« von 1943 beginnt mit einer Wagner-Persiflage: Germania, eine übergewichtige Walküre mit Hermann Görings Zügen, wird im Dornröschenschlaf von ihrem Traumprinzen Adolf Hitler wachgeküßt. Dann wird die Handlung ernst. Der kleine Junge Hans gehört wie alle deutschen Kinder nicht seinen Eltern, sondern dem Staat und wird der NS-Ideologie gemäß fanatisiert erzogen. Er marschiert schließlich mit anderen jungen Soldaten auf dem Schlachtfeld in den Tod. Durch die Produktion von Trainingsfilmen hatte Walt Disney militärische Konzepte und Theorien kennengelernt. Er war von der Theorie des Majors Alexander P. de Seversky überzeugt, die Vereinigten Staaten hätten ein größeres Potential von strategischen Langstreckenbomber-Waffen zu entwickeln, um Nazi-Deutschland aus der Luft zerstören zu können. Um diesem Gedanken zum Durchbruch zu verhelfen, produzierte Disney auf eigene Kosten »Victory Through Air Power« (1943). Der britische Premier Winston Churchill empfahl den Film auf einer Konferenz zur Vorbereitung der Invasion in Quebec dem amerikanischen Präsidenten Franklin D. Roosevelt. So mag er dazu beigetragen haben, das Kriegsgeschehen 1944 zu beeinflussen.

Auch die Comic strips wurden in den Dienst der Propaganda gestellt. 1943 erschienen in amerikanischen Zeitungen die Fortsetzungs-Strips »The Nazi Submarine« und »Mickey Mouse on a Secret Mission«, geschrieben von Bill Walsh und gezeichnet von Floyd Gottfredson (auch als Nachdruck in den »Walt Disney's Comics & Stories«). In letzterem Strip kämpft Mickey gegen seinen Erzrivalen Pegleg Pete (Kater Karlo), der mit den Nationalsozialisten kollaboriert. Hitler und Göring treten auf, Mickey zerstört in Kiel U-Boote, fliegt über brennende deutsche Städte, deckt den Berghof des Führers in Berchtesgaden ab, um schließlich geheime Dokumente aus dem Hauptquartier in Berlin zu erbeuten. 1944 nahm Mickey sich in dem Strip »The War Orphans« dreier von Nazis verfolgter Waisenkinder an. Disney-Figuren tauchten auch auf zahlreichen US-Informationsplakaten auf und warnten unter anderem vor feindlichen Lauschern und Abstellen von Lastwagen in der prallen Sonne. Zur Moral der Truppen trugen militärische Insignien mit Donald, Pluto, Mickey und anderen Figuren bei, von denen Disneys Künstler über 2000 kostenlos für militärische Einheiten entwarfen. Die Abzeichen wurden auf Panzern, Schiffen und Flugzeugen der Amerikaner und ihrer Alliierten angebracht und zierten darüber hinaus Uniformen, Geschirr und weitere Artikel. Eine erste Bitte nach einem Einheitsabzeichen hatte Walt schon 1933 erfüllt; nachdem die Vereinigten Staaten in den Weltkrieg eingetreten waren, häuften sich die Anfragen.

Wenig bekannt ist, daß auch deutsche (und italienische) Einheiten Insignien mit Disney-Figuren benutzt haben. Schon im spanischen Bürgerkrieg verwendete die 3. Staffel der Jagdfliegergruppe J 88 der Legion Condor eine Micky Maus als Zeichen auf ihren Flugzeugen und wurde deshalb »Micky-Maus«-Staffel genannt. Oberleutnant Adolf Galland, der Staffelkapitän, führte die Micky Maus 1939 bei der Aufstellung der 4. Staffel des Lehrgeschwaders 2 in die deutsche Luftwaffe ein. Seine Micky Maus hielt in der rechten Hand ein Schlachterbeil und in der linken eine

Pistole, im Mund steckte eine Zigarre, denn Galland war leidenschaftlicher Zigarrenraucher. Auch deutsche U-Boote trugen Micky Maus als Insignien. Die Verwendung der Maus auf Flugzeugen deutscher Kampfpiloten spiegelte sich sogar im Spielzeug: 1940 brachte die Nürnberger Firma Tipp & Co., die Anfang der Dreißiger das Motorrad mit zwei Mäusen für den Export hergestellt hatte, ein Blechmodell der Messerschmidt 110 heraus. Unter der Pilotenkanzel befand sich eine lithographierte Figur der Micky Maus.

Uns Heutige mutet es merkwürdig an, daß an den Luftkämpfen über Europa möglicherweise gleichzeitig amerikanische, englische und deutsche Flugzeuge mit Zeichen der Disney-Maus beteiligt waren. Als am 6. Juni 1944 die Alliierten in der Schlacht, die letzten Endes zum Sieg in Europa führte, an der besetzten französischen Küste landeten, lautete das Code-Wort »Mickey Mouse«. Währenddessen versüßten sich Nazigrößen noch die letzten Kriegstage mit Disney-Filmen. Am 12. Oktober 1944 bestellte Reichsaußenminister Joachim von Ribbentrop sich den Donald-Duck-Film »House Defense« aus dem Reichsfilmarchiv ins Auswärtige Amt. Am 15. Januar 1945 forderte Gauleiter Bracht den »amerikanischen Zeichentrickfilm Schneewittchen« an, um sich »über die feindlichen Tendenzen zu informieren«.

Wie die Vorbilder der Luftwaffe trug die Me 110 aus Blech der Nürnberger Firma Tipp & Co. von 1940/41 eine lithographierte Micky Maus unter der Pilotenkanzel. Dieses Flugzeug mit Uhrwerk war für den Export in befreundete Staaten bestimmt.

Der Neubeginn

Schon kurz nach Ende des Zweiten Weltkriegs konnten die Deutschen erfahren, wer den Amerikanern geholfen hatte, den Krieg zu gewinnen. Die dritte Ausgabe der Zeitschrift »Heute«, herausgegeben von der amerikanischen Militärregierung, berichtete im September 1945 über die Propagandafilme aus Walt Disneys Studio. Das »Filmpost-Magazin« aus Frankfurt und die »Film-Revue« aus Baden-Baden brachten ab 1948 Beiträge über Walt Disneys abendfüllende Zeichenfilme, die in Deutschland noch nicht angelaufen waren, wohl aber in Österreich. 1948 erhielt die Statuette eines Rehs, die von der Film-Revue als Filmpreis vorgesehen war, den Namen »Bambi« (heute hat sich der Preis zu einem »Medienpreis« entwickelt). Die Statuette benannt hatte das kleine Töchterchen der Preisträgerin Marika Rökk – sie hatte Walt Disneys Filmreh in Wien kennengelernt. Anfang 1949 wurde erstmalig in Deutschland die synchronisierte Version von »Schneewittchen und die sieben Zwerge« öffentlich gezeigt. Walt persönlich genehmigte als eine Art Weihnachtsgeschenk für Kinder eine Reihe von Gratisvorstellungen in der Festhalle des Deutschen Museums in München, die Eintrittskarten waren durch Kirchengemeinden verteilt worden.

Am 24. Februar 1950 erlebte der mittlerweile dreizehn Jahre alte Klassiker als erster abendfüllender Animationsfilm Disneys in Köln seine offizielle Premiere. »Schneewittchen« folgten die Filme »Bambi«, »Cinderella« (beide 1950) und »Pinocchio, das hölzerne Bengele« (1951). Die Filme wurden von der RKO, zu jener Zeit Disneys Verleihfirma, nur in jeweils einem ausgewählten Kino in den 34 wichtigsten deutschen Großstädten gezeigt. Disneys Siegeszug im Nachkriegsdeutschland hatte begonnen. Immer wieder gab es Vorstellungen, die für Waisenkinder beziehungsweise in Berlin für Kinder aus dem Ostsektor organisiert wurden. So erhielten die Kinder zu Weihnachten nach dem Film »Bambi« eine Tüte mit Geschenken und nach »Pinocchio« als Oster-Präsente »Pinocchio-Plaketten«. Zu weiteren Werbemaßnahmen gehörten Wettbewerbe; so galt es in Stuttgart bei der Vorstellung von »Pinocchio« zu zeichnen und die Frage »Was gefällt Euch am besten?« zu beantworten. Als Gewinne winkten Pinocchio-Bücher aus dem Blüchert-Verlag.

Durch den Erfolg der Filme wurden in Deutschland allmählich auch die Disney-Figuren außer der Maus bekannt. Man bekam nicht mehr ausschließlich »Micky Maus-Filme« zu sehen, sondern auch Zeichenfilme wie »Dumbo«, »Alice im Wun-

Erst 1950 wurde in Deutschland »Schneewittchen und die sieben Zwerge« als erster abendfüllender Film Disneys aufgeführt. Die Anzeige eines hannoverschen Kinos vom 3. März 1950 läßt die Begeisterung des Publikums erahnen.

derland« (1952), »Peter Pans heitere Abenteuer« (1953), »Die drei Caballeros« (1955), »Susi und Strolch« (1956), »Dornröschen und der Prinz« (1959) und »Pongo und Perdita« (1961). Anfänglich war es weniger der Comic »Micky Maus«, sondern hauptsächlich die Disney-Filme, die den Markt für Merchandise-Produkte vorbereiteten. Den Vertrieb der Disney-Filme übernahmen verschiedene Verleiher: In der Frühphase RKO (bis 1953), Herzog und Ufa (bis 1958), Rank (bis 1963). Disneys Film-Repräsentant für Deutschland war Leo Horster. Der Film war ein ungeheuer wichtiges Medium; Fernsehen spielte – anders als in den Vereinigten Staaten – bei uns kaum eine Rolle. Regelmäßige Disney-Fernsehserien wie den amerikanischen »Mickey Mouse Club« gab es hierzulande nicht. Zugunsten der Kinobesitzer war man mit der Vergabe von Disney-Fernsehrechten zurückhaltend. In den siebziger Jahren gewannen japanische Zeichenfilm-Produktionen wie »Heidi« und »Biene Maja« erheblichen Einfluß auf das Merchandising mit den Titelfiguren. Um den Anschluß nicht zu verpassen, kamen jetzt Folgen mit Disney-Cartoons in das deutsche Fernsehen. Seit dem 5. Januar 1991 folgt die ARD dem britischen, französischen, italienischen, spanischen und holländischen Fernsehen und strahlt samstagnachmittags die Sendung »Disney Club« aus.

Die »Micky Maus«

Fast zeitgleich mit den Filmen faßte die Company mit Hilfe von Comic strips Fuß. In Nummer 86 von 1949 begann »Heute« mit dem Nachdruck amerikanischer Zeitungsstrips mit Micky Maus. Mittlerweile wurden in verschiedenen Ländern Disney-Comic books nach amerikanischen Vorbildern in Lizenz herausgegeben. In Skandinavien geschah dies durch die Verlagsgruppe Gutenberghus mit Hauptsitz in Kopenhagen. Das Unternehmen wurde 1878 von dem Drucker Egmont H. Petersen gegründet. 1920, nach dem Tod des Firmengründers, wurde die Egmont H. Petersen-Stiftung eingerichtet; seitdem befindet sich die Gutenberghus-Gruppe im Besitz dieser Stiftung. Petersen hatte zeitlebens unter seiner Herkunft als uneheliches Kind gelitten, daher verfügte er die Umwandlung in eine karitative Organisation. Die ausgeschütteten Gewinne wurden ausschließlich für humanitäre Zwecke verwendet, darunter Erholungsheime für ledige Mütter und Behindertensportvereine. Gegenwärtig stellt der Medienkonzern einen zweistelligen Millionenbetrag zur Verfügung; neben Einzelpersonen unterstützt man Forschungs- und Entwicklungsprojekte, so die Modernisierung des dänischen Nationalmuseums. Heute entwickelt und publiziert der »Juvenile-Sektor« der Egmont-Gruppe, wie sie seit kurzem heißt, Disney-Comics für fast ganz Europa: Dänemark, Finnland, Island, Norwegen, Schweden, Deutschland, die Schweiz, Österreich, England, Litauen, Polen, die frühere Sowjetunion und Tschechoslowakei, Ungarn, Bulgarien und Rumänien.

Als erster soll 1946 ein Vertreter des zur Gutenberghus-Gruppe gehörigen schwedischen Verlags Hemmets Journal von Disney die Lizenz zur Publikation von Comic books erhalten haben. Gutenberghus scheint allerdings schon seit 1935 eine Lizenz für Zeitungsstrips gehabt zu haben. Im September 1948 kam die erste Ausgabe von »Kalle Anka & Co.« heraus, gefolgt im Dezember 1948 vom norwegischen »Donald Duck & Co.« und im März 1949 vom dänischen »Anders And & Co.« All diese Comics mit Donald Duck als Titelfigur lehnten sich in ihrem Aufbau an der US-Serie »Walt Disney's Comics and Stories« an, übernahmen deren Comic strips sowie zuweilen auch die kurzen Text-«Stories«. Die dänischen und norwegischen Ausgaben folgten dabei der schwedischen. Man erkannte bald den riesigen deutschen Markt. Da zu dieser Zeit kein Deutscher eine Lizenz für einen Disney-Comic erhalten hätte, gründete Dan Folke, Geschäftsführer der Egmont H. Petersen-Stiftung, den Ehapa-Verlag GmbH in Stuttgart als Tochtergesellschaft von Gutenberghus. »Ehapa« steht für die Initialen des Firmengründers. Mit der nach US-Vorbild erscheinenden Zeitschrift »Das Beste aus Reader's Digest« suchte sich Folke einen kompetenten Vertriebspartner.

Man bereitete den Verkauf der Micky Maus sorgfältig vor; mit einer Nullnummer, die bei Händlern verteilt wurde, sollten die Marktchancen ermittelt werden. Sie bestand aus vier Seiten: die Titelseite verwendete man auch auf der Nummer 1, zwei Strips im Inneren wurden später nicht mehr nachgedruckt, die vierte Seite trug einen Werbetext: »Hurra, ich bin da! Ich heiße Micky Maus, jeder kennt mich oder hat von mir gehört, und viele haben mich schon im Film gesehen. Jetzt habe ich auch meine eigene Zeitschrift, ein Monatsheft, das Ihnen guten Gewinn bringen wird. Micky Maus ist die erste Zeitschrift in Deutschland mit Vierfarbendruck auf jeder Seite!« Die Zeitschrift erhielt den Titel »Micky Maus«, weil in Deutschland die Maus als einzige Disney-Figur durch die Vorkriegsfilme wirklich bekannt war. Donald Duck, Namensgeber anderer europäischer Hefte, hatte bis zu diesem Zeitpunkt nie die Chance gehabt, in Deutschland populär zu werden. Premiere für das neue Heft war im September 1951. Der Ehapa-Verlag residierte anfänglich in einer Wohnung eines Mietshauses und bestand aus vier Personen: dem 24jährigen Horst Mössler als Geschäftsführer, dem 21jährigen Adolf Kabatek als kaufmännischem Leiter, beide von Reader's Digest, einer Sekretärin und der Chefredakteurin Dr. Erika Fuchs.

Erika Fuchs (geb. 1908) hatte in Kunstgeschichte promoviert und sich in den kleinen oberfränkischen Industrieort Schwarzenbach an der Saale verheiratet. Als ihre zwei Söhne groß waren, fing sie an sich zu langweilen, nahm deshalb nach Ende des Kriegs eine Übersetzungstätigkeit bei »Reader's Digest« auf. Eines Tages war sie »zur rechten Zeit im rechten Zimmer« und kam »zur Micky Maus wie die Jungfrau zum Kind«. Sie hörte, da die Türen »nach guter amerikanischer Sitte« weit offen standen, wie im Nachbarbüro verhandelt wurde, wie und wann die Micky Maus in Deutschland erscheinen sollte. Man bat sie, da sie nun gerade anwesend war, einige Seiten zur Probe zu übersetzen. Sie war zunächst entsetzt über das, was sie zu sehen bekam, und meinte, eine solche Jugendzeitschrift würde in Deutschland nie eine Chance haben. Ihr Mann fand jedoch, daß die Geschichten keineswegs »Schund«, im Gegenteil sehr amüsant seien. Er riet ihr gut zu, den Auftrag anzunehmen. Schließlich sei es besser, wenn die Geschichten in einem einigermaßen anständigen Deutsch übersetzt würden. Ihre Übersetzungen fanden Anklang, und bereits in Heft 1 übernahm sie die Chefredaktion. Es folgte eine fast 40jährige Übersetzungstätigkeit. Die Zeitschrift verdankt ihre Qualität und Beliebtheit nicht zuletzt der außergewöhnlichen deutschen Übersetzung von Erika Fuchs, die an Sprachqualität und Witz häufig das amerikanische Original übertrifft.

Chefredakteurin und kaufmännischer Leiter fuhren regelmäßig in die Zentrale nach Kopenhagen, um die US-Ausgaben zu sichten und geeignete Geschichten auszuwählen. Erika Fuchs fertigte ihre Übersetzungen dann zu Hause an und schickte sie nach Kopenhagen. Dort setzte man die Texte und schickte die Filme zum Druck zurück nach Deutschland. Da das Muster für den Heftaufbau der Micky Maus von der Zentrale vorgegeben war, ähnelte die Micky Maus formal den skandinavischen – und damit den amerikanischen – Ausgaben. Sogar die deutschen Seiten mit der »Rätselei« enthielt die gleichen (Preis-)Rätsel wie entsprechende dänische »Pusleri«-Seiten. Die Praxis, lange Geschichten in Sonderheften abzudrucken, wurde ab Dezember 1951 ebenfalls übernommen. Durch die Übersetzung von Erika Fuchs wandelte sich das amerikanische »Duckburg« jedoch zur deutschen Stadt »Entenhausen«. Sie gab den meisten Figuren ihre deutschen Namen (die dänische Herkunft verraten noch in Nummer 1 die Namen von Donalds Neffen: Rip, Rap und Rup).

Erika Fuchs übersetzte recht frei und verlieh den Figuren durch sprachliche Differenzierungen eigenständige Charaktere. Tick, Trick und Track sprechen in der deutschen Ausgabe der Micky Maus anders als Donald, Dagobert wieder anders als die Panzerknacker. Diese alters- und schichtenspezifische Sprechweisen entnahm Erika

Die Disney-Comics der Gutenberghus-Gruppe folgten weitgehend der amerikanischen Serie »Walt Disney's Comics and Stories«. Das Cover der Nummer 181 von 1955 wurde im Juli 1956 für »Kalle Anka« (Schweden), »Anders And« (Dänemark) und die deutsche »Micky Maus« verwendet.

Fuchs Gesprächen ihrer Kinder und Enkelkinder mit ihren Freunden oder in öffentlichen Verkehrsmitteln. Sie schliff die Brutalität in einigen der frühen Original-Geschichten ab, und sie paßte den Charakter der Figuren den deutschen Gegebenheiten an. So folgte sie keineswegs der amerikanischen Auffassung, daß nur der Smarte Erfolg hat und sich dabei durchaus außerhalb der Legalität bewegen darf. Dagobert ist in der deutschen Fassung zwar ein knauseriger, aber doch liebenswerter alter Mann mit altertümelnder Ausdrucksweise, während das amerikanische Gegenstück Scrooge McDuck zuweilen brutal und herzlos sein kann. Erika Fuchs erweiterte das Potential der lautimitierenden Wörter, indem sie die Wortstämme von Verben mit lautmalerischem Charakter verwendete. »Ächz«, »Stöhn« »Grübel, grübel« und andere ihrer Onomatopöien sind in die Alltagssprache eingegangen. Zahlreiche literarische Anleihen verraten ihre Bildung. So finden sich in der Micky Maus Zitate aus der klassischen Literatur, zuweilen in leicht verfremdeter Form (»Wir wollen sein ein einig Volk von Brüdern, in keiner Not uns waschen und Gefahr«), daneben Zitate aus Märchen, Volksliedern und Werbung. Zahlreiche Fuchssche Neuschöpfungen sind zu geflügelten Worten geworden, zum Beispiel der Satz »Dem Ingeniör ist nichts zu schwör«.

Dem Reiz der frühen Micky Maus kann man sich noch heute kaum entziehen. Neben den künstlerisch meist hervorragend gestalteten Geschichten und der genialen Übersetzung besteht dieser Reiz in der für ein Comic-Heft jener Zeit guten technischen Qualität. Anders als in den Vereinigten Staaten und in den skandinavischen Ländern wurden die deutschen Hefte nicht im Offset-, sondern im Kupfertiefdruckverfahren gedruckt. In der grauen Nachkriegszeit müssen die farbigen Micky-Maus-Hefte eine ungeheure Wirkung ausgeübt haben. Die Micky Maus war die erste vierfarbig gedruckte Zeitschrift der jungen Bundesrepublik, selbst der »Stern« und ähnliche Illustrierte erschienen zu dieser Zeit noch in schwarzweiß. Der Künstler Gottfried Helnwein, der zum Duck-Jubliäum 1984 eine Graphik mit Donald Duck schuf, die stark an Carl Barks orientiert ist, erinnert sich an seine Kindheit im Wien der Nachkriegszeit. Die Stadt war öde, es herrschte eine sowjetische Militäroberhoheit, und dem Sohn eines Postbeamten und Klosterschüler erschien das Leben fad. Eines Abends brachte sein Vater vom Dienst eine Tasche voller Micky-Maus-Hefte nach Hause. Helnwein war den langschnäbeligen Ducks von Carl Barks sofort verfallen. »Ich lebte in Entenhausen, das war das einzig Schöne meiner Kindheit.« Und noch heute findet er es »unglaublich, wie die Illusion da ist«, sobald Donald auftaucht. »Ich finde den Donald wichtiger als die Mona Lisa, schöner, sympathischer.« Diese Ansichten eines Künstlers teilen viele, bei denen der »Barkssche Donald Duck wie ein Meteor aus einem anderen Universum eingeschlagen ist« und die nostalgisch auf ihre Kindheit mit der »Micky Maus« zurückblicken.

Seit dem Januar 1956 erschien die »Micky Maus« alle vierzehn Tage und ab Dezember 1957 wöchentlich. Von 1956 bis 1976 enthielten die Hefte einen mehrseitigen redaktionellen Teil unter verschiedenen Titeln, am längsten unter »MMK (Micky Maus Klub)- Zeitung«. Diese Text- und Bildseiten zwischen den Comic strips halfen einerseits dabei, den Vorbehalten der Zeit gegen Bildgeschichten mit Sprechblasen zu begegnen, andererseits konnte der Verlag das Heft über den Postzeitungsdienst im Abonnement vertreiben. Eine Auflage der Bundespost sah nämlich vor, daß ein Druckwerk einen gewissen Prozentsatz unabhängigen Textanteil enthalten muß. Der redaktionelle Teil verlieh der Zeitschrift ein spezifisch deutsches Gepräge und ließ sie unter allen anderen Disney-Zeitschriften herausragen. Von 1956 bis 1958 betreute Peter Ruge, von 1958 bis 1962 Horst Zeuch den redaktionellen Teil, von 1962 bis 1972 zeichnete Ute Lange-Mechelen verantwortlich.

»Reporter Flix, 20 Jahre alt, 175 cm groß, braunes Haar, braune Augen« berichtete auf diesen Seiten allerlei Wissenswertes und Abenteuerliches über seine Reisen in ferne Länder und zu fremden Völkern. »Mickys Wochenschau« übernahm illustrierte Kurznachrichten von Presseagenturen, meist über kuriose Dinge. Weiterhin wurde über Hobbies, Erfindungen berühmter Männer, Tiere berichtet, lexikalisches Wissen verbreitet und Wünsche nach Brieffreunden erfüllt (manche Kinder erhielten auf eine Notiz bis zu 600 Zuschriften). Spannende Geschichten wurden von Berichten abgelöst, die besonders stark den Fortschrittsglauben der Zeit spiegelten: »Unser Freund, das Atom«, »Der Mensch erobert den Weltraum« nach den Büchern von Heinz Haber und »Eine Reise in das Jahr 2000«. Die Tradition der Preisrätsel setzte sich kontinuierlich fort, ein spektakulärer Wettbewerb fand im Sommer 1956 weltweit in Disney-Zeitschriften, so auch in denen der Gutenberghus-Gruppe, statt. Den 33 Hauptgewinnern winkte als »Junior Ambassadors« ein Flug in die Vereinigten Staaten mit Besuch im jüngst entstandenen Disneyland.

Regelmäßig konnte man im redaktionellen Teil das Wirken der »Micky-Maus-Klubs« verfolgen, die, wie Heft 1 von 1956 verriet, unabhängig voneinander in verschiedenen Städten entstanden waren. Diese Klubs berichteten über ihre Aktivitäten, etwa Briefmarken sammeln, basteln, Sport treiben, Theater spielen, singen, zeichnen, kochen, diskutieren oder Ausflüge machen. Einige der Klubs stellten ihre »Klubzimmer« oder »Klubheime« vor, die mit Micky-Maus- oder Donald-Duck-Tapeten dekoriert waren, wo die Mitglieder Micky Maus lesen und Micky-Maus-Filme betrachten konnten. Die Fotos der Klubs spiegeln den Zeitgeist: Jungen in kurzen Lederhosen und Mädchen mit Zöpfen, die aus heutiger Sicht betont angepaßt und brav wirken. Von Anfang an besaßen die Micky-Maus-Klubs Ideale, die an die ihrer Vorläufervereinigungen in den frühen dreißiger Jahren erinnerten. Ein Schweizer Klub hatte sich 1956 Leitsätze ausgedacht: »Mit unserer Kraft wollen wir: Helfen wo wir können, Gehorsam sein, Wahr sein und Treue halten.« 1958 wurde eine verbindliche Satzung formuliert, die den »Micky Mäusen« vorschrieb, höflich zu allen Erwachsenen zu sein, besonders zu Eltern und Lehrern, Tiere zu lieben und »in allen Dingen einfach vorbildlich« zu sein.

Die Micky-Maus-Klubs organisierten Weihnachtsbescherungen »für arme Kinder« und hängten »Kummerkästen« auf, in die »arme, gebrechliche und kranke Menschen« Zettel mit ihren Wünschen einwerfen konnten – die Micky Mäuse gingen dann einkaufen, Holz und Kohlen holen und vollbrachten ähnliche »gute Taten«. Der Herausgeber förderte die karitative Haltung und institutionalisierte von Anfang an die Klub-Bewegung. In der Micky Maus wurden Klubausweise, Klubnadeln, Fahrrad- und Klubwimpel, Fahrtentücher, MMK-Taschenbücher und weitere Klubartikel angeboten. Diese konnten gegen Einsendung von einer gewissen Anzahl von Gutscheinen, die sich auf einer Seitenecke im Heft befanden, von der Klubzentrale in Stuttgart bezogen werden. Ende 1958 waren bereits 200.000 Mitglieder registriert, 1964 begrüßte man die 400.000. »Micky Maus«. Trotz ihrer Intentionen waren die Klubs manchen ein Dorn im Auge. 1961 konstatierte ein Leipziger Staatsanwalt: »Die Micky-Maus-Clubs legen es darauf an, eine illegale Kinder- und Jugendorganisation in der DDR zu schaffen. Diese Clubs verfügen über die Personalien vieler junger Menschen in unserer Republik; Agenten und Geheimdienstorganisationen sehen hier eine zukünftige Reserve.«

Die Gestaltung der Micky Maus verlieh ihr in der Zeit der Anti-Schmutz- und Schund-Kampagnen der fünfziger Jahre bei den meisten Jugendschützern eine Ausnahmestellung. Nicht die Micky Maus, sondern die anderen Comics fielen der Zensur durch die Bundesprüfstelle für jugendgefährdende Schriften, Comic-Verbrennungen und Tauschaktionen »Schund-Comics gegen gute Jugendbücher« zum Opfer. Natürlich gab es kritische Stimmen. So nannte die Zeitschrift »Jugendschriftenwarte« 1959 die Micky Maus »Lesestoff vorwiegend primitiver Kinder und auch solcher, deren Elternhaus in der Erziehung versagt«. Andere Comics würden die Moral zersetzen, die Micky Maus die »geistige Leistungsfähigkeit«. Ab 1956 enthielt die Micky Maus immer wieder den Appell »Ein Wort an die Eltern und Erzie-

Anfang 1961 gewann der Micky-Maus-Klub »Donald« aus Schwerte den Kummerkasten-Wettbewerb der »Micky Maus«. Die zehn Mitglieder hatten für ältere Menschen eingekauft, Kohlen getragen, Teppiche geklopft und eine Päckchenaktion für »polnisch verwaltete Ostgebiete« durchgeführt.

1956 erhielt Walt Disney das Verdienstkreuz 1. Klasse des Deutschen Bundesverdienstordens für seine »großen Verdienste um die Erziehung und Unterhaltung vor allem mit seinen Naturfilmen«.

her: Wie soll eine Jugendzeitschrift beschaffen sein? Lustig, bunt und spannend muß sie sein, meinen die Kinder. Und die Eltern und Lehrer? Gute Texte und einwandfreie Bilder fordern sie. Die Micky Maus erfüllt diese Voraussetzungen. Für moralisch saubere Geschichten mit erstklassigen Zeichnungen bürgt ein Künstler, der in der ganzen Welt Anerkennung findet: Walt Disney«. Der Ruf des »Vaters der Micky Maus« war in Deutschland untadelig. Hatte Walt Disney doch 1956 wegen seiner großen Verdienste um die Erziehung und Unterhaltung nicht nur der Jugend, sondern auch der Erwachsenen in der ganzen Welt von Bundespräsident Theodor Heuss das Verdienstkreuz 1. Klasse des Deutschen Bundesverdienstordens verliehen bekommen. Disney habe sich, so hieß es, vor allem mit seinen Naturfilmen hervorgetan und mit seiner Arbeit auch einen entscheidenden Beitrag zur Stärkung der kulturellen Beziehungen zwischen den USA und Deutschland geleistet.

Bis in die frühen siebziger Jahre übersetzte und gestaltete die Chefredakteurin Dr. Erika Fuchs das Heft praktisch im Alleingang. Ab 1974 wurde der Text in Stuttgart gesetzt und damit eine Redaktion notwendig, die ab 1975 die ehemalige Stewardeß und gelernte Chemielaborantin Dorit Kinkel übernahm. 1979 veränderte sich durch den »Barks-Index« des Donaldisten Klaus Spillmann die Auswahl der Geschichten, jetzt gelang es Dorit Kinkel, die Kopenhagener Zentrale zur Herausgabe von dort offensichtlich weniger geschätzten Geschichten des Altmeisters zu bewegen. Erika Fuchs übersetzte ab Ende der siebziger Jahre nur noch die Donald-Geschichten in der »Micky Maus« und in den »Tollsten Geschichten von Donald Duck«, Ende der Achtziger hörte sie ganz mit dem Übersetzen auf. 1982 war ihr Dorit Kinkel als Chefredakteurin gefolgt, den Posten übernahm 1990 Peter Schlecht. Die zahlreichen anderen Disney-Serien werden weitgehend von eigenen Redakteuren betreut.

Die »Micky Maus« hatte sich stets den Vorlieben ihrer jungen Leser angepaßt. Anfang 1976 fiel der redaktionelle Innenteil weg. Von 24 steigerte sich der Inhalt auf 31 Comic-Seiten. Bereits Anfang der Siebziger waren Beilagen in das Heft gekommen, besonders Spiele- und Bastelbögen erwiesen sich als attraktiv. Nach einigen Jahren war der Vorrat an Bastelideen erschöpft. Es folgten Poster und erste Beigaben (»Gimmicks«), zunächst noch aus Papier, etwa Aufkleber. Schließlich wurden in den Achtzigern die Gimmicks immer aufwendiger. Seit 1990 befindet sich wieder ein redaktioneller Teil in der »Micky Maus«, der auch zu Aktivitäten anregen will. Einen hohen Stellenwert nehmen Umweltthemen ein. Die Auflagenzahlen der Zeitschrift sind kontinuierlich angestiegen, trotz gewaltiger Geburtenrückgänge, Konkurrenz durch Fernsehen und andere Comics. Betrug in den Fünfzigern die Druckauflage im Schnitt 400.000 Exemplare (verkaufte Auflage 135.000), bescherte die deutsche Vereinigung 1991 eine durchschnittliche Druckauflage von 873.000 Exemplaren (verkaufte Auflage 652.000). Damit ist die deutsche Micky Maus gegenwärtig der Disney-Comic mit der weltweit höchsten Auflage. Der Wandel in Wirtschaft und Kultur spiegelt sich nicht nur in Inhalt und Aufmachung der »Micky Maus«, sondern auch im Verkaufspreis. Von 1951 betrug er bis 1964 unverändert 75 Pfennig, was Anfang der Fünfziger dem Stundenlohn eines Arbeiters entsprach. 1992 war der Preis der »Micky Maus« auf 2,70 DM angestiegen.

Die Walt Disney Productions, Frankfurt

Im Sommer 1946 bereiste Roy Disney europäische Metropolen, um Verbindungen aus der Vorkriegszeit wieder aufzunehmen. In London und Paris organisierte man die alten Disney-Lizenzbüros neu. London wurde nun das Zentrum für den Vertrieb der Filme, Paris für das Merchandising. Eine Aufgabe des Managers Armand Bigle war es, von Paris aus andere europäische Länder zu erschließen. In Frankfurt richtete man ein Disney-Büro ein, das am 22.12.1952 als Walt Disney's Micky Maus GmbH in das Handelsregister eingetragen wurde. Geschäftsbereich der Micky Maus

GmbH war die Vergabe von Lizenzrechten an Hersteller und Verleger in Deutschland und Österreich. Von hier aus regelte man auch »Exportgenehmigungen«, das heißt die Einfuhr von Disney-Merchandise ausländischer Hersteller nach Deutschland. Der Bereich der Disney-Filme war ausgenommen, diese wurden in Deutschland (mit Ausnahme der Jahre 1963 bis 1967) von den jeweiligen Verleihfirmen vertrieben. Das Frankfurter Büro wurde zunächst von Paris mitverwaltet und war in seinen Entscheidungen, etwa über die Höhe der Lizenzgebühren, abhängig. In dieser Zeit bestanden noch Schwierigkeiten, die Lizenzgebühren zu transferieren.

Zu den ersten noch vereinzelten Lizenznehmern gehörten der Stuttgarter Blüchert-Verlag und die W. Goebel Porzellanfabrik in Oeslau bei Coburg. Firmenchef Franz Goebel hatte 1950 die Popularität der gerade angelaufenen ersten Disney-Filme erkannt und bei Walt um eine Genehmigung zur Herstellung von hochwertigen handbemalten Keramiken nach seinen Figuren nachgesucht. Die Sammler-Figuren von W. Goebel, speziell die Hummelkinder, waren in den USA bereits beliebt, und Walt erteilte Franz Goebel die Genehmigung. Im Frühjahr 1951 stellte die Firma Goebel auf der Handelsmesse in Hannover die ersten Modelle aus den Filmen »Bambi« und »Schneewittchen« vor; 1952 erhielt sie die erstmalige Lizenz der neugegründeten Micky Maus GmbH. Die Disney-Figuren von W. Goebel sollten künftig in Deutschland sowie als Exportware in den Vereinigten Staaten und weiteren Ländern eine große Rolle spielen.

Generell war das frühe Merchandise hauptsächlich von den Filmen bestimmt, die gerade in den Kinos liefen, und zu denen Sonderhefte der Micky Maus, Blüchert-Bücher und weitere Merchandise-Artikel erschienen. Ausgenommen von der Lizenzvergabe waren Unternehmen der Zigaretten-, Alkohol- und Pharmaindustrie, und bei Lebensmittelherstellern ließ man äußerste Vorsicht walten. »Man befürchtete für Disney ein schlechtes Image, wenn ein Lebensmittel, das z. B. als ›Disney-Schokolade‹ bekannt ist, plötzlich mal verdorben ist«, wie sich Katja Schäfer erinnert, die jahrelang für Disney künstlerisch tätig war.

Das Frankfurter Büro hatte zunächst in der Weserstraße, im Frankfurter Rotlichtbezirk, seine Räume, zog später aber mehrfach um. Außer dem damaligen Geschäftsführer Horst Melzer arbeitete dort nur eine Sekretärin. Die künstlerische Gestaltung der Lizenzprodukte oblag freien Mitarbeitern. Ihnen diente, sofern sie nicht zu Hause arbeiteten, ein Abstellraum als Studio. Zu Beginn gab es zwei deutsche Zeichner, die offiziell Lizenzaufträge für Disney gestalteten, einer davon war Salvaniak, der später für Loriot zeichnete. 1954/55 kamen Wolfgang und Katja Schäfer als freie Mitarbeiter dazu. Wolfgang Schäfer (1925 – 1979) war der bis heute wohl meistbeschäftigte deutsche Disney-Zeichner. Schäfer hatte ab 1946 am Städelschen Kunstinstitut in Frankfurt Malerei studiert. Ab 1948 erschienen seine Karikaturen im »Wespennest«, im »Nebelspalter«, im »Simplicissimus« und anderen satirischen Zeitschriften. Zusammen mit seiner Frau Katja, die er im Institut kennengelernt hatte, schuf er Hunderte von Illustrationen und Werbegraphiken mit Disney-Figuren. Nach dem Tode ihres Mannes wurde Katja Schäfer bei Disney fest angestellt.

In erster Linie gehörten zu den Arbeiten der Schäfers Kinderbücher der Verlage Blüchert, Pestalozzi, und Delphin. Dazu kamen Entwürfe für Postkarten, Kalender, Puzzles, Verpackungen, Plakate und Comics, letztere für Werbezwecke und sogar für die »Micky Maus«. Die letzte künstlerische Kontrolle lag bei dem Ehepaar, sie überarbeiteten auch die Entwürfe, die sich Hersteller bereits von eigenen Graphikern hatten anfertigen lassen. Der Stil der Schäfers wurde durch die Disney-Zeichenfilme der fünfziger und sechziger Jahre geprägt. Als Vorlagen dienten ihnen nicht etwa die heute gebräuchlichen »Model sheets«, sondern Cels und Original-Comics, die man aus den USA zur Verfügung gestellt bekam. Die Arbeiten der Schäfers, die weitgehend anonym blieben, prägten wesentlich das Erscheinungsbild der Disney Productions in Deutschland. Auffallend an ihnen sind ein dem Kindlichen sehr angepaßter

Ab 1950 entstanden in der W. Goebel Porzellanfabrik qualitativ hochwertige Disney-Figuren, zum Teil nur für den Export in die USA bestimmt. Firmenchef Franz Goebel und Walt Disney trafen sich im Herbst 1951 in Burbank. Walt zeigt hier einige seiner Studio-Modelle, die als Vorlagen für die Animatoren dienten.

Die Produkte, die von der Frankfurter Niederlassung der Walt Disney Productions lizenziert wurden, waren in ihrem Aussehen wesentlich von den Zeichnern Wolfgang und Katja Schäfer bestimmt. Diese Postkarte aus den Fünfzigern zeigt den typischen Stil der Schäfers.

Stil und eine frohe Farbigkeit. Da die Zeichnungen oft von Disney oder den Kunden einbehalten wurden, sind Originale von Wolfgang oder Katja Schäfer heute auf dem Sammlermarkt nur schwer zu erhalten.

1958 wurde das Frankfurter Büro in seinen Entscheidungen eigenständig. Mittlerweile bestanden neben Frankfurt in Paris, Brüssel, London, Kopenhagen und Mailand eigenständige Disney-Niederlassungen; Madrid sollte Ende der Sechziger folgen. Diese europäischen Büros waren an die Richtlinien der amerikanischen Zentrale, der Walt Disney Productions in Burbank, gebunden. Vizepräsident O. B. Johnston war für die europäischen Niederlassungen zuständig. Auf regelmäßigen Tagungen (»Disney Conventions«), an denen auch häufig Roy Disney teilnahm, wurden neue Filme vorgestellt und die künftige Merchandising-Politik besprochen. Vor allem durch die Einrichtung der EWG ergaben sich Veränderungen, denn nun konnte jeder Lizenznehmer auch in andere Länder liefern. Der gesamte Bereich der »Consumer products« war in »Publishing« (Bücher und Zeitschriften) und »Merchandising« unterteilt; zum Merchandising gehörten Textil und Mode, Spielwaren, Souvenir- und Geschenkartikel, Schreibwaren und Papierartikel, Nahrungs- und Genußmittel, später auch Mobiliar.

1958 war Horst Koblischek als Verkaufsleiter zur Micky Maus GmbH gestoßen, 1961 wurde er neben Melzer Geschäftsführer und behielt bis 1990 diese Funktion. Koblischek, 1926 in der Tschechoslowakei geboren, war 1948 nach Deutschland gekommen und hatte auf dem Flughafen Hamburg-Fuhlsbüttel als Tellerwäscher begonnen. Vor Disney wirkte er als Verkaufsleiter einer Berliner Textilfabrik. »Als er kam, fing der Laden an zu florieren«, erinnert sich Katja Schäfer heute. Koblischeks erster Lizenzvertrag betraf die Firma Wallbaum, die Schulranzen mit Disney-Figuren fertigte. Insgesamt gab es in den fünfziger Jahren zwischen 40 und 50 Lizenznehmer. Obwohl Micky Maus als Figur sehr bekannt war, erwies es sich als nicht einfach, neue Lizenznehmer zu gewinnen. Man ermittelte die Branchenführer, fertigte einige Zeichnungen und Layouts an und unterbreitete den Firmen Konzepte für passende Produkte. Die Lizenzgebühren betrugen zu dieser Zeit fünf bis sechs Prozent vom Fabrikabgabepreis an den Handel. Eine zu leistende Vorauszahlung war gleichzeitig eine Jahres-Mindestgarantie.

Ein großer Teil der Lizenzeinnahmen kam aus dem Comic-Geschäft. In den fünfziger Jahren waren es nach Schätzung von Koblischek mehr als 80 Prozent der gesamten Einnahmen, später sank dieser Anteil. Auch bei der Werbung neuer Lizenznehmer wurde die »Micky Maus« mit ihrer hohen Auflage zunehmend wichtiger. Dies wird auch durch die Annoncen in der Zeitschrift seit 1956 deutlich. Als sein interessantestes Lizenzgeschäft bezeichnet Koblischek den Abschluß mit dem Nürnberger Spielzeughersteller Schuco über die Alweg-Monorail-Bahn in den Jahren 1960/61: »Mit dieser Spielzeugbahn bin ich 1961 bei meinem ersten Besuch in den Studios Walt Disney gegenübergetreten. Der Vertrag mit Schuco enthielt eine Garantie von einer Million DM in drei Jahren. Das war damals viel Geld. Als ich Walt den Vertrag vorlegen konnte, war er sehr angetan. Ich mußte ihm später Muster schicken, wohl für seine Enkelkinder.« Diese Bahn setzte sich allerdings am Markt nicht durch.

Das Frankfurter Lizenzbüro (ab 1974 Walt Disney Productions Germany GmbH, ab 1987 The Walt Disney Company Germany GmbH) hat sich zu einem wichtigen Faktor innerhalb des Disney-Konzerns entwickelt. Neben Frankreich, Skandinavien und Japan ist Deutschland der wohl größte Markt außerhalb der Vereinigten Staaten. Beim Lizenzaufkommen kann die Bundesrepublik ungefähr die Umsätze in Mark aufweisen, die in den USA in Dollar gemacht werden. Diese Zahl ist angesichts der Größe der Bundesrepublik gegenüber der der Vereinigten Staaten erstaunlich. Koblischek führt dies darauf zurück, daß »Disneys Figuren hier wohl beliebter sind als dort. Im eigenen Land gilt der Prophet eben nicht viel.« Stand in den Fünfzigern und Sechzigern noch der Bereich Spielzeug an erster Stelle beim Merchandising, ist es seit den Achtzigern der Bereich Textil-Mode. Anfang der Neunziger gab es 160 bis 180 Lizenznehmer, die – bei einem Umsatz von 250 bis 300 Millionen Mark – jährlich einige hundert Disney-Artikel herstellten. In diesen Zahlen ist der gesamte Publishing-Bereich nicht enthalten. Ein wichtiges Gebiet ist der osteuropäische Markt geworden, der von Frankfurt aus erschlossen wird. Allerdings hat Frankfurt einige Bereiche an das neu entstandene europäische Hauptquartier im Umfeld von Euro Disney bei Paris abgeben müssen. Hier konzentriert man sich auf »paneuropäische« Lizenzen, die nicht zuletzt durch den gemeinsamen europäischen Markt zunehmende Bedeutung erhalten werden. Paris vergab bisher bevorzugt Lizenzen an die Firmen, die als »participants« finanziell an Euro-Disney beteiligt sind: Nestlé, Renault, Philips und Coca Cola. Daneben bestehen die weltweit gültigen Lizenzen der großen Konzerne wie Matell und Hasbro, die in Burbank abgeschlossen werden.

In der letzten Zeit arbeiteten für die Walt Disney Company in Frankfurt 25 feste, dazu etliche freie Mitarbeiter. Als einer der besten Zeichner gilt der Aachener Ulrich Schröder (geb. 1964). Schon als Kind gestaltete er sein eigenes Micky-Maus-Heft, mit 14 fertigte er für die Fan-Zeitschrift »Der Hamburger Donaldist« kleine Enten-Zeichnungen an. Vorbilder boten Carl Barks, Daan Jippes und Volker Reiche. Ulrich Schröders Berufsziel war es, entweder für den niederländischen Disney-Verleger Oberon oder für das Disney-Studio in Burbank zu arbeiten. Durch Vermittlung des Donaldisten Hans v. Storch hatte Schröder den Heye-Kalender mit Donald für 1985 gezeichnet. Als er in Frankfurt um die Adressen von weiteren Lizenznehmern nachsuchte, denen er Zeichnungen anbieten könnte, fielen Horst Koblischek seine Arbeiten auf. Vierzehn Tage später war Schröder fest angestellt. Seine Hauptaufgabe wurde es, für Merchandising-Artikel zu zeichnen. Daneben begutachtete er Zeichnungen und plastische Figuren, die von firmeneigenen Graphikern angefertigt wurden. Schröder hat viele Illustrationen für Kalender, Bücher, Plakate und Werbung gefertigt. Bekannt wurde er in Insiderkreisen besonders durch die Fanta-Werbekampagne, für die er die Figuren auf Packungen und Flaschen sowie die Werbeplakate und Werbecomics gestaltete. Heute arbeitet Ulrich Schröder für die Walt Disney Company in Paris.

Disneyana sammeln

Geschichte des Disneyana-Sammelns

Das Sammeln von Disneyana hat bereits eine eigene Geschichte. Der Begriff stammt aus den USA. 1974 taucht er als Titel eines amerikanischen Buches auf. Die Begeisterung für die Figuren des Disney-Universums in den späten sechziger und frühen siebziger Jahren steht in Zusammenhang mit einer allgemeinen nostalgischen Begeisterung für die Erzeugnisse der populären Kultur. Man versuchte, die phantastischen Träume der Jugendzeit zurückzuholen, die in den fünfziger Jahren jäh unterbrochen worden waren, galten doch in dieser Zeit Comic strips und ihre Helden nicht viel. Ja man stufte einige Serien sogar als jugendgefährdend ein, zensierte und verbot sie. Disneys Comics mit ihren strengen moralischen Kriterien fielen zwar dieser Zensur nicht zum Opfer, galten aber noch lange nicht als ernst zu nehmende Lektüre. In den späten Sechzigern begann sich die Einstellung der amerikanischen Öffentlichkeit zu ändern. Man besann sich auf alte amerikanische Traditionen, eine Nostalgie für die Ära der frühen Massenproduktion und Werbung setzte ein. Der Begriff der Antiquität erhielt eine neue Dimension, denn als sammelnswert galten jetzt auch Gegenstände, die weniger als hundert Jahre alt waren.

Diese Rückbesinnung war zum Teil eine Folge der vorherrschenden Strömung in der bildenden Kunst: Die amerikanischen Pop-art-Künstler hatten als erste die Bildwelten der Massenmedien, Comics und Filmstars sowie die Gebrauchskunst in Werbung und Verpackungsindustrie entdeckt und machten sie in ihren Kunstwerken gesellschaftsfähig. Comics und ihre Charaktere galten nicht mehr länger nur als triviale Produkte der Unterhaltungsindustrie, sondern erfuhren eine Aufwertung, man erkannte, daß sie ur-amerikanische Folklore, neben dem Jazz einige der wenigen wirklichen amerikanischen Kunstformen waren.

1960 hatte Roy Lichtenstein damit begonnen, in seinen Gemälden, die der Zeitströmung entsprechend im abstrakt-expressionistischen Stil gehalten waren, Comicfiguren wie Mickey Mouse und Donald Duck zu verstecken. Dann zeichnete er kleine Mickey-Mouse-Figuren für seine Kinder und studierte Verpackungen von Kaugummi. Er vergrößerte eine solche Kaugummipackung auf Leinwand und fand das Ergebnis überaus interessant. Ein frühes Bild, »Look Mickey« von 1961, zeigt Mickey und Donald beim Angeln. Seine großformatigen Gemälde, in denen er von nun an Comics und Werbung verarbeitete, sollten ihn zu einem der prominentesten Künstler der Pop-art machen. Lichtenstein verwendete Vorlagen, die er aber nicht genau nachzeichnete, sondern die Linien auf das Wesentliche reduzierte und damit die expressive Kraft des Comic-Stils verstärkte. Von der Drucktechnik, mit der die Farbgebung der Comics erfolgt, übernahm er den Punktraster (»Ben Day Dots«). Seine Rasterpunkte trug er mit einer Schablone auf und stellte damit die Beziehung seiner Gemälde zur Massendrucktechnik der Comics her. Ein weiterer Pop-art-Künstler, Claes Oldenburg, verwendete seit 1960 die Figur der Mickey Mouse in seinen Bildern und Skulpturen, die er allerdings später verfremdete, um Plagiatsvorwürfen zu entgehen.

Nostalgische Erinnerungen an die Mickey der Dreißiger mit ihren kurzen Hosen und Tortenaugen, an die Schweinchen und Snow White führten zu ersten großen, auf Disneyana spezialisierten Sammlungen. 1968 brachte die Illustrierte »Life« einen Artikel zum vierzigsten Geburtstag von Mickey Mouse, der die Sammlungsstücke der passionierten Disneyana-Sammler Mel Birnkrant, Ernest Trova und Robert Lesser zeigte. Lessers abgebildete Uhrensammlung gab Impulse beim Verkauf damals neuer Timex-Uhren mit Mickey. Sammy Davis Jr. und andere Stars zeigten sich mit Mickey-Uhren am Handgelenk, die Hippies trugen sie, um das Establishment zu schockieren. Es wurde Mode, »Comic Art and Memorabilia«, so ein Buchtitel von

1975, zu sammeln: Comics mit Helden wie Buck Rogers und Superman, karikierten »menschlichen« Gestalten wie Popeye und Betty Boop, mit den »Funny animals« Felix, Krazy Kat und vor allem natürlich Mickey Mouse wurden »Cartoon collectibles«. Man entdeckte ihr Abbild überall auf Dingen des täglichen Lebens, auf Spielzeug, Geschirr, Uhren, Kaugummibildern.

Die klassischen Zeichenfilme und Comics erlebten eine Renaissance. Man entriß das Wirken der beteiligten Künstler der Anonymität: Der Name von Carl Barks, des genialen »Duck Man«, war zwar seit 1959 einigen Fans bekannt, aber erst ein Artikel in der Fachzeitschrift »Funnyworld« von 1967 machte ihn in Amerika öffentlich. Ähnlich stand es mit Floyd Gottfredson, dem Schöpfer der klassischen Mickey-Strips, der 1968 erstmalig in der Zeitschrift »Vanguard« erwähnt wurde. Es sollte bis 1975 dauern, als die deutschen Fans seinen Namen durch ein Vorwort von Horst Schröder in den Bänden »Ich, Goofy« kennenlernten.

In den sechziger Jahren entstanden Sammler-Clubs, die eigene Fachzeitschriften (»Fanzines«), herausgaben und Treffen (»Comic Conventions«) organisierten. Händler spezialisierten sich auf »Cartoon Collectibles«, und Auktionshäuser nahmen in ihr Programm die hochwertigen Produkte des »Golden Age« der Jugendzeit der Comicfiguren, der »Vintage Years« vor dem Beginn des Zweiten Weltkriegs auf. 1971 führte das renommierte Auktionshaus Sotheby Parke Bernet in New York eine erste Auktion mit Comic strips durch, ein Jahr später versteigerte Sotheby's einen Posten mit 170 Gegenständen aus dem Besitz von Bill Prensky, dem Enkel von Kay Kamen. Bei dieser ersten wichtigen Auktion von Disneyana erzielte allerdings noch ein echtes »Kunstwerk« den höchsten Preis, »Mickey Mouse« von Claes Oldenburg (1966). Jede der folgenden höchst medienwirksamen Auktionen gab der Sammlerszene Impulse und führte zu Preissteigerungen. Finanzexperten entdeckten den Wert von Comics als Geldanlage, die schnellsten und höchsten Gewinnzuwachs zu garantieren schienen. So löste in den frühen siebziger Jahren eine Gruppe texanischer Anwälte ihr Pfandbriefdepot auf und tätigten unter Anleitung eines Sammlers Spekulationsgeschäfte. Sie kauften unter anderem Walt Disney's Comics & Stories Heft 1 für 500 Dollar und verkauften es kurze Zeit später für 800. Seit 1970 regulierte und reflektierte in den Vereinigten Staaten der von Robert Overstreet jährlich herausgegebene »Comic Book Price Guide« die Preisentwicklung für Comics.

Die wenigen amerikanischen Disneyana-Sammler der sechziger Jahre besitzen heute die größten Kollektionen der Welt. Die Sammler, die in den siebziger Jahren, den Jahren der Eröffnung von Walt Disney World und der Publikation und Erscheinen von Munseys »Disneyana« ihr Hobby begannen, zählt Robert Crooker, bekannter amerikanischer Disneyana-Händler und Leiter des »Mouse Club East«, zur »zweiten Generation«. Eine dritte Generation erwuchs Crookers Meinung nach Mitte der Achtziger durch die hervorragenden Disneyana-Kataloge von Tom Tumbusch. In den Vereinigten Staaten interessierte man sich von Beginn der Sammelbegeisterung an ungefähr im gleichen Maß für Comics wie für Merchandise, wenn auch hier mehrere spezialisierte Sammlerszenen entstanden. Das Sammeln von Disney-Comics ist allerdings hier lange nicht so weit verbreitet wie in Europa. Im Vordergrund des Interesses der amerikanischen Sammler stehen die Vorkriegsgegenstände, dann kommen Disney-Figuren und anderes Merchandise, darunter Anstecknadeln und Buttons, Bücher und Themenpark-Souvenirs. Mechanisches Blechspielzeug ist ebenfalls sehr beliebt, während die »Plastik-Ära« noch nicht richtig entdeckt ist.

In Europa interessierten sich Forscher und Sammler seit den späten sechziger Jahren vorwiegend für Comic strips. Besonders in Frankreich und Italien, die beide eine eigene Comic-Tradition aufweisen können, waren die Bildgeschichten schon früh ernsthaften akademischen Analysen unterzogen worden. In Frankreich wurde 1961 der »Club des Amis de la Bande Dessinée« gegründet, 1967 eine Comic-Ausstellung im Pariser Louvre abgehalten. Im italienischen Bordighera fand 1965 ein erster europäischer Comic-Kongreß statt, im gleichen Jahr wurde in Schweden die »Svenska Serieakademien« gegründet.

In Deutschland war man zunächst noch zurückhaltend gegenüber Bildgeschichten mit Sprechblasen. Zu lange waren Comics mit den bildungsbürgerlichen Vorurteilen behaftet, sie würden Gewalt hervorrufen, Kinder verdummen und ihre Sprache korrumpieren. Auch in Deutschland hatte es in den fünfziger Jahren Zensur und Verbote gegeben. Die Ansicht, die »Groschenheftchen« seien nur »Schundlektüre« wandelte sich durch publikumswirksame Comic-Ausstellungen in Museen (Berliner Akademie der Künste 1970, Münchner Stadtmuseum 1974), und Publikationen (»Comics – Anatomie eines Massenmediums« 1971, Zeitschrift »Comixene«1974-81). Eine Flut soziologisch und didaktisch orientierter Schriften diskutierte Ästhetik und literarischen Stellenwert der Comics. Gleichzeitig versuchten Sammler, die Träume ihrer Kindheit erneut zu träumen. Waren Comics doch erste farbige Lichtblicke in jener grauen und noch fernsehlosen Nachkriegszeit gewesen, die erste Begegnung mit (amerikanischen) Trivialmythen. 1970 wurde in Berlin die erste deutsche Comic-Organisation INCOS (Interessengemeinschaft Comic Strip), im gleichen Jahr dort auch die erste Spezialbuchhandlung für Science-fiction, Phantastik und Comics eröffnet und 1973 der 1. Deutsche Comic-Congress abgehalten.

In den Siebzigern blühte auch bei uns das Geschäft mit der Nostalgie, und in Deutschland explodierten wie zuvor in den USA die Preise für alte Comics, in einem Preiskatalog »Aktien des kleinen Mannes« genannt, was von den Medien geflissentlich beachtet wurde. Seit 1977 nennt ein deutscher Comic-Preiskatalog Listenpreise und regelmäßige Comic-Börsen, Anzeigenblätter gibt es ebenfalls seit dieser Zeit. Besonders die qualitätvollen Ausgaben der deutschen »Micky Maus« waren erheblichen Preissteigerungen unterworfen. Micky Maus Nr. 1 von 1951 notierte im Comic-Preiskatalog 1977 im guten Zustand mit DM 390, 1982 mit DM 900 auf Platz 10 in der Liste der teuersten Hefte, 1990 betrug der Preis DM 1200 (Platz 21), 1992 ist er auf DM 2000 geklettert.

Einige deutsche Fans wollten die Entwicklung der Sammlerszene nicht nachvollziehen. 1977 formierte sich in Hamburg die D.O.N.A.L.D., die Deutsche Organisation Nichtkommerzieller Anhänger des Lauteren Donaldismus. Ihr Ziel war es, sich dem Diktat der als »Kommerzialisten« entlarvten Preistreiber zu widersetzen und mehr oder weniger ernsthaft gemeinte Entenstudien zu treiben. Nach Vorbildern aus Norwegen und Schweden edierten die Donaldisten das Fanzine »Der Hamburger Donaldist« (erste Ausgabe August 1976, seit 1985 »Der Donaldist«). In der Zeitschrift sowie auf jährlichen Kongressen werden vorwiegend die Stories von Carl Barks analysiert (»Barksismus«). Auf diese Weise entstanden echte Ergebnisse der Comic-Historie, so 1979 durch Klaus Spillmann ein vollständiger deutscher Carl Barks-Index. Mit diesem Index arbeitet der Ehapa-Verlag, um festzustellen, welche Barks-Geschichten noch nachgedruckt werden können. Andererseits diskutiert man im Rahmen des »wissenschaftlichen Donaldismus« Probleme, etwa warum die Ducks bei Wutanfällen Zähne bekommen, wo Entenhausen liegt und woher Tick, Trick und Track stammen. Der »wissenschaftliche Donaldismus« wurde übrigens in dem Buch von Grobian Gans »Die Ducks« von 1970 vorweggenommen.

In Deutschland stellen bis heute Sammler von Disney-Comics die Mehrheit der Disneyana-Sammler. Originalzeichnungen sowie Cels und weitere Kunst aus Filmen sind noch Randgebiete, die allerdings stark im Kommen sind. Disney-Figuren – in erster Linie aus der Plastik-Ära der Fünfziger bis Siebziger – werden seit einigen Jahren verstärkt von einem größeren Interessentenkreis gesammelt. Anderes Merchandise gewinnt stetig an Beliebtheit. In Deutschland konzentriert sich das Interesse der Sammler noch auf die Entenhausener »Kernfamilie« mit Donald als »Kultfigur«. Snow White und andere Figuren, die man in den Vereinigten Staaten liebt,

Seit 1977 gibt es die »Deutsche Organisation Nichtkommerzieller Anhänger des Lauteren Donaldismus«. Den Donaldisten sind viele Impulse bei der Erforschung Entenhausens und seiner Bewohner zu verdanken.

spielen dagegen bei uns noch keine größere Rolle. Das liegt zum Teil daran, daß in Deutschland viele Filme aus den Walt-Disney-Studios nie gezeigt wurden, daher ihre Charaktere wenig bekannt sind. Bei uns besaß vor dem Zweiten Weltkrieg als Filmfigur nur Micky Maus eine gewisse Tradition, sie wurde durch die Naziherrschaft zwar nicht völlig unterbrochen, aber doch sehr eingeschränkt. Ob daher in Deutschland wie in den Vereinigten Staaten die Periode der »Golden Years«, die dreißiger Jahre, ein Sammelgebiet wird, ist sehr fraglich, denn deutsche Produkte aus dieser Zeit, häufig für den Export produziert, sind schwer aufzutreiben und gehören meist in eine Preiskategorie, die nicht jeden Sammler begeistert.

Sicherlich haben sich auf das Sammeln von Merchandise einige Ausstellungen ausgewirkt. Seit Anfang der Achtziger präsentierte der Berliner Sammler Pierre Storm an verschiedenen Orten seine Objekte aus den dreißiger Jahren, so etwa zusammen mit Mario Dreßler 1991 im Filmmuseum Potsdam. Auf dem Comicsalon in Erlangen hatte 1986 die Ausstellung »Entenhausen ist überall« Premiere, die der Braunschweiger Kunstprofessor Eckart Bauer mit Studenten zusammengestellt hatte. Sie wandert seitdem durch das In- und Ausland. Möglicherweise wird sich Euro Disney bei Paris, das nach amerikanischem Vorbild sämtliche Figuren des Disney-Universums präsentiert, auch auf den deutschen Sammlermarkt auswirken. Es ist interessant zu beobachten, wie sich die Vorlieben der deutschen Sammler in der nächsten Zeit entwickeln werden.

Kunst aus Filmen

Unter Kunst aus Filmen sollen hier alle Arten der Vorstudien, Phasen- und Zwischenzeichnungen sowie die auf Zelluloidfolien übertragenen Zeichnungen (»Cels«) verstanden werden. Vor allem letztere sind heute wertvolle Sammlerstücke, die bei Auktionen schwindelerregende Summen erzielen. Man könnte annehmen, es gebe noch genügend Cels. Eine Sekunde Film erfordert 24 Cels, der neunminütige Kurzfilm »Orphan's Benefit« von 1934 besaß über zwanzigtausend Cels und ungefähr zwanzig Hintergrundzeichnungen. Jedoch von den frühen Disney-Filmen gibt es kaum Cels. Walt Disney hielt lediglich die Zeichnungen für die wahre Kunst, nicht ihre Übertragungen auf Cels. Das Zelluloid wurde nach dem Verfilmen aus Kostengründen wieder abgewaschen und erneut verwendet oder wegen der leichten Entflammbarkeit des Materials vernichtet. Das Studio verwahrte einige Cels und Zeichnungen als Beleg, andere behielten die Animatoren für ihre privaten Sammlungen, oder sie wurden an Freunde und Studiobesucher verschenkt. Von einigen Filmen der zwanziger und dreißiger Jahre sollen weniger als ein Dutzend Cels existieren.

1938, nach den Erfolgen von »Snow White« erkannte man erstmalig den künstlerischen Wert von Cels. Das Metropolitan Museum of Art in New York führte eine Ausstellung durch, und die Courvoisier Gallery in San Francisco vertrieb acht Jahre lang Cels. Nachdem Disneys Ruf bei den bürgerlichen Kunstkritikern geschwunden war, ging die Bedeutung von Originalkunst aus seinen Filmen zurück. Von 1957 bis 1966 wurden in Disneyland Tausende von handlich beschnittenen Cels meist für etwas mehr als einen Dollar verkauft. Nachdem die Zeichnungen auf Zelluloid endgültig als Kunst anerkannt wurden, begann Disney 1973, seit der Uraufführung von »Robin Hood«, »Production Cels« zu Preisen zwischen 300 und 2.000 Dollar zu verkaufen. Doch die wirklich hohen Preise für Kunst aus Zeichenfilmen erzielen Auktionshäuser mit historischen Cels.

Die Preissteigerung bei den Cels im letzten Jahrzehnt ist dabei kaum noch nachzuvollziehen. 1981 hielt Phillips Son & Neal eine wichtige Auktion von Disneyana ab. Darunter befanden sich Gegenstände aus der Nachlaß des Donald-Duck-Zeichners Al Taliaferro. Ein Cel aus dem Film »The Sorcerer's Apprentice« wurde für 1.400 Dollar ersteigert. 1984 fand bei Christie's East in New York eine erste Auktion von

*Dieses »Set up« besteht aus Zelluloid-
zeichnungen auf einem aquarelliertem
Hintergrund. In »The Orphan's Benefit« von 1934 spielte Donald Duck,
animiert von Dick Lundy, erstmalig
eine größere Rolle. Dies gehört zu dem
Dutzend bekannten Set ups aus schwarzweißen Disney-Cartoons.*

Disney-Filmkunst statt. Einlieferer war John Basmajian, ein ehemaliger Disney-Animator, der sein Arbeitsleben lang Fundstücke aus dem Abfall des Disney-Studios geborgen hatte. Die Disney-Company zweifelte die legale Besitzerschaft der Artikel an und versuchte erfolglos, die Auktion durch Gerichtsbeschluß zu verhindern. Für die fast vierhundert Artikel wurde eine Gesamtsumme von einer halben Million Dollar erzielt, dabei lag der Zuschlag einiger Artikel sechsmal so hoch wie der Schätzpreis. Den höchsten Preis erzielte mit 20.900 Dollar ein Cel mit Hintergrund aus »Brave Little Tailor« von 1938.

Diese Auktion bewirkte eine Preisexplosion. 1988 wechselte ein Set-up (Folien inklusive Hintergrund) aus »The Orphan's Benefit« von 1934 für 148.000 Dollar den Besitzer. Die Ware hatten Experten von Christie's bei der Witwe eines Disney-Mitarbeiters auf dem Schrank entdeckt. Der Käufer war ein kanadischer Sammler, der neben Disney-Folien auch impressionistische Gemälde horten soll. Ein Jahr später ersteigerte der gleiche Sammler für eine halbe Million Mark die ersten Cels mit Donald Duck. Als der Disney-Comics-Verleger Russ Chochran, der telefonisch mitbot, das Wettsteigern aufgab, trampelte das Publikum vor Begeisterung mit den Füßen. 1989 verkaufte der Sammler Peter Merolo, ein Restaurantbesitzer in Staten Island, ein Schwarzweiß-Cel mit Clara Cluck und Mickey Mouse aus »The Orphan's Benefit« für 450.000 Dollar an Philip Samuels, der in St. Louis eine Galerie für zeitgenössische Kunst betreibt. Merolo hatte die Zelluloidfolie selbst zwei Jahre zuvor für weniger als 35.000 Dollar erworben. Merolo, der seine Schätze in nur drei Jahren anhäufte, ist stolzer Besitzer von über 300 Cels, die er zum größten Teil an den Wänden von seinem »M. J.'s Club« hängen hat. Seiner Schätzung nach sind sie über zwei Millionen Dollar wert, und er sagt voraus, daß in absehbarer Zeit ein Disney-Cel die Millionen-Dollar-Grenze überschreiten wird. Arabische Scheichs und japanische Investoren folgen dem Trend und spekulieren in Zelluloid. Disney-Cels sammeln auch die disneyphilen Regisseure Steven Spielberg und George Lucas, Bob Guccione, Herausgeber von »Penthouse«, und Michael Jackson.

Sotheby's in New York hält jedes Jahr zwei »Comic-art«-Auktionen mit Disneyana ab, bei denen sich drei Sammlergruppen auf Cels stürzen: Kunstsammler, Filmenthusiasten und Mickey-Fanatiker. Mittlerweile werden auch Cels aus neuen Filmen versteigert, die an sich kaum Seltenheitswert besitzen. Die Herstellung von »Who Framed Roger Rabbit?« erforderte über 120.000 Cels, von denen mit Sicherheit keine mehr weggeworfen wurden. 1989 rief eine von Disney bei Sotheby's ausgerichtete Auktion mit Cels aus diesem Film eine neue Preisorientierung hervor. Darüber hinaus wirkt sich mittlerweile aus, daß die Ära der Cels sich dem Ende zuneigt. Auch in Zukunft werden die Filme wohl weiterhin mit der Hand animiert werden, aber die Zeichnungen werden mit Hilfe des Computers koloriert und gespeichert, sie brauchen also nicht mehr auf Zelluloid übertragen zu werden. Dieses Verfahren wurde von Disney erstmalig bei »The Rescuers Down Under« (1990, »Bernard und Bianca im Känguruhland«) angewandt.

Der Wert von Production Cels hängt von einer Reihe von Faktoren ab: von ihrem Erhaltungszustand, von dem Film, aus dem sie stammen, welche Figur und welche Pose sie zeigen und wer der Urheber der Zeichnung war. Zur Identifikation der Zeichner sei die einschlägige Literatur empfohlen: (US-)Bücher über Disney-Filme, die Künstler und Details zu Herstellung nennen. Die ältesten Cels sind aus dem leicht brennbaren Nitrat, nach 1940 aus Acetat hergestellt. Cels können also brennen; werden sie übereinander gelagert, können sie zusammenkleben. Da die Farbe in dicken, deckenden Schichten aufgetragen wurde, kann sie abblättern. Das Zelluloid kann schrumpfen oder sich wellen und reißen.

Fälschungen und Verfälschungen kommen nach Ansicht der Experten häufig vor: 1982 führten die Walt Disney Productions einen Prozeß gegen den Fälscher von über 18.000 Cels. Die Zeichnungen lassen sich auf Kunststoff kopieren. Bei Set-ups können zusätzliche Figuren eingefügt sein, da der Wert mit der Anzahl der Figuren steigt. Der Hintergrund des Set-up stammt unter Umständen aus einem Nicht-Disney-Film oder ist eine Lithographie oder ein Foto. Selbst der Kauf bei einem etablierten Disneyana-Händler soll nicht unbedingt eine Garantie für die Echtheit bieten. Von Disney selbst vertriebene Cels tragen fast alle ein Siegel und erhalten ein Echtheitszertifikat.

In Deutschland wird Originalkunst aus Filmen seit Beginn der achtziger Jahre gesammelt. Ausmaße wie in den Vereinigten Staaten erreicht die Sammlerleidenschaft natürlich nicht. Bei uns ist das Interesse dafür noch verhältmäßig gering, aber im Steigen begriffen. Die neuen Disney-Parks, die weitere Verbreitung von Zeichenfilmen auf Video und das wachsende Engagement der Company auf diesem Gebiet, so die Prognose des Berliner Cel-Galeristen Carsten Laqua, dürften den Zelluloidfolien weiterhin eine rege Nachfrage bescheren. Wo kann man bei uns Originale beziehen? Zeichnungen für Disney-Filme sind keine Massenartikel, die man auf Dachböden, Flohmärkten oder in Trödelläden auftreiben kann. Man muß sie von spezialisierten Geschäften, Galerien, auf Börsen oder durch den Versandhandel beziehen. Da es schwer und in der Regel kostspielig ist, Originalfolien aus älteren Filmen zu bekommen, kann man auf etwas preiswertere »Disney-Editionen« zurückgreifen. Dies sind limitierte handbemalte Cels mit einer Auflage von 500 Exemplaren. Die Company sucht – so Galerist Hans Jürgen Ahrens in Hamburg – anhand von Studioskizzen interessante Szenen aus alten und neuen Filmen heraus und läßt sie von besonders geschulten Kräften neu gestalten. Dabei werden die Farben, wie auch bei den Production Cels, von Hand auf die Rückseite der Folie aufgetragen und der farbige Hintergrund auf Karton reproduziert. Diese limitierten Editionen werden in Deutschland nur von ausgesuchten Galeristen vertrieben. Auch sie steigen im Wert, denn sie entstehen, wie ihr Name schon sagt, nur in begrenzter Auflage.

Comic-Originale

Anders als die Comics sind die ihnen zugrundeliegenden Originalzeichnungen keine Massenware. Jede Zeichnung war ein Einzelstück, und darüber hinaus vernichteten Verlage, Tageszeitungen und Syndikate in der Regel die Originale nach dem Druck. Floyd Gottfredsons Mickey-Mouse-Zeichnungen erzielen auch deshalb Höchstpreise, weil sie nur noch in wenigen Exemplaren existieren. Schon für Nachdrucke waren sie »passend gemacht« worden, und 1957 vernichtete der Verlag aus Platzgründen sämtliche noch vorhandenen Originalzeichnungen. Das Disney-Archiv unter Leitung von David Smith gibt es erst seit 1970. Von Carl Barks Originalseiten für Comic books sollen nur noch 50 existieren. Im Zuge der Pop-art-Nostalgie hatten einige Museen in den USA und Europa sowie Privatsammler als erste den Wert von Originalzeichnungen erkannt. Die Zahl von Sammlern nahm stetig zu, als man Comic-Originale als gute Investition entdeckte. In den achtziger Jahren kam in Deutschland die Erwachsenencomic-Bewegung auf und eine »Infrastruktur« entstand: Fachmagazine, Tausch- und Verkaufsbörsen und als Höhepunkt der alle zwei Jahre stattfindende »Comicsalon Erlangen«, der regelmäßig Originale präsentiert. Damit begann auch hierzulande, das Interesse an den Originalseiten für Disney-Comic-Hefte zu steigen.

Zur Kunst, die ursprünglich für Comics geschaffen wurde, gesellen sich andere Originalkunstwerke mit Disney-Motiven. Dazu zählen in erster Linie die Ölgemälde, die der Altmeister Carl Barks im Ruhestand ab 1971 schuf. Auf ihnen präsentierte er witzige Szenen mit seinen Enten. Seit 1981 sind viele seiner alten und neue Motive auch als Drucke erhältlich. Die Arbeiten von Barks gehören in Sammlerkreisen gegenwärtig zu der gefragtesten Originalkunst. Die Preise schwanken hier zwischen ein paar hundert DM für eine flüchtige Skizze und weit über 10.000 DM für eine getuschte Comicseite. Die frühen Ölgemälde mit Entenmotiven des Altmeisters bringen in den USA sogar bis zu 100.000 Dollar, sind dies doch absolute Raritäten – Disney läßt nämlich nicht mehr zu, daß Barks neue Ölbilder mit Disney-Charakteren verkauft. In Deutschland werden Comic- und Zeichenfilm-Originale heute von mehreren Händlern – zumeist per Versandkatalog – und in einigen Galerien angeboten. Gegenüber den geschätzten 50.000 Comicsammlern ist die Zahl der Originalesammler noch klein. Carsten Laqua, Galerist und Versandhändler aus Berlin, schätzt den harten Kern der Originalesammler auf unter Tausend. Dazu kommen dann allerdings noch die zahlreichen Gelegenheitskäufer, die mal schnell eine Zeichentrickfolie oder Comicseite mitnehmen, weil »sie so gut über die Couch paßt« oder »der Film ja sooo süß war«. Trends und Tendenzen sind, so Laqua, auf dem Originalemarkt immer nur sehr schwer auszumachen. Oft entsteht ein Boom durch eine gut gemachte Ausstellung oder eine neue Buchveröffentlichung zu einem Zeichner.

Comics

Zeichnungen und Cels, die in Filmen verwendet wurden, stellen stets Einzelstücke dar. Keine Szene gleicht völlig der anderen. Dagegen sind Comics Massenware, von jeder einzelnen Ausgabe sind in großer Zahl Exemplare auf dem Markt. Es gibt noch einen weiteren Unterschied: Anders als bei der Originalkunst für Filme, die nahezu ausschließlich aus den Vereinigten Staaten kommt, gibt es bei Comics eine deutsche Produktion, die die Sammler hier suchen können. Comics sind zu unterteilen in Comic strips, die in Zeitungen und Zeitschriften erschienen, und Comic books, eigenen Heftpublikationen mit längeren Geschichten. In erster Linie werden bei uns die qualitätvollen Ausgaben des Comic book »Micky Maus« aus dem Stuttgarter Ehapa-Verlag, die seit September 1951 erscheinen, gesammelt. Daneben finden die dazugehörigen Sonderhefte und Beilagen sowie andere »klassische« Disney-Comics des Verlages, wie »Mickyvision« und »Die tollsten Geschichten von Donald Duck«, aber auch neuere Titel ihre Liebhaber.

Das Sammeln von Comic strips aus Zeitungen ist bei uns noch wenig verbreitet. Zwar wurden in Deutschland schon in den Dreißigern, dann wieder seit 1949 vereinzelt in diversen Zeitungen und Zeitschriften amerikanische Disney-Strips in deutscher Übersetzung abgedruckt, sie erreichten aber bei weitem nicht die Popularität von Comic-Heften. Interessant für Sammler sind die amerikanischen Original-Strips, die begehrtesten sind bei uns wie in den USA die Strips der Zeichner Floyd Gottfredson und Al Taliaferro. Sie sind noch wenig bekannt, und es gibt noch viel zu entdecken – bei uns wurden in der frühen »Micky Maus« kaum die frühen Abenteuergeschichten von Gottfredson und die kurzen Gag Strips von Taliaferro nachgedruckt, sondern die Adaptionen der Gottfredson-Geschichten von Paul Murry. Mittlerweile liegen etliche der Gottfredson-Strips auch in deutscher Sprache als Nachdrucke in der Ehapa-Reihe »Mickys Klassiker« vor. Frühe Comic-Zeitschriften sind bei uns noch wenig entdeckt. 1937 war im Züricher Bollmann-Verlag die »Micky Maus Zeitung« in deutscher Sprache erschienen, die nachgedruckte Zeitungsstrips enthielt und nach dem Vorbild der englischen »Mickey Mouse Weekly« gestaltet war. Die »Micky Maus Zeitung« ist durchaus sammelwürdig, ist aber eben kein Comic book im modernen Sinne.

Einige Kenner sammeln amerikanische Disney-Comic books im Original, die vielen US-Serien, die Vorbilder für alle anderen Disney-Comics wurden. Sie sind naturgemäß bei uns schwerer zu erhalten als im Ursprungsland. Von der Papier- und Druckqualität her sind sie wesentlich schlechter als die deutsche Micky Maus. Sie bieten allerdings einen ungeheuren Vorteil: Man lernt durch sie eine Fülle von Stories kennen, die in Deutschland nie erschienen sind und nie erscheinen werden. Man denke an die Geschichten, die aus »politischen« Gründen nicht mehr unverändert nachgedruckt werden dürfen. Darüber hinaus bieten die US-Ausgaben Originalversionen, die bei uns häufig nur bearbeitet erschienen. Das liegt daran, daß das Mutterhaus des Ehapa-Verlags, Gutenberghus in Kopenhagen, die Originalgeschichten dem »pädagogischen Ethos« des Verlags und den europäischen Gegebenheiten gemäß kürzte und Zeichnungen veränderte. Es sind natürlich die deutschen Barks-Fans, die versuchen, seine Geschichten im Original zu erhalten. Da dies aus finanziellen Gründen kaum möglich ist, empfiehlt es sich, auf Nachdrucke zurückzugreifen. Die »Carl Barks Library« des amerikanischen Verlags Another Rainbow Publishing bietet in zehn Kassetten mit je drei Bänden ausgezeichnet kommentiert die gesammelten Werke des Meisters. Seit Oktober 1992 erscheint die Barks Library bei Ehapa in 51 Einzelbänden in einer neu kolorierten und handgeletterten deutschsprachigen Version.

Das Sammeln von Comics aus weiteren Ländern ist in Deutschland wenig verbreitet, dabei aber nicht uninteressant. Es gibt – in Italien beispielsweise bereits seit den Dreißigern – eigene Künstler, die Disney-Comics gestalteten. Auch in französischen, holländischen, englischen, brasilianischen und argentinischen Disney-Heften erschienen eigene charakteristische Geschichten und individuell gestaltete Cover. Häufig besitzen auch Werbung und eventuell vorhandene redaktionelle Teile ein eigenes Gepräge. Heute sind die Hefte weitgehend internationalisiert und ähneln sich viel stärker als früher. Manche deutschen Sammler schätzen besonders die niederländischen »Donald-Duck«-Hefte des Lizenznehmers Oberon. Für diese Zeitschrift waren in der jüngsten Vergangenheit die wohl kreativsten europäischen Disney-Künstler tätig: die Niederländer Daan Jippes und Dick Matena, der Däne Freddy Milton, die Deutschen Volker Reiche und Jan Gulbransson. Andere Kenner wiederum schwören auf die italienische Produktion der letzten Jahrzehnte, bei der sich Zeichner wie Luciano Bottaro, Giovan Battista Carpi, Giorgio Cavazzano, Marco Rota und Romano Scarpa hervortaten. Allerdings besitzten die italienischen Disney-Comics bei deutschen Sammlern in der Regel einen schlechten Ruf, die neueren Geschichten, die in deutscher Übersetzung in den »Lustigen Taschenbüchern« erschienen, werden nicht selten als »Murks« abgetan. Die qualitätvollen älteren italienischen Geschichten sind bei uns noch nicht erschienen.

Möglichkeiten, die begehrten alten Ausgaben der deutschen Micky Maus zu finden, gibt es viele. Rein theoretisch müßten bei der hohen Auflage der Micky Maus (in den Fünfzigern über 400.000 pro Heft) noch viele Exemplare, selbst der ersten Jahrgänge, vorhanden sein. Allerdings war die Zeitschrift auf vergänglichem Papier gedruckt, ein Verbrauchsartikel eben. Außerdem sind so manche Ausgaben von wenig verständnisvollen Eltern und Erziehern als »Schundhefte« weggeworfen worden. Die Micky Maus gehörte zudem vom Anfang der Comic-Sammelbegeisterung der frühen siebziger Jahre an zu den beliebtesten Heften. Es ist heute mit Sicherheit schwer, eine komplette Sammlung wirklich preisgünstig zu erhalten. Der Traum eines jeden Sammlers, auf einem Dachboden einen Stapel Hefte, möglichst komplette Jahrgänge von 1951 an zu finden oder für »'nen Appel und 'n Ei« von jemand zu erwerben, der »keine Ahnung hat«, wird kaum Wirklichkeit werden. Es gibt wohl keinen Menschen mehr, der nicht irgendwo gehört hat, daß alte Micky-Maus-Hefte wertvoll sind, dafür haben zahlreiche Presseberichte gesorgt. Oft herrschen sogar völlig überzogene Preisvorstellungen. Man muß sich also sorgfältig über Preise informieren.

Hilfe bei der Preisberechnung von Comics bietet der seit 1975 jährlich erscheinende »Allgemeine Deutsche Comic-Preiskatalog«. Die Preise für die darin aufgelisteten Comic-Zeitschriften richten sich nach Angebot und Nachfrage sowie nach Seltenheit und Zustand. Hefte mit Geschichten von besonders beliebten Zeichnern, vor allem Carl Barks, sind teurer als andere. Das teuerste deutsche Micky-Maus-Heft ist die Nummer 1 von 1951, die 1992 im Bestzustand mit DM 2.000 notiert war. Dieser

Im »Allgemeinen Deutschen Comic-Preiskatalog«, der jährlich erscheint, stehen nicht nur die Sammlerpreise für Comics, sondern auch Termine für Börsen und Adressen von Händlern.

Wer sich über US-Comics informieren will, ist mit dem »Official Overstreet Comic Book Price Guide« gut beraten. Informative Artikel und eine Fülle von Händleradressen machen den Preiskatalog auch für den Merchandise-Sammler interessant.

Zustand ist selten, mir wurde 1990, als der Preis bei DM 1.200 stand, ein solches Heft schon für DM 1.600 angeboten. Ob wirklich dieser Preis erzielt werden konnte, entzieht sich allerdings meiner Kenntnis. Sammler verraten ungern ihre tatsächlichen Kaufpreise. Nummer 1 in mittlerem Zustand konnte man im vergangenen Jahr durch Annoncen oder auf einer Comic-Börse durchaus für DM 300 bis DM 600 erhalten. Die folgenden Hefte sind wesentlich niedriger eingestuft. Nummer 2 ist 1992 im Bestzustand mit DM 500 notiert, ab Jahrgang 1956 wird die 100-Marksgrenze, ab 1965 die 10-Marks-Grenze unterschritten.

In Deutschland werden generell von Sammlern verhältnismäßig hohe Preise für Comics bezahlt. Die Deutschen werden allerdings noch von den Schweden übertroffen. Das Heft 1 der Zeitschrift »Kalle Anka« vom September 1948 erzielte 1988 im Topzustand den Rekordpreis von 40.000 Kronen (ca. DM 11.250). Unsere nächsten Nachbarn geben lange nicht so viel Geld aus: Der dänische Katalog von 1985 vermerkte das erste »Anders And« vom März 1949 für 2.000 Kronen (ca. DM 520). Im gleichen Jahr kostete unsere erste – zwei Jahre jüngere – »Micky Maus« schon DM 1.000! Die erste Ausgabe des niederländischen »Donald Duck Weekblad« vom Oktober 1952 wurde mir vor kurzem in recht gutem Zustand für etwa 100 Gulden (ca. DM 90) angeboten. Die frühen amerikanischen Ausgaben sind sehr teuer, ein Exemplar von »Walt Disney's Comics and Stories« Nummer 1 vom Oktober 1940 notierte 1991 8.000 Dollar (es soll nur noch 245 geben, davon zwölf in sehr gutem Zustand). Die späteren fünfziger Jahre dagegen sind im mittleren Zustand mit 10- bis 20-Dollar-Preisen erschwinglich, es sei denn, es handelt sich um ein selteneres Heft mit Barks-Geschichten.

Wesentliches Kriterium für den individuellen Preis eines Comic-Heftes ist sein Erhaltungszustand. Hier gilt es, genau zu prüfen und den Preis entsprechend anzusetzen. Achtung: Die im Katalog enthaltenen Preise gelten immer für sehr gut erhaltene Hefte. In Deutschland wird der Erhaltungszustand in einer Skala von 0 bis 4 beschrieben, dabei sind noch Zwischenstufen, z.B. 1- oder 2-3 möglich. In den USA und in manchen anderen europäischen Ländern wird der Zustand durch Angaben in neun Stufen von »pristine mint« (druckfrisch) bis »poor« (dürftig) klassifiziert. Da die Zustandsdefinition für ein und dasselbe Heft von Person zu Person sehr schwanken kann, ziehe man die Zustandsbeschreibungen aus dem »Overstreet« oder dem »Allgemeine Deutsche Comic-Preiskatalog« zu Rate. Restaurierungen, Lochungen, Einbindungen und Fehlstellen reduzieren den Preis eines Comic, in der Regel wenigstens um 40 Prozent. Die meisten Sammler legen Wert auf sehr gut erhaltene Exemplare, die den höchsten Wertzuwachs und Wiederverkaufswert besitzen. Andere Sammler, denen es vor allem auf die Geschichten ankommt oder die nicht so viel Geld ausgeben wollen, sammeln auch unvollständige Hefte und versuchen, die fehlenden Teile aus anderen »Wracks« zu ergänzen. Zu solchem Vorgehen benötigt man sicherlich sehr viel Ausdauer. Ich persönlich mag lieber Hefte, die nicht allzu gut erhalten sind, also solche, die Gebrauchsspuren haben. Sie sind vom Preis viel günstiger, und man kann sie in die Hand nehmen, ohne gleich befürchten zu müssen, daß sie beschädigt werden. Allerdings achte ich immer darauf, daß nichts fehlt, eine herausgetrennte Sammelmarke kann ich allerdings verschmerzen. Hefte, denen man ihre Benutzung ansieht, die mit Namensaufschriften, Stempeln u.a. versehen sind, finde ich sehr interessant. Solch ein Heft kann seine Geschichte erzählen: Es wurde von einem Kind wie ein Schatz gehütet, mit einem Namensstempel versehen und gelocht in einem Aktenordner aufbewahrt. Dann an einen Freund weitergegeben, der ebenfalls seinen Namenszug anbrachte. Schließlich wanderte es zu einem Heftantiquariat oder Romantausch, dort erhielt es einen Firmenstempel und vielleicht einen weiteren Stempel mit dem neuen Verkaufspreis: Dreißig Pfennig.

Der einfachste Weg wird es sein, alte Hefte in einem Spezialgeschäft für antiquarische Comics zu kaufen. Manche Händler bieten auch einen Versand an. Der Kauf in einem Laden ist ohne Risiko; wenn sich nachträglich Mängel herausstellen, ist ein Umtausch möglich. Meist etwas günstiger ist ein Kauf auf einer der Comic-Börsen. Die größte in der Bundesrepublik findet zweimal im Jahr in Köln statt, aber auch in anderen größeren Städten gibt es mittlerweile solche Comic-Börsen. Termine werden in dem Comic-Preiskatalog oder in der Sammlerzeitschrift »Comicpress« angekündigt. Auf diesen Börsen werden nicht nur Comics, sondern alles damit zusammenhängende andere Sammelbare angeboten. In Köln herrscht leider meist ziemliches Gedränge; auf der Herbstmesse 1991 wurden 10.000 Besucher geschätzt. Bei der Fülle des Angebots ist es schwierig, das Gesuchte zu finden. Man muß darauf gefaßt sein, daß man mit etwas völlig anderem zurückkommt, als ursprünglich geplant. Auf den Börsen – wie übrigens auch im Comic-Laden – kann und sollte man handeln. Manchmal geht es zu wie auf einem orientalischen Basar. Das gilt natürlich auch für Flohmärkte, wo zuweilen alte Comics angeboten werden, aber meist nur in begrenzter Auswahl. Ich konnte feststellen, daß hier, zumindest in meiner Heimatstadt Hannover, weniger die Katalogpreise als Maßstab dienen, sondern »Flohmarktpreise« gelten: Ein Heft aus der Mitte der Fünfziger zwischen 20 und 50 Mark (im Handel würde dasselbe im gleichen Zustand ein Drittel mehr kosten).

Ich versuche übrigens auch, mit Händlern zu tauschen. Bei einem Händler in Hannover mit einem wundervollen Lager voller Überraschungen habe ich allerlei Sammelgegenstände, etwa Karate-Zeitschriften, Postkarten, einen Schiffsmodellbaukasten und mehr gegen Comics und andere Disneyana eingetauscht. Apropos tauschen, der Tausch mit anderen Sammlern macht mir immer noch so viel Spaß wie zu meiner Schulzeit, auch wenn die Hefte jetzt manchmal auf dem postalischen Wege und nicht unter der Schulbank hin und her gehen. Auch hier gilt, daß man nicht unbedingt nur Disneyana gegen Disneyana tauschen muß. Ein anderer Weg, an die begehrten Hefte heranzukommen, ist der der Zeitungsannoncen. Man gibt selbst eine Annonce auf, in Spezialzeitschriften für Sammler, in der »Comicpress«, dem Anzeigen- und Nachrichtenmagazin für Comic-Fans, in Tageszeitungen oder auch in regionalen Annoncenblättern. Wahrscheinlich zahlt sich beharrliches Annoncieren irgendwann einmal aus. Ich bevorzugte den einfacheren Weg und studierte die Kleinanzeigen in unserem Annoncenblatt, die andere aufgegeben hatten. Auf diese Weise kam ich vor nicht allzu langer Zeit an meine Micky-Maus-Jahrgänge 1951 bis 1956. Zugegeben, es war eine vierstellige Summe, die ich zu zahlen hatte, aber allemal günstiger als der Kauf in einem Geschäft oder auf dem Flohmarkt. Und viel bequemer, eigentlich fast zu bequem. Aber ein paar kleine Lücken sind immer noch da! Übrigens, meine Jahrgänge 1957 bis 1970 stammen von meinem damaligen Chef. Fast zwei Jahre habe ich dazu gebraucht, um ihn davon zu überzeugen, daß er aus dem Micky-Maus-Alter heraus ist. Ich glaube, es tut ihm immer noch etwas leid. Beim Erwerb alter Micky-Maus-Hefte sollte man einige Dinge beachten. Prüfen Sie bei allen, auch bei gut aussehenden Heften, sorgfältig den Zustand, ob alle Seiten vorhanden sind. Das ist bei den frühen Jahrgängen etwas mühsam, paginiert ist die Micky Maus erst ab Nummer 4/1954. Manchmal ist der Heftumschlag lose. Sehen Sie dann nach, ob er wirklich zu dem Heft gehört. Zuweilen fehlen bei einem oberflächlich betrachteten »vollständigen« Heft trotzdem kleinere oder größere Teile. Das ist bei den deutschen Heften gar nicht mal so selten, sie forderten nämlich zur Aktivität heraus: so gab es in den fünfziger bis siebziger Jahren Sammlermarken, für die man vom Verlag Clubnadeln und andere Artikel erhielt, sowie das herrliche »Auto-Album« und andere Serien im redaktionellen Teil, die zum Heraustrennen gedacht waren. Nicht selten sind die Hefte relativ gut erhalten, aber Seiten bekritzelt (noch häufiger übrigens bei Bilderbüchern, die die Handschrift der jüngsten »Leser« zeigen). Einige Hefte sind mehr oder weniger fachmännisch restauriert, »verschönt«, worden. Sie sind glattgebügelt, die zerfaserten Ränder beschnitten, beriebene Farben nachgemalt, Fehlstellen ergänzt.

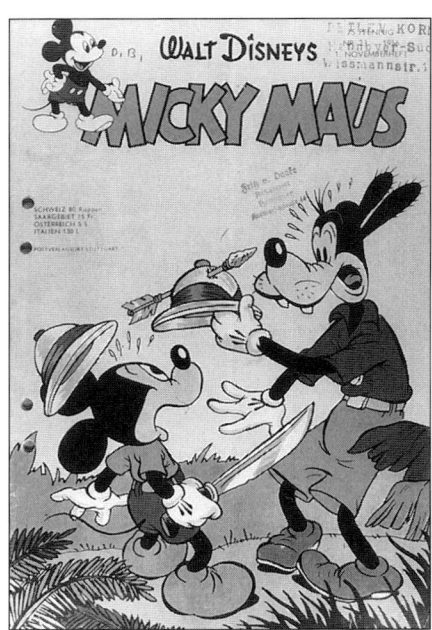

Die meisten Comicsammler bevorzugen hervorragend erhaltene Hefte, die den höchsten Sammlerpreis erzielen. Aber auch ein Heft, dem man seine Geschichte ansieht, hat seine Reize!

Vorsicht vor Fälschungen! Die ersten acht Hefte der Micky Maus wurden 1985 bis 1988 nachgedruckt. Die Nachdrucke sind an dem steiferen Papier und an den viel glänzenderen Farben zu erkennen. Im Zweifelsfall kann man auch daran riechen, alte Hefte haben einen Eigengeruch, der von der Säure des Drucks oder dem säurehaltigen Papier herrührt. Diese herrlichen »archaischen« ersten Hefte mit ihren prachtvollen mattglänzenden Farben lassen sich nicht getreu nachdrucken. Den Nachdrucken fehlt auch die Preisangabe auf der Titelseite. Eigentlich dachte ich, eine Fälschung auf hundert Meter erkennen zu können. Auf der Comic-Börse in Den Haag wurde ich 1989 eines Besseren belehrt. Als ein niederländischer Händler mir das erste deutsche Micky-Maus-Heft für 35 Gulden verkaufte, müssen bei mir sämtliche Sicherungen durchgebrannt sein. Im Hotel stellte ich fest, daß es sich um den Nachdruck handelte, der Preisaufdruck war aufgeklebt und mit Farbe umrandet worden. Das Heft war in einem schlechten Zustand, es war durch Wasser gezogen worden, dadurch sahen die Farben »alt« aus, angesengte Ränder und Brandlöcher sollten wohl ebenfalls ein hohes Alter suggerieren. Daran stellte ich dann auch fest, daß ich reingefallen war: Warum hatte die eine Seite in der Mitte ein Brandloch, die nächste wieder am Rand? Es fiel mir wie Schuppen von den Augen, ich raste zurück zur Börse – und bekam den Kaufpreis zurückerstattet. Er habe die Fälschung nicht erkannt, das Heft stamme von einem Freund in Deutschland, beteuerte der Händler und machte einen zerknirschten Eindruck. Ich behielt meine Zweifel für mich. Heute tut es mir übrigens leid, daß ich das Heft nicht als Kuriosum behalten habe.

Merchandise

Disney-Comics gehören genau genommen zu den Merchandise-Gegenständen, denn durch sie werden die Figuren aus den Disney-Filmen vermarktet. Da die Comics aber bei den deutschen Sammlern vorläufig noch im Vordergrund des Interesses stehen, ist ihnen ein eigener Abschnitt gewidmet. Es fällt schwer, alle weiteren Artikel unter dem Oberbegriff »Merchandise« zusammenzufassen, denn im Grunde genommen stehen hier ganz unterschiedliche sammlerische Bereiche nebeneinander. Ein gemeinsames Kriterium der meisten Objekte ist ihre Dreidimensionalität und ihre gegenüber dem Printmedium Comic strip unterschiedliche Funktion: Sie dienten in erster Linie als Dekorations- oder Gebrauchsgegenstände und sind auch heute noch als Sammlerstücke weitaus repräsentativer als die »Flachware«; man kann die meisten von ihnen in Vitrinen stellen und so täglich bewundern. Mit »Merchandise« als einem großen Teilgebiet der Disneyana sind also im folgenden in erster Linie Figuren und Gebrauchsgegenstände gemeint.

Es gibt Sammelgebiete, die sich mit dem großen Gebiet des Disney-Merchandise überschneiden, oder anders formuliert: manche Liebhaber sammeln zwar nicht ausschließlich Disneyana, nennen aber trotzdem Disney-Merchandise ihr eigen. Das können Leute sein, die Figuren von Comic-Charakteren sammeln, bei denen sich in der häuslichen Vitrine zu Fix und Foxi, Lucky Luke auch Micky, Donald und andere »Entenhausener« gesellen. Unter diesen Sammlern gibt es wiederum solche, die nur Figuren aus einem bestimmten Material anhäufen: »Quietschfiguren« aus Weichplastik, Figuren aus Plüsch oder aus Blech. Andere Sammler haben sich bestimmten Firmen verschrieben, die in ihrem Programm auch Disney-Utensilien führten: Schuco, Goebel, Steiff etwa, um die bekanntesten zu nennen. Dann gibt es die Sammler von Produktgruppen; Nippessammler besitzen unter Umständen die eine oder andere Keramik-Maus aus den Dreißigern, manche Sammler von (Armband-) uhren können in ihren Kollektionen interessante Stücke mit Micky, Donald, Goofy oder Schneewittchen aufweisen, vielleicht sucht ein Schallplattensammler noch die Filmmusik zu »Susi und Strolch« für seine Soundtrack-Kollektion, ein Postkartensammler hortet unter vielen anderen auch frühe deutsche Micky-Karten oder die far-

Mittlerweile gehören Figuren zum festen Angebot der Comic-Börsen, wie hier in Hamburg im Herbst 1992.

benfrohen Grußkarten der Fünfziger. Entsprechend dem jeweiligen Sammelgebiet ist der Markt für die Objekte.

Wo kommt man nun an Merchandise heran? Durch andere Sammler beispielsweise. Inserate im »Sammler Journal« oder anderen einschlägigen Sammlerzeitschriften sind ein Weg. Seit 1989 erscheint »Quietsch«, das »Sammlermagazin für Figurensammler«, ein Fanzine, das regelmäßig auch über Disneyana berichtet, mit Schwerpunkt auf der Plastik-Ära. Das Blatt mit etlichen Kleinanzeigen bietet gute Möglichkeiten, Gleichgesinnte kennenzulernen. Dann gibt es den großen Bereich des Handels. Mittlerweile gibt es auf jeder Comic-Börse ein begrenztes Angebot an Disney-Figuren und anderen sammelbaren Objekten – bis zur Mitte der Achtziger tauchten dergleichen Artikel hier noch recht selten auf. Im November 1990 fand in Ludwigshafen eine erste spezialisierte Figuren-Börse statt. Solche Veranstaltungen sind mittlerweile feste Institutionen. Auch auf dem einen oder anderen Antikmarkt kann man Glück haben. Ich habe den Eindruck, daß hier manche Objekte günstiger zu kaufen sind als auf Comic-Börsen mit ihrer Spezialisierung. Auch auf Flohmärkten wird man immer noch fündig. Viele Comic-Händler haben Merchandise in ihrem Angebot. Es macht übrigens auch Spaß, in normalen Spielzeuggeschäften nach neuen Disney-Objekten Ausschau zu halten. Heutiges wird schnell zu Gestrigem. Man entwickelt mit der Zeit einen Blick dafür, welche Dinge einmal »Klassiker« werden. In manchen Ländern gibt es ganz besonders viel Disneyana in den Geschäften. Mein Geheimtip ist Belgien.

Bisher habe ich Quellen genannt, die in erster Linie für Gegenstände nach 1960 interessant sind. Sucht man Älteres, wird es schwierig. Zuweilen gelingt es, bei Antiquitätenhändlern Disneyana aufzutreiben. Da dieses Sammelgebiet so groß ist, empfiehlt es sich, in Geschäften oder auf Börsen zu suchen, die auf entsprechende Teilgebiete spezialisiert sind. So habe ich sehr schöne frühe Disney-Postkarten auf einer Papiersammlerbörse erwerben können. Und wenn ich unterwegs bin, schaue ich möglichst in alle Antikläden, die Spielzeug in ihrem Angebot haben. Der eine oder andere Händler, der auf Blechspielzeug spezialisiert ist, kann interessante Disney-Objekte bieten. So stellte ich fest, daß der Buchautor und Händler Rudger Huber Disneyana nicht nur der Firma Schuco besitzt. Eine weitere Möglichkeit, an die begehrten Mäuse und Enten heranzukommen, sind Auktionen. Am besten, man läßt sich die Kataloge von Häusern schicken, die Spielzeug oder eben das begehrte Teilgebiet versteigern. Sotheby's und Christie's in London bzw. New York sind die bekanntesten, auch in Deutschland, Österreich und der Schweiz gibt es eine ganze Anzahl von Auktionshäusern.

Versuchen Sie es doch einmal in den Vereinigten Staaten. Auktionshäuser und etliche Händler sind dort auf Disneyana spezialisiert und einem Geschäft mit deutschen Sammlern nicht abgeneigt. Suchen Sie im »Overstreet«, dem amerikanischen Comic-Preiskatalog, nach entsprechenden Inserenten und lassen sich Kataloge schicken (meistens müssen Sie Dollar beilegen). »The Mouse Man Inc.« alias Robert Crooker beispielsweise sendet Kataloge auch nach Deutschland. Zuweilen finden sich in ihnen – meist ältere – Gegenstände deutschen Fabrikats. Bekanntlich ist manche Ware seinerzeit für den Export gefertigt worden. Ich habe Bob auch einige Male deutsche Objekte im Tausch über den großen Teich geschickt. Ein anderer Amerikaner, Ted Hake, Inhaber des Auktionshauses Hake's Americana & Collectibles, ist seit 1967 sowohl Händler als auch Sammler. Jeder seiner Auktionskataloge präsentiert über 200 Disney-Objekte. Persönlich sammelt Ted Hake Mickey-Artikel aus Keramik sowie anderen Materialien, die in den Dreißigern in Deutschland hergestellt wurden. Seine Vorliebe gilt den seltenen Rosenthal-Mäusen. Man kann mit amerikanischen Sammlern natürlich auch »profanere« Disneyana tauschen. Adressen finden Sie in Kleinanzeigen in entsprechenden US-Fanzines. Das gilt natürlich auch für alle anderen Länder.

Wie datiert man nun eigentlich Disneyana? Comics tragen stets einen Datumsaufdruck, und bei Filmszenen läßt sich die Entstehungszeit durch Fachbücher identifizieren. Bei Merchandise – Spielzeug, Figuren und Gebrauchsartikeln – ist dies weitaus schwerer. Einen Anhaltspunkt kann, so vorhanden, der Copyright-Hinweis auf dem Gegenstand oder der Verpackung geben. Walt Disneys Company wurde im Lauf der Firmengeschichte umbenannt und die Copyright-Bezeichnungen wechseln. Die Figur selbst läßt Rückschlüsse auf ihr Alter zu. So kann Winnie the Pooh niemals aus den fünfziger Jahren stammen, der Bär taucht nämlich erstmalig 1966 im Film auf. Weitere Anhaltspunkte bietet das Aussehen der jeweiligen Figur: Mickey mit »Tortenaugen« stammt entweder aus den dreißiger Jahren oder aus einer der Nostalgie-Phasen seit 1970. Auch das Aussehen und die Beschaffenheit der Verpackung tragen zur Altersbestimmung bei. In Plastik verpackte Ware kann nicht aus den Fünfzigern und kaum aus den Sechzigern stammen. Ist einmal die Herstellerfirma ermittelt, kann auch dies der Datierung dienen. Unter Umständen läßt sich dann das ungefähre Herstellungsdatum aus Firmenkatalogen oder aus dem Produktionszeitraum der Firma ermitteln.

Wichtig zur Altersbestimmung von Merchandise ist das verwendete Material. Früheste Figuren etwa sind aus Holz, gegossenem Metall, Blech, Zelluloid oder Hartgummi gefertigt, spätere aus gespritztem Hartplastik, Weichplastik und schließlich geblasenem Vinyl. Selbstverständlich gibt es dann teilweise immer noch Disneyana aus den anderen Materialien, doch deren Häufigkeit nimmt immer mehr ab. Das liegt daran, daß sie aus verschiedenen Gründen aus der Mode kommen. So ersetzte man in den fünfziger Jahren das leicht entflammbare und wenig haltbare Zelluloid weitgehend durch Plastik, Blech spielte wegen der Verletzungsgefahr als Material von Kinderspielzeug seit den sechziger Jahren keine Rolle mehr. Wichtig bei der Datierung ist auch der Fundzusammenhang des Gegenstands. Erwirbt man den Gegenstand aus »erster Hand«, kann man vom Verkäufer erfragen, wann er ihn gekauft, geschenkt bekommen oder damit gespielt hat.

Das Alter des Gegenstands ist bekanntlich einer der bestimmenden Faktoren bei der Preisgestaltung. Vorsicht ist bei Altersangaben durch Händler angebracht, die zuweilen dazu neigen, Sammelbares zu früh zu datieren. Auf dem hannoverschen Flohmarkt pries kürzlich ein Händler eine Goofy-Marionette der englischen Firma Pelham an. Den relativ hohen Preis rechtfertigte er mit dem Hinweis, die Figur sei »von 1950«. Dagegen sprach allerdings eindeutig die Verpackung mit einem Cellophansichtfenster aus den Siebzigern. Manchmal werden zur Rechtfertigung des Preises auch irgendwelche ominösen Katalogpreise angeführt. Auf dem Berliner Flohmarkt wollte mir in Herbst 1991 ein Händler das Büchlein »Micky Maus in Afrika«, Blüchert-Verlag, fünfziger Jahre, für 200 Mark verkaufen. »Das steht im Katalog für 300«. Ich kaufte natürlich nicht – diese Bücher sind für zwanzig Mark zu haben – und überlegte stundenlang, welchen Katalog er gemeint haben könnte. Einige Zeit später fand ich die Lösung. Er hatte vermutlich den Preis für das gleichnamige Buch, in den dreißiger Jahren vom Züricher Bollmann-Verlag herausgebracht, einem Buch-Auktionskatalog oder einer Antiquariatsliste entnommen.

Um sich mit dem unterschiedlichsten Disney-Merchandise, das für den deutschen Markt bisher noch nie zusammenhängend beschrieben und preislich noch kaum verbindlich festgelegt wurde, vertraut zu machen, empfehle ich ein intensives Studium. Sehen Sie sich so oft wie nur möglich Objekte an, auf Floh-, Trödel und Spezialmärkten, bei Händlern, anderen Sammlern, auf Auktionen und Ausstellungen. Schauen Sie regelmäßig in »Fachpublikationen«, in die – bisher nur in den Vereinigten Staaten erschienenen – Disneyana-Sammlerkataloge, in Firmenkataloge, Fanzines, Händlerpreislisten und Auktionskataloge. Wichtig sind auch die Bücher zu den vielen Sammelgebieten, in denen sich auch Disneyana verbergen, etwa Publikationen zu Erzeugnissen der Firmen Schuco und Steiff, zu Uhren, Blechspielzeug.

Unerläßlich ist es, Figuren und anderes Merchandise immer wieder in die Hand zu nehmen, um ein Gefühl für Alter und Echtheit zu entwickeln. Augen und Tastsinn lassen sich schärfen. Prüfen Sie, ob alle Teile vom Material und Alter her zusammenpassen. Sehen Sie nach, ob Restaurierungen zu erkennen sind. Bei Gegenständen mit beweglichen Teilen sollte man besonders genau prüfen, ob Veränderungen vorgenommen wurden. Achten Sie auf Gebrauchsspuren. Sie können nachträglich angebracht worden sein, relativ neues Spielzeug wirkt dadurch zuweilen uralt. Mit der Zeit hat man man die derzeit geforderten Preise kennengelernt und bekommt ein Gefühl dafür, ob der Erhaltungszustand oder die Häufigkeit den geforderten Preis rechtfertigt. Selbstverständlich kann man bei einem eng begrenzten Sammelgebiet viel leichter Fachmann oder -frau werden, als wenn man sich an das riesige Gebiet aller Disneyana heranwagt.

Noch einmal zu den Preisen. Nach meinem Eindruck hielten sich die Preise für Disney-Merchandise bis Ende der Achtziger noch relativ konstant. Mit vermehrtem Auftauchen von Figuren auf Comic-Börsen wuchs das Interesse am zuvor eher als exotisch empfundenen Sammelgebiet. Ausstellungen in Museen und andernorts taten das ihre, um das Augenmerk auf Merchandise zu lenken. Dazu kommt, daß das Interesse an Comics momentan stagniert. Viele Sammler sind mittlerweile »komplett« und suchen ein neues Sammelgebiet, das mit den Comics verwandt ist. Preise steigen besonders, wenn ein abgeschlossenes Sammelgebiet vorliegt. Dies ist der Fall, wenn eine Firma keine Disney-Produkte mehr herstellt.

Die Preisgestaltung ist momentan immer noch sehr stark im Fluß. Anders als bei Comics gibt es zum Thema Merchandise in Deutschland noch keinen umfassenden Katalog mit Preisen. Die Sammlerpreise für ein und dasselbe Stück können sehr stark variieren. Eine bestimmte Überraschungsei-Figur aus den Achtzigern kostet auf Börsen mittlerweile 25 Mark, auf Kinderflohmärkten ist die gleiche Figur unter Umständen für 5 Pfennig zu erhalten. Dies ist nur ein Beispiel. Vielleicht wird sich hier das vorliegende Buch auswirken. Möglicherweise wird auch durch Euro Disneyland das Interesse für Disneyana sehr viel größer werden und manche Objekte im Preis steigen. Und durch den Park selbst kommen neue Sammelgegenstände auf uns zu: Anstecknadeln, Postkarten und viele andere Souvenirs, die nur in Euro Disney erhältlich sind.

75

Literatur

Diese Literaturliste bietet eine kleine Auswahl der wichtigsten Titel zu Walt Disney, den Filmen aus seinem Studio und seinem Unternehmen. Die angegebenen Bücher dienten als Quellen für den »historischen« Teil des vorliegenden Werks. Spezielle Titel zum Thema Disneyana werden gesondert aufgeführt. An erster Stelle sind hier die deutschen Übersetzungen englischsprachiger Titel angegeben. Trotzdem empfiehlt es sich angesichts der mehr oder weniger starken Bearbeitungen, die Originalversion anzusehen. Auch liegen leider einige der Standardwerke nur in englischer Sprache vor. Es lohnt sich trotzdem, sie zur Hand zu nehmen. Kürzlich erschien eine Bibliographie, die Disney-Literatur sehr detailliert zusammenfaßt:

Bohn, Klaus: Der Bücherdonald. Die große Lesekunde des Donaldismus. 2 Bde. Hamburg 1992.

Bailey, Adrian: Walt Disney's World of Fantasy. New York 1982
Bain, D. und B. Harris: Micky Maus – Der größte Star der Welt. München und Zürich 1979 (amerik. Originalausgabe 1977)
Baron, Christian: Walt Disney Productions. In: Giesen, Rolf (Hg.): Das große Buch vom Zeichenfilm. Berlin 1982 (S. 47-102)
Donald Duck – 50 Jahre und kein bißchen leise. Stuttgart 1984 (amerikanische Originalausgabe 1979)
Dorfman, Ariel und Armand Mattelart: Walt Disneys »Dritte Welt«. Massenkommunikation und Kolonialismus bei Micky Maus und Donald Duck. Berlin 1977 (chilenische Originalausgabe 1971)
Finch, Christopher: Walt Disney – Sein Leben, sein Werk. Stuttgart 1984 (amerik. Originalausgabe 1973)
Fuchs, Wolfgang J.: Micky Maus – Das ist mein Leben. Stuttgart 1988
Glover, Ron: Die Disney-Story. Wie Micky Mäuse macht. Berlin, München 1992 (amerikanische Originalausgabe 1991)
Holiss, Richard und Brian Sibley: The Disney Studio Story. London 1988
Kunzle, David: Carl Barks. Dagobert und Donald Duck. Welteroberung aus Entenperspektive. Frankfurt am Main 1990
Laqua, Carsten: Wie Micky unter die Nazis fiel. Walt Disney und Deutschland. Reinbek bei Hamburg 1992
Lerchenmüller, Franz: Alles was sie über Euro Disneyland wissen müssen. Tips – Infos – Bilder. Frankfurt/M., Berlin 1992
Maltin, Leonard: Der klassische amerikanische Zeichentrickfilm. Der berühmteste Film der Welt und seine Geschichte. München 1982 (amerik. Originalausgabe 1980)
Maltin, Leonard: The Disney Films. New York 1978
Manthey, Dirk (Hg.): Die Filme von Walt Disney. Die Zauberwelt des Zeichentricks. Hamburg o. J. (Cinema-Sonderband)
Miller, Diane Disney: Mein Vater Walt Disney. Nacherzählt von Pete Martin. O. O., o. J. (amerik. Originalausgabe 1956)
Mosley, Leonard: The Real Walt Disney. A Biography. London 1986 (amerik. Originalausgabe 1985)
Reitberger, Reinhold: Walt Disney in Selbstzeugnissen und Bilddokumenten. Reinbek bei Hamburg 1977
Schickel, Richard: The Disney Version. The Life, Times, Art and Commerce of Walt Disney. New York 1985 (1. Aufl. 1968)
Storm, J. P. und Mario Dreßler: Im Reiche der Micky Maus. Walt Disney in Deutschland 1927-1945. Eine Dokumentation zur Ausstellung im Filmmuseum Potsdam. Berlin 1991

Strzyz, Klaus und Andreas C. Knigge: Disney von innen. Gespräche über das Imperium der Maus. Berlin 1988

Taylor, John: Wallstreet jagt Walt Disney. Strategien gegen Spekulanten. 1988 (amerik. Originalausgabe 1987)

Thomas, Bob: Die Kunst des Zeichenfilms. Hamburg 1960 (amerik. Originalausgabe 1958)

Thomas, Bob: Walt Disney. Die Original-Biographie. München 1986 (amerik. Originalausgabe 1976)

Thomas, Frank und Ollie Johnston: Disney Animation. The Illusion of Life. New York 1981

Walt Disney's Donald Duck – So bin ich und so bleibe ich. München 1986 (engl. Originalausgabe 1984)

Literatur zum Thema Disneyana

Bücher
In deutscher Sprache gibt es bisher keine eigenständigen Buchtitel zum Thema Disneyana. Über Disney-Comics berichtet unter anderem *Andreas C. Knigge:* Fortsetzung folgt. Comic Kultur in Deutschland. Frankfurt/M./Berlin 1986. Sehr informativ ist besonders das oben angeführte Taschenbuch »Disney von innen«. Mit Büchern über Disney-Merchandise sieht es bisher schwach aus. Ein schmaler Bildband präsentierte eine Reihe von Enten-Gegenständen (Donald Duck live. Erlebt und fotografiert von Jörg-Peter Storm. Frankfurt/Main 1984). Ein Ausstellungskatalog des Filmmuseums Potsdam (siehe oben) zeigte gut kommentiert deutsches Merchandise der Dreißiger. Will man mehr wissen, muß man auf US-Bücher zurückgreifen, die natürlich aus amerikanischer Sicht, für die dortige Sammlergemeinde, geschrieben sind. Sie zeigen in erster Linie amerikanische Artikel. Die frühesten Bücher über Disneyana sind schon selbst sammelbare Disneyana geworden. Wer sich in das Thema vertiefen will, ist allerdings mit den US-Werken recht gut bedient. Sie sind hier in der Reihenfolge ihres Erscheinens aufgelistet. Viele der Bücher sind im Handel nicht mehr erhältlich.

Munsey, Cecil: Disneyana: Walt Disney Collectibles. New York 1974
Dies war das erste Buch zum Thema, es prägte den Begriff »Disneyana« und setzte in den Vereinigten Staaten die Begeisterung für das Sammeln von Disney-Artikeln in Gang. In seinem Textteil informiert das Buch umfassend über die Geschichte des Disney-Merchandising. Die Abbildungen stammen meist aus den Merchandise-Katalogen von Kay Kamen. Es ist weniger ein Sammlerkatalog als ein »historisches« Werk. Sammlerpreise sind nicht verzeichnet. Dies ist für den ernsthaften Sammler ein unverzichtbares Standardwerk. Es besitzt heute eine Sammlerwert von mindestens DM 150,–.

Lesser, Robert: A Celebration of Comic Art and Memorabilia. New York 1975
Das Buch behandelt nicht nur Disneyana, sondern auch anderes Merchandise mit Comic-Helden von den Anfängen um die Jahrhundertwende bis in die Fünfziger. Robert Lesser ist einer der ersten amerikanischen Sammler von »Comic Character Collectibles«. Sein Buch teilt eine Vielzahl historischer Fakten mit und ist bereits stark sammlerorientiert. 1986 verkaufte Lesser seine einzigartige Sammlung, angeblich für 1,2 Millionen Dollar, was eine Preissteigerung für Disneyana in Gang setzte. Das Buch vermittelt gut das nostalgische Gefühl seiner Entstehungszeit. Das Buch kostet mittlerweile wenigstens DM 100,–.

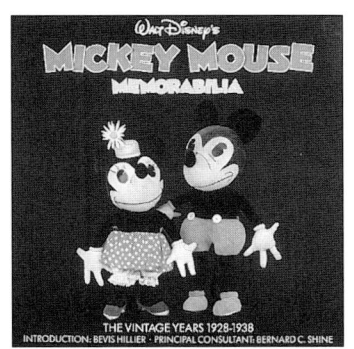

Heide, Robert und John Gilman: Cartoon Collectibles. 50 Years of Dime-Store Memorabilia. Garden City 1983
Obwohl es der Titel nicht unbedingt vermuten läßt, handelt dieses Buch ausschließlich von Disneyana. Der Text ist relativ umfangreich, bringt aber gegenüber Munseys »Disneyana« nicht sehr viel Neues. Viele Illustrationen zeigen die wichtigsten und interessantesten Sammelgegenstände, hauptsächlich aus der Zeit vor 1960, darunter auch einige aus Deutschland und anderen europäischen Ländern. Sammlerpreise werden nicht genannt. Der Band bietet eine gute Einführung bzw. Ergänzung zu anderen Disneyana-Büchern.

Hillier, Bevis: Walt Disney's Mickey Mouse Memorabilia. The Vintage Years 1928-1938. New York 1986
Wundervoll aufgemachtes Buch mit vielen Farbfotos, die die schönsten Mickey-Artikel der »Goldenen Jahre« vor dem Zweiten Weltkrieg zeigen und viel Informationen über die Objekte geben. Darüber hinaus sind die längeren Einführungen voller Fakten zu Walt Disneys frühem Merchandising. Erstmalig werden die wichtigsten der frühen deutschen Export-Mickeys gezeigt. Dieses Buch ist selbst schnell in die Gruppe der gesuchten Disneyana aufgestiegen, es wird für etwa DM 80.– bis DM 100,– gehandelt.

Tumbusch, Tom: Tomart's Illustrated Disneyana Catalog and Price Guide. 4 Bände, Dayton/Ohio 1985 – 1987
Dieses vierbändige Standardwerk ist bisher in seinem Umfang und Informationsgehalt unerreicht. Es hat viel dazu beigetragen, daß die Zahl der Disneyana-Sammler in den USA stark angestiegen ist. »Der Tumbusch« listet fast alle bekannten Disney-Artikel der Vereinigten Staaten auf, die meisten davon mit Illustrationen, manche in Farbe. Tumbusch nennt Hersteller, Preise und Datierungen. Auf seine Numerierung berufen sich viele Disneyana-Händler. Durch die Einteilung der Objektgruppen findet man zwar manchmal etwas schwer hindurch, und im historischen Überblick befinden sich einige Fehlstellen. Trotzdem stellen die Bände auch für den deutschen Sammler eine Fundgrube dar; einige der aufgeführten Merchandise-Artikel stammen aus Deutschland, andere wiederum stammen zwar aus den USA oder Drittländern, sind aber auch bei uns vertrieben worden. Die Preisangaben sind für den deutschen Sammlermarkt allerdings nur bedingt gültig.

Tumbusch, Tom: Tomart's Illustrated Disneyana Catalog and Price Guide. Condensed Edition of Fastest Growing Values. Dayton/Ohio 1989
Wer nicht den kompletten »Tumbusch« haben will, aber auf die Basisinformationen nicht verzichten möchte, greift zu der Zusammenfassung in einem Band.

Stern, Michael: Stern's Guide to Disney Collectibles. 2 Bände, Paducah/Kentucky 1989 und 1991
Die zwei Bände bieten viele farbige Abbildungen, allerdings nur knappe Angaben zu den dargestellten Disneyana. Der zeitliche Rahmen reicht von den frühen Dreißigern bis in die Gegenwart. Einige der abgebildeten Artikel stammen aus Deutschland. Im Anhang werden auch Sammlerpreise genannt. Wegen der herrlichen Farbfotos bieten die Bücher eine gute Ergänzung zu anderen Bänden mit mehr historischer Information.

Longest, David: Character Toys and Collectibles. 2 Bände, Paducah/Kentucky 1990 und 1992 (1. Aufl. 1984 bzw. 1987)
Beide Bücher behandeln Spielzeug mit Charakteren, die seit der Jahrhundertwende durch Comic, Film, Radio und Fernsehen bekannt und beliebt geworden sind. Beide

Werke besitzen umfangreiche Abschnitte über Disneyana, in erster Linie aus den Vereinigten Staaten. Die kurzen Einführungstexte zu den Kapiteln bieten nicht viel Neues. Die Gegenstände sind durchweg farbig abgebildet und kurz beschrieben, ein Anhang nennt die Sammlerpreise, die bei uns nur Anhaltswerte bieten können.

Longest, David und Michael Stern: The Collector's Guide to Disneyana. Paducah/Kentucky 1992
Die beiden amerikanischen Sammler haben sich zusammengetan und präsentieren auf über 800 Farbfotos Disneyana, im Kern aus der Zeit der Dreißiger und Vierziger. In seiner Aufmachung ähnelt das Buch den anderen der Autoren, einige wenige Objekte wiederholen sich. Wie die Vorgängerbände von Longest und Stern ist das Werk hervorragend dazu geeignet, um sich einen ersten Überblick über den (US-) Markt zu verschaffen.

Zeitschriften
Wer mehr zum Thema Disneyana wissen will, dem sei empfohlen, neben den Büchern auch entsprechende Fachzeitschriften heranzuziehen. Dies sind in erster Linie »Fanzines«, also Zeitschriften, die von Fans für Fans gemacht werden. Diese Publikationen besitzen den Nachteil, daß sie zuweilen nur ein kurzes Leben fristen, manchmal wenig attraktiv aufgemacht und schwierig zu erreichen sind. In der Regel behandeln Fanzines Teilgebiete, wie Zeichenfilm, Comics oder bestimmte Gruppen von Merchandise. Nicht alle sind ausschließlich Disneyana gewidmet. Im folgenden sind die wichtigsten aufgelistet, darüber hinaus haben auch andere Zeitschriften Artikel über Sammelbares aus Disneys Reich gebracht.

Der Hamburger Donaldist (1976ff., seit Nr. 52/1985 Der Donaldist)
Das Organ der D.O.N.A.L.D. (Deutsche Organisation Nichtkommerzieller Anhänger des Lauteren Donaldismus), die sich völlig dem Studium Entenhausens gewidmet hat. Diese Zeitschrift enthält – neben mehr oder weniger ernst gemeinten – Analysen von Donald-Duck-Geschichten viele Informationen zu Carl Barks und anderen Enten-Zeichnern, Dr. Erika Fuchs und Disney-Filmen. Wichtig sind auch einige Sonderhefte, so Heft 3 »Das pädagogische Ethos des Ehapa-Verlages« von Gerd Sembritzki.

Quietsch (1989ff.)
Das deutsche Fanzine ist nach den charakteristischen »Quietschfiguren« aus Vinyl mit Pfeifen benannt. Es konzentriert sich auf Comic-Merchandise, häufig Figuren, in der Regel aus der Zeit der Fünfziger bis in die Gegenwart. Viele der Beiträge sind Disneyana gewidmet. Dieses für den Figurensammler unverzichtbare Blatt enthält viele Fakten über Hersteller, Figurentypen und Sammlerpreise. Kleinanzeigen ermöglichen den direkten Kontakt mit Gleichgesinnten.

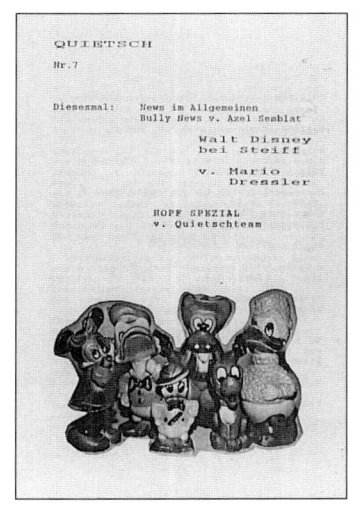

Storyboard (1988-1990)
Leider hielt sich diese wundervolle, ganz in Farbe aufgemachte amerikanische Zeitschrift, die das gesamte Gebiet der Disneyana behandelte, nur einige Ausgaben lang. Sie bot viele Informationen über die Company und Lizenznehmer sowie Sammler und Sammlungen.

The Barks Collector (1976ff.)
The Duckburg Times (1978 ff.)
Diese US-Fanzines sind in erster Linie Carl Barks und seinen Geschichten in diversen Comic books bzw. anderen Zeichnern gewidmet, enthalten zuweilen aber auch Informationen zum Disney-Studio und seinen Filmen. Sie können für den deutschen Disney-Comicsammler durchaus interessant sein. Sie erscheinen allerdings recht unregelmäßig.

Abschließend seien noch einige Fachzeitschriften genannt, die in erster Linie über aktuelle und historische Comics oder Zeichenfilme informieren. Hier finden sich immer wieder interessante Artikel über Disney-Themen. In der Bundesrepublik waren oder sind dies »Comixene« (1974-1982), »Comic Forum« (1978ff.) und »Die Sprechblase »(1978ff.), in den USA beispielsweise »Funnyworld« und »Cartoonist Profiles«. Darüber hinaus enthalten die einschlägigen deutschen (und amerikanischen) Sammler-Zeitschriften zuweilen Informationen über Disney-Merchandise.

Vorbemerkungen zum Katalog-Bildteil

Die im folgenden Katalog angeführten Preise für Disneyana beruhen auf Beobachtungen auf Floh- und Antikmärkten, Sammlerbörsen sowie im einschlägigen Handel. Diese Preise können nur Richtwerte sein. Sie sollten als Anhaltspunkte benutzt werden, um sich eigene Preisvorstellungen zu schaffen. Dies gilt gleichermaßen für Käufer und Verkäufer. Allgemein verbindliche Preise festzulegen, ist bei den meisten Merchandise-Gegenständen fast unmöglich. Lediglich im Fall der Comics haben sich Listenpreise allgemein durchgesetzt.

Die Preise für Disneyana hängen ganz wesentlich vom Zustand der Ware ab, vom Angebot und der Nachfrage und nicht zuletzt vom Verkäufer und seiner Persönlichkeit, und sie können regional variieren. Einige der im Katalogteil vorgestellten Objekte sind ausgesprochene Einzelstücke, für die schwerlich ein Preis angegeben werden kann. Für sie gilt ein Liebhaberpreis.

Die in diesem Katalog angeführten Preise betreffen – wenn nicht anders angegeben – gut erhaltene Stücke. Bei deutschen Sammelgegenständen sind die deutschen Namen angegeben, bei Exportartikeln die amerikanischen. So ist eine in Deutschland für den Export in die USA gelieferte Maus mit »Mickey« und nicht mit »Micky« bezeichnet. Ist der Name des Charakters in einer Aufschrift auf dem Gegenstand genannt, ist dieser in Anführungsstriche gesetzt.

In diesem Werk sind eine Reihe von Gebrauchsnamen, Warenbezeichnungen, Markenzeichen usw. genannt und wiedergegeben. Diese Namen oder Zeichen sind im Sinne der Warenzeichen- und Markenschutz-Gesetzgebung geschützt und dürfen daher nicht von jedermann benutzt werden.

Bildnachweis

Renate Baumhauer: Seite 29
Archiv Bullyland, Spraitbach: Abb. 139
Cels Galerie Hans Jürgen Ahrens, Hamburg: Abb. F 24, 4, 5
Sammlung Hans Crezee, Amsterdam: Abb. F 1, 198, 201, 231, 271, 303, 304, 367
Archiv W. Goebel Porzellanfabrik, Roedental: Seite 58, Abb. F 8, 94, 98, 100
Deutsches Institut für Filmkunde, Frankfurt/Main: Abb. F 12, 8, 9, 10, 12, 70, 183
Sammlung Mario Dreßler, Berlin: Seite 38, 45, Abb. F 5, 62, 63, 79, 88, 89, 90 180, 184, 207, 209, 230, 234, 253, 267, 270, 280, 312, 319, 387 (Fotos bis auf Abb. 184 vom Verfasser)
Galerie Carsten Laqua, Berlin: Abb. F 13, 3, 21, 22, 23, 24, 69
Hake's Americana & Collectibles, York, PA, USA: Seite 46, Abb. F 2, 6, 86, 87, 92, 93, 281
Blechspielzeugversand Rudger Huber, Mörnsheim-Mülheim: Abb. 199, 211
Sotheby's, New York: Seite 19, 20, 65
Spielzeug- und Kinderwelt-Museum Steinhude: Abb. F 23, 178, 248
The Walt Disney Company: Seite 33.
Alle übrigen Abbildungen: Archiv Verfasser, Fotos Verfasser

F 1

F 2

F 1   Mechanische Figur Mickey Mouse als Drehorgelspieler

Johann Distler, Nürnberg, um 1930
Diese mechanische Figur besteht aus einem mehrfarbig bedruckten Blechkörper. Die Aufschrift »Mickey Mouse« deutet schon darauf hin, daß dieses Spielzeug für den Export vor allem in die USA und nach England produziert wurde. Zieht man das Federwerk auf, dreht Mickey mit der rechten Hand die Kurbel und Minnie tanzt zu einer Melodie. Die Töne sind von Stimmzungen erzeugt, die durch die Mechanik kurz angerissen werden. Die Mäuse haben fünf Finger und zeigen die Zähne; auf der Orgel sieht man eine recht drastische Szene. »Mickey Mouse Hurdy-Gurdy« gehört heute zu den schönsten und gesuchtesten deutschen Vorkriegs-Disneyana. Dieses Spielzeug ist selten komplett zu finden. Da die kleine Minnie-Figur nur eingesteckt war, fehlt sie häufig. Bei diesem Exemplar sind die Drahtspiralen, die die Schwänze der Mäuse

bildeten, nicht mehr vorhanden. Distler produzierte gleichzeitig mit dieser Figur einen »menschlichen« Drehorgelpieler mit einem tanzenden Äffchen mit und ohne Musik, der in Deutschland verkauft sowie exportiert wurde.

H. 20 cm, B. 18 cm   **Liebhaberpreis**
Ein solches Spielzeug wurde am 18.5.1990 bei Sotheby's London in gutem Zustand für £ 2.400 versteigert.

F 2   Aschenbecher mit Figur Mickey Mouse

Deutschland, Anfang 30er Jahre
Der Aschenbecher besteht aus Metall, Mickey und die Laterne aus bemaltem Blei. Unter dem Boden befindet sich der Hinweis »Germany«. Diese Figur von Mickey und auch von Minnie verwendete man mit unterschiedlichen Armhaltungen in diversen Zusammenstellungen: auf einem Sessel sitzend, mit Schirm, auf einem Zähler für Kartenspiele und als Handgriff für eine Glocke. Diese Waren eines bisher noch nicht bekannten Herstellers waren wohl ausschließlich für den Export bestimmt. Sie lassen sich heute in den USA oder in England finden.

Aschenbecher 7,5 x 11 x 1,5 cm
H. Mickey 8,2 cm, H. Laterne 14 cm   **1.500,–**

F 3

F 4

F 5

F 6

F 3 Buch »Drei kleine Schweine«
Williams & Co. Verlag, Berlin, 1934
64 Seiten mit Nacherzählung des Films, zahlreiche zum Teil mehrfarbige Illustrationen, mehrfarbiges Vorsatzblatt und fester mehrfarbiger Einband. Dieses Buch ist eine Übersetzung der amerikanischen Originalausgabe »Three Little Pigs« des Verlags Blue Ribbon. Die Silly Symphony »Three Little Pigs« hatte 1933 beim amerikanischen Publikum Riesenerfolge erzielen können. Das standfeste Haus der Schweinchen, das den bösen Wolf abhält, wurde als Symbol der Politik des Präsidenten Franklin D. Roosevelt gedeutet, der die Wirtschaftskrise mit optimistischer Haltung anging. Die Film-Melodie »Who's Afraid of the Big Bad Wolf« geriet zur inoffiziellen Nationalhymne des »New Deal«, dem sozial- und wirtschaftsreformerischen Programm Roosevelts. Auch das deutsche Publikum, das die Schweinchen 1934 in einer Kurzfilmzusammenstellung zu sehen bekam, schätzte den »Lebensoptimismus« dieses Films. Das Buch kam kurz vor Weihnachten auf den Markt und kostete 2,50 Reichsmark.
20 x 26 cm   **800,–**

F 4 Kugelspiel Donald Duck
Deutschland, 30er Jahre,
Mehrfarbig bedruckte Pappe in Blechkörper mit Glasabdeckung, Aufschrift »ges. gesch. Made in Germany«. Dieses Spiel gehört zu den seltenen deutschen Artikeln mit Donald Duck. Der Enterich hatte in den USA 1934 seinen ersten Film-Auftritt in dem Kurzfilm »The wise little Hen«. Dieser Streifen wurde am 2. Juni 1935 im Rahmen einer Filmzusammenstellung mit dem Titel »Die lustige Palette« in München aufgeführt. Durch die Ereignisse jener Zeit konnte das deutsche Publikum keine nähere Bekanntschaft mit Donald schließen. Das Spiel zeigt Donald in seinem ursprünglichen Aussehen mit langem Schnabel. Erst 1938 erhielt die Filmente ihr endgültiges Aussehen.
H. 1 cm, D. 5,5 cm   **400,–**

F 5 Tasse und Untertasse Micky Maus
Möglicherweise Nottebohm & Co., Hamburg, Anfang 30er Jahre
Mehrfarbig bemalte beigegrundige Keramiktasse. Die Figur der Micky Maus mit fünf Fingern wirkt ausgesprochen »archaisch«. Der Hund, den Micky an der Leine führt, besitzt keinerlei Ähnlichkeit mit Pluto, der 1930 in dem Kurzfilm »The Chain Gang« seinen ersten Auftritt hatte. Diese Tasse wurde vermutlich ohne Lizenz hergestellt. Unter der Untertasse befindet sich das Markenzeichen. Es ist allerdings fraglich, ob die Untertasse wirklich zu der Tasse gehört.
H. Tasse 5,5 cm, D. Untertasse 10,5 cm
Liebhaberpreis

F 7

F 8

**F 6   Anstecknadeln »Cinderella«
und »Bambi«**

Tweer und Turck, Lüdenscheid, 1950
Metallkörper mit mehrfarbiger Auflage, die
ein Motiv aus den Filmen zeigt. Auf der
Rückseite befinden sich eine Nadel mit
Sicherheitsverschluß und die Herstellerangabe. Solche Nadeln gehören zu dem frühesten Disney-Merchandise in der Bundesrepublik. »Bambi« und »Cinderella« wurden beide
1950 erstmalig aufgeführt. Mit diesen Filmen
begann Disneys Siegeszug im Nachkriegsdeutschland. Die RKO, zu jener Zeit Disneys
Verleihfirma, zeigte die Filme nur in jeweils
einem ausgewählten Kino in den 34 wichtigsten deutschen Großstädten. Solche Nadeln
wurden teilweise anläßlich von Gratisvorstellungen für Waisenkinder und Kinder aus dem
Ostsektor verschenkt.
2,3 x 3,3 cm   je **120,–/150,–**

F 7   Buch »Pinocchio«

Blüchert-Verlag, Stuttgart, 1951
48 Seiten mit Nacherzählung des Films, die
Illustrationen sind zum Teil mehrfarbig.
Fester, mehrfarbiger Einband. Dieses Buch ist
vermutlich eine Übersetzung der amerikanischen Originalausgabe. Der Stuttgarter
Blüchert-Verlag gehörte zu den ersten Lizenznehmern Disneys in der Bundesrepublik. Er
publizierte in den frühen 50ern in der Reihe
»Walt Disney Märchenfilm-Bücher«, in die
auch dieses Buch gehört, Bücher zu den
gerade angelaufenen Disney-Filmen. Der Film
»Pinocchio, das hölzerne Bengele« wurde
1951 uraufgeführt. Zu den Werbemaßnahmen
für den Film gehörten Wettbewerbe; so galt es
in einem Stuttgarter Kino bei der Vorstellung
von »Pinocchio« zu zeichnen und die Frage
»Was gefällt Euch am besten?« zu beantworten. Als Gewinne winkten Pinocchio-Bücher
aus dem Blüchert-Verlag.
18 x 22,5 cm   **60,–**

F 8   Likörflasche Walroß

W. Goebel Hummelwerk, Oeslau, 1952
Dis 110
Mehrfarbig bemalter Körper aus Steingut. Der
abnehmbare Kopf bildet den Verschluß der
Likörflasche. Auf der Hose befindet sich ein
Etikett mit Copyright-Hinweis. Die Firma W.
Goebel Hummelwerk, Oeslau, gehört zu den
frühesten Lizenznehmern Disneys in der Bundesrepublik. 1950 erhielt Firmenchef Franz
Goebel von Walt Disney die Genehmigung
zur Fertigung hochwertiger Keramik-Figuren
mit seinen Charakteren. Das Modell für diese
Figur aus dem Film »Alice im Wunderland«
stammt von Arthur Möller, einem der führenden Modelleure von Goebel. Dieses Stück,
das erstmalig 1953 vorgestellt wurde, war für
den Export in die Vereinigten Staaten
bestimmt. Ob das Walroß wirklich in Serie
gefertigt wurde, ist noch nicht genau bekannt.
H. 18,3 cm
Archivstück Goebel

F 9

F 10

F 11

F 9   Comic-Heft »Micky Maus«
Ehapa-Verlag, Stuttgart, Nr. 7/1953
32 mehrfarbige Seiten. Das Cover und eine
10seitige Donald-Duck-Geschichte stammen
von Carl Barks. Ersteres zeigt die Ducks –
wie in vielen Barks-Geschichten – in mariti-
mer Umgebung; schließlich lebte der Künstler
viele Jahre an der Pazifikküste. Die
Geschichte »Rührei«, in der sich Donald als
Hühnerhalter versucht, erschien zuerst in den
USA in »Walt Disney's Comics & Stories«
Nr. 146/1952. Sie trägt stark autobiographi-
sche Züge. Barks hatte Anfang der Vierziger
das Disney-Studio verlassen, wo er als Zwischenphasenzeichner und Storyman gearbeitet
hatte. In San Jacinto baute er eine Hühnerfarm
auf, begann aber bald bei Western Printing
seine Karriere als Zeichner von Disney-
Comics. 1953 erschien die Micky Maus noch
monatlich, die Seiten waren nicht paginiert
und die Blasentexte in Versalien. Einen redaktionellen Teil gab es noch nicht. Allerdings
befindet sich eine zweiseitige Text-Geschichte
in dem Heft.
17,5 x 26 cm   **150,–**

**F 10   Quartettspiel »Walt Disney's
Kunterbunt«**
F.X. Schmidt, München, späte 50er Jahre
32 Quartett-Karten mit verschiedenen Disney-
Motiven in Plastikkasten mit marmorierter
Unterseite und transparentem Deckel. Auf den
Rückseiten der Karten ist ein rotes Gitter-
Muster. Das Spiel enthält zusätzlich eine
Karte mit Spielregeln und ein mehrfarbiges
Deckblatt. Auf der Unterseite des Kastens
befinden sich die Firmenangabe und die Auf-
schrift »Die alte deutsche Marken-Spielkarte
seit fast 100 Jahren« (F.X. Schmidt wurde
1860 gegründet). Die Firma Schmidt stellt seit
Anfang der 50er Jahre Disney-Kartenspiele
her.
7,5 x 11 x 2,8 cm   **25,–/35,–**

F 11   Geburtstagskarte Micky Maus
Hansa-Verlagsanstalt, Bonn,
Mitte/Ende 50er Jahre
Mehrfarbige Karte mit der Aufschrift, »Herzliche Glückwünsche zum Geburtstag«. Auf
der Rückseite Herstellerangabe. Der Entwurf
zu dieser sowie zu zahlreichen anderen Postkarten aus der Hansa-Verlagsanstalt stammt
von Wolfgang oder Katja Schäfer. Die Schäfers stießen 1954/55 als freie Mitarbeiter zu
der »Micky Maus GmbH«, Disneys Lizenzbüro in Frankfurt. Micky ist hier wie in den
anderen von den Schäfers gestalteten Mer-
chandise-Produkten farbenfroh und recht
kindlich dargestellt. Die Hansa-Verlagsanstalt
wurde in den 60er Jahren unter dem Namen
»Orania-Verlag« weitergeführt. Aus diesem
Verlag stammen auch farbenfrohe Kalender,
die ebenfalls von den Schäfers gestaltet wurden.
14,5 x 10,5 cm   **8,–**

F 12   Filmplakat »Pongo und Perdita«
Rank Film GmbH, 1961
Mehrfarbiges Plakat. Druck von Winterdruck,
Heidelberg. FSK-freigegeben. Ungefaltet.
»Pongo und Perdita« war Disneys erster Ani-
mationsfilm, bei dem die Zeichnungen der
Animatoren nicht mehr von Hand übertragen,
sondern maschinell auf das Zelluloid kopiert
wurden. Auch die vielen Tierfiguren wären
ohne Kopieren kaum zu bewältigen gewesen.
Dieses spezielle Xerox-Verfahren hatte Ub
Iwerks entwickelt, der mit Walt Disney in der
Frühzeit zusammengearbeitet und als erster
Mickey Mouse gezeichnet hatte. 1930 verließ

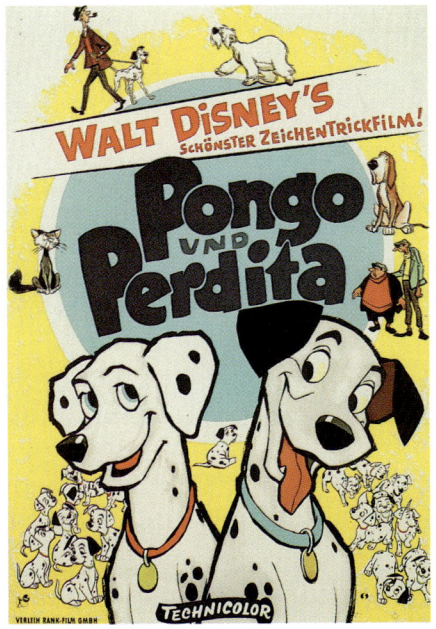

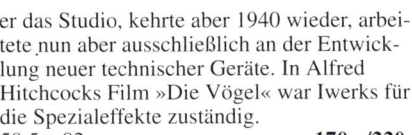

F 12

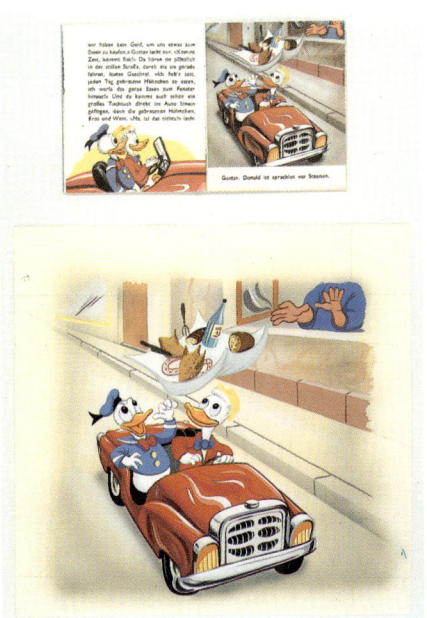

F 13

F 14

F 15

er das Studio, kehrte aber 1940 wieder, arbeitete nun aber ausschließlich an der Entwicklung neuer technischer Geräte. In Alfred Hitchcocks Film »Die Vögel« war Iwerks für die Spezialeffekte zuständig.
58,5 x 82 cm   **170,–/220,–**

F 13   Zeichnung Donald Duck und Gustav Gans
Wolfgang oder Katja Schäfer, 1962
Mehrfarbige Zeichnung mit Wasserfarben auf Karton für das Buch »Gustav Gans« aus dem Blüchert-Verlag, Hamburg. Dieses kleinformatige Büchlein war die Nr. 15 aus der Reihe »Micky Maus Bücher«. Neben den Übersetzungen von amerikanischen Disney-Büchern in seinen anderen Reihen publizierte der Blüchert-Verlag in dieser Reihe eigene Titel. Die Zeichnungen stammten von dem Ehepaar Wolfgang und Katja Schäfer, zu deren Arbeiten Kinderbücher der Verlage Blüchert, Pestalozzi und Delphin gehörten. Der Stil der Schäfers wurde durch die Disney-Zeichenfilme der fünfziger und sechziger Jahre geprägt. Als Vorlagen dienten ihnen nicht die heute gebräuchlichen »Model sheets«, sondern Cels und Original-Comics, die man aus den USA zur Verfügung gestellt bekam. Die Arbeiten der Schäfers bestimmten lange Jahre das Erscheinungsbild von Disney-Merchandise in Deutschland.
28,5 x 28 cm   **90,–/150,–**

F 14   Figur Micky Maus
Ledraplastic SNC, Osoppo, Udine/Italien, 1962
Mehrfarbig bemalter Vinyl-Körper, Kopf und die Gliedmaßen sind beweglich. Unter beiden

Füßen Quietschpfeifen. Die italienische Firma Ledraplastic vertrieb ihre Figuren im eigenen Land, besaß aber auch für Deutschland eine Lizenz des Frankfurter Disney-Büros. Dem Vinyl der Ledraplastic-Figuren war Vanille-Aroma beigemengt, sie riechen daher »süß«. Auf dem Hinterkopf befindet sich die charakteristische Markierung: Elefant im Kreis und Copyright-Hinweis, dazu die Jahreszahl 1962. Letzteres ist ein Kennzeichen der älteren Figuren, das bei jüngeren fehlt.
H. 37 cm   **150,–**

F 15   Drei Handpuppen Pluto, Micky und Goofy
Anfang 60er Jahre
Bemalter farbiger Vinylkopf, auf der Hinterseite befinden sich der Copyright-Hinweis und Marke »D.V.R. 61«. Die Kleidung besteht aus farbigem, gemustertem Textil, die Hände aus Filz. Goofy mit dem Hütchen sieht ziemlich hundeartig und eigentlich wenig wie das Vorbild im Film oder Comic aus.
H. Kopf 9 – 10 cm, H. Gesamtfigur ca. 20 cm   je **60,–**

F 16 a

F 16 b

F 17

F 18

F 16 Figuren-Set Schneewittchen und Zwerge
Louis Marx, Hamburg bzw. Heimo, Mölln, 60er Jahre
Mehrfarbig bemalte Weichplastik-Figuren. Die New Yorker Firma Louis Marx war einer der größten Spielzeugproduzenten der Vereinigten Staaten und machte sich vor allem durch Blechspielzeug einen Namen. 1953 brachte Marx das »Disney Television Playhouse« heraus, eine Bühne aus Blech mit Disney-Figuren aus Weichplastik, die anschließend auch in anderen Zusammenstellungen als Disneykins, Disney Kings und Disney Fun Pals in den Handel kamen. In den späten Fünfzigern gründete Marx in Hamburg eine deutsche Niederlassung. Die letztgenannten größeren Figuren wurden zum Teil auch von der Niederlassung in Hamburg bzw. später in Mölln produziert. Mitte der Sechziger wurde die Firma aufgelöst, Formen und Bestände übernahm der ehemalige Geschäftsführer Heitmann, der unter dem Signum »Heimo« bis in die siebziger Jahre das Figuren-Programm fortführte und zusätzlich neue Disney-Artikel produzierte. Bei der Farbgebung der insgesamt über 100 Figurentypen sind viele Varianten zu verzeichnen, denn die Rohlinge wurden in Heimarbeit individuell bemalt.

120,–

F 17 Bilderbaukasten »Mickey Mouse«
Hermann Eichhorn, Egglham, 60er Jahre
Der Baukasten enthält 12 Holzquader, die auf allen Seiten mit mehrfarbig bedrucktem Papier beklebt sind. Beigelegt sind drei doppelseitig bedruckte Vorlagenbilder. Der Kasten besteht aus Hartpappe mit mehrfarbig bedrucktem Papier, besitzt einen Klappverschluß und einen roten Plastikgriff. Auf dem Kasten befinden sich Aufschriften in mehreren Sprachen, die Disney-Figuren auf den Seiten sind mit ihren amerikanischen Namen bezeichnet, Herstellerangaben. Es existiert eine neuere Version im Plastikkasten. Dieser Bilderbaukasten wurde auch in die Vereinigten Staaten exportiert.
18 x 14 x 5 cm

25,–

F 18 Zwei Buttons Pluto bzw. Goofy

Hag AG, Bremen, Werbemittel für Kaba, Mitte/Ende 60er Jahre

In den sechziger Jahren wurden runde »Buttons« modern. Die Bremer Firma Hag AG verwendete zu Werbezwecken für ihr Produkt Kaba zahlreiche Disney-Artikel, darunter diese mehrfarbig bedruckten Buttons. Sie lagen einer Packung mit Schokoladenpulver bei. Die Blechplatte mit dem Kopf der Disney-Figur und der Aufschrift »Kaba hält fit« ist auf einem kreisförmig gebogenem Draht montiert, der in einer Nadel zum Einhängen in kleinen Bügel ausläuft. Der Entwurf für die Figuren stammt von Wolfgang oder Katja Schäfer. Der Donald im Tropenlook wurde in Deutschland 1966 in der Kurzfilmzusammenstellung »Donald Ducks tollste Abenteuer« präsentiert.

D. 3,1 cm   je **60,–**

F 19 Mechanische Figur Donald Duck

Klaus Hopf, Coburg, Ende 60er Jahre

Diese interessante mechanische Figur besitzt ein Federwerk in einem mehrfarbig bemalten Körper aus Vinyl, ein fest montierter Schlüssel befindet sich auf der Rückseite. Die Füße bestehen aus Hartplastik. Donald trägt eine Tropenausrüstung. Im Aussehen ähnelt er stark den Donaldfiguren aus Vinyl mit Quietschpfeife, die die Firma Hopf als Werbemittel für Kaba herstellte. Zu dieser Figur gehört ein mehrfarbig bedruckter Karton.

H. 13 cm Ohne Karton **90,–**, mit Karton **190,–**

F 20 Langspielplatte »Schneewittchen und die sieben Zwerge«

Walt Disney Musik-Verlag GmbH, Frankfurt a. M., Ende 60er Jahre

Diese Langspielplatte mit der Originalmusik zur Eisrevue nach Walt Disneys Film hat ein mehrfarbiges Cover und zeigt auf der Vorderseite neben den Zwergen Marika Kilius und Hans-Jürgen Bäumler. Diese beiden populären deutschen Eislauf-Stars spielten in der Eisrevue die Hauptrollen, Schneewittchen und den Prinzen, und konnten damit ein Comeback feiern. Premiere war am 23.11.1968. Die Platte trägt das – ursprünglich in den USA verwendete – Label »A Disneyland Record«. Dieses Label wurde auch für die Produktionen des in den 60ern gegründeten deutschen Walt Disney Musik-Verlags verwendet.

Cover 31 x 31,5 cm   **30,–**

F 21 Zehn Sonderbriefmarken Walt-Disney-Figuren

Republik San Marino, 1970

Dieser Satz mehrfarbiger Briefmarken mit den Werten 1 Lire bis 220 Lire präsentierte die beliebtesten Figuren Disneys, der höchste Wert Walt Disney selbst mit Mogli und Baghira im Hintergrund. Dies sind Figuren aus dem Film »The Jungle Book« (1967, »Das Dschungelbuch«), der letzte Film, an dem

F 19

F 21

F 20

Walt vor seinem Tod 1966 mitarbeitete. Dieser Satz, der in einer Auflage von 750.000 herauskam, folgte einer ersten amerikanischen Briefmarke zu Disneys Gedächtnis von 1968. Mittlerweile gibt es eine ganze Anzahl von Briefmarken mit attraktiven Disney-Motiven, die meist von karibischen, afrikanischen und asiatischen Staaten zur Devisenbeschaffung herausgegeben werden.

Jede Marke 4 x 3 cm   Satz **12,–**

F 22 Spardose »Mickey's Bank«

Fricks & Nacks, Deutschland, späte 70er Jahre

Diese Spardose hat die Form eines Tresors und ist auf weißem Grund mehrfarbig bedruckt. Auf allen Seiten befinden sich herausgearbeitete Disney-Charaktere, auf der Rückseite das

F 22

»Sleeping Beauty Castle« aus Disneyland. Der Einwurf befindet sich auf der Oberseite, die Tür mit zwei Drehknöpfen aus Plastik vorn: wird die richtige Zahlenkombination gewählt, läßt sie sich öffnen. Mickey ist auf der Vorderseite wie in den 30er Jahren mit kurzer Hose und »Tortenaugen« dargestellt – solche nostalgischen Mickey-Darstellungen sind seit den späten 60er Jahren beliebt.

13 x 18 x 7 cm   **70,–**

F 23

F 23   Druck Donald Duck

Gottfried Helnwein, 1984

Limitierte Lithographie auf Karton, vom Künstler mit Bleistift signiert und numeriert. Die Zeichnung entstand ursprünglich für ein Cover des »Stern«, der über den fünfzigsten Geburtstag von Donald Duck berichtete. Es wurde jedoch im letzten Moment gekippt und dafür als Titelbild der Ausgabe 13/1984 des Berliner »Tip-magazins« verwendet, anschließend auch als limitierte Lithographie angeboten. Helnweins Donald-Darstellung ist in vielen Details von Carl Barks inspiriert.

»Die Arbeiten von Carls Barks habe ich ja Anfang der fünfziger Jahre kennengelernt, als ich noch nicht lesen und schreiben konnte. Für mich waren diese Bilder-Geschichten einfach wie der Eintritt in eine völlig neue Welt – eine seltsame und eigenartige Welt, die sich mit meiner eigenen Phantasie vermischt hat ... Zum 50. Geburtstag von Donald Duck sollte es ein Stern-Cover werden, und da habe ich meine Hommage an Donald Duck gemalt. Später erschien sie dann im Rolling Stone Magazine, und dann habe ich über die Disney-Leute Kontakt zu Carl Barks bekommen ... Für mich ist Carl Barks ein Universalgenie, weil er die Qualität eines Shakespeare besitzt in dem, was er geschrieben hat, und vom Zeichnen her ist er ein Leonardo! Ich habe von Donald Duck mehr über das Leben gelernt als in allen Schulen, in denen ich war. Als ich nach Amerika kam, habe ich nichts angetroffen, was ich nicht schon durch diese Geschichten kannte.«

(Gottfried Helnwein, In: »Malerei muß sein wie Rockmusik.« Gottfried Helnwein im Gespräch mit Andreas Mäckler. München 1992)

Druck: 45 x 54 cm, Karton: 57 x 70 cm

850,–/1.250,–

F 24   Animation Cel aus »Who Framed Roger Rabbit«

The Walt Disney Company/Amblin Entertainment, 1988

Mehrfarbige Zeichnung auf Zelluloid. Rechts unten Echtheitszertifikat der Walt Disney Company. Der Film kombinierte – wie schon die »Alice«-Filme Disneys aus den 20er Jahren – Real- und Zeichenfilm. Die Handlung spielt in Hollywood im Jahre 1947, ein (menschlicher) Privatdetektiv erlebt seine Abenteuer in der Welt der »Toons«, der Zeichenfilmfiguren. Neben einer Reihe von Disneys Charakteren tauchen hier auch die von anderen Studios auf. Das Walt Disney Studio und Steven Spielberg, seit seiner Kindheit erklärter Disney-Fan, arbeiteten in diesem Film zusammen und schrieben Animationsfilm-Geschichte. »Roger Rabbit« gewann vier Oscars. Diese Zeichnung zeigt Roger Rabbit im Kampf mit einem Nudelholz, das Baby Herman ins Rollen gebracht hat.

29 x 39 cm   **5.500,–**

F 24

Katalog-Bildteil

Film-Artikel

Originalkunst aus Filmen

Die Produktion eines Zeichentrickfilms verläuft in mehreren Phasen. Jede dieser Phasen bietet dem Sammler einen eigenen Bereich von Originalen.

»Concept art«
Sie stellt die erste Phase der Produktion dar. Während der Planung werden Dutzende, Hunderte, manchmal sogar Tausende von Entwürfen gezeichnet und gemalt, bevor das »Gesicht« eines Zeichentrickfilms feststeht.

»Storyboard art«
Der Handlungsablauf eines Films wird in einigen hundert Zeichnungen auf dem »Storyboard« dargestellt. Diese Zeichnungen bestechen oft durch Details und ihre Dynamik, schließlich müssen in ihnen Bewegungsabläufe demonstriert werden.

»Model sheets«
Dies sind (zuweilen vervielfältigte) Zusammenstellungen von Bildvorlagen für die Zeichner. Die »Model sheets« zeigen die Zeichentrickfilm-Figuren in unterschiedlichen Posen, zuweilen auch häufig wiederkehrende Gegenstände aus dem Film.

»Animation drawings« (Phasenzeichnungen)
Sie stellen die eigentliche Handarbeit der großen Zeichentrickkünstler (»Animatoren«) dar. Im heute gebräuchlichen Verdoppelungsverfahren werden immer noch 12 Zeichnungen pro Filmsekunde benötigt, um einen Zeichentrickfilm herzustellen. Dabei werden die Schlüsselszenen (»Key poses«) am Anfang und am Ende einer Bewegung von den besten Animatoren gezeichnet, während die Zwischenschritte von sogenannten »Inbetweenern« ergänzt werden. Bei Disney fertigten die Animatoren lediglich Umrißzeichnungen an, die Reinzeichnungen übernahmen Assistenten.

»Animation cels« (»Zeichentrickfolien«)
Sie sind die am häufigsten gesammelten Zeichentrickoriginale. Die Umrisse werden von den Phasenzeichnungen der Animatoren durchgepaust (»Inking«) und dann fast in Fließbandarbeit koloriert (»Painting«). Diese Arbeiten wurden zumeist von Frauen ausgeführt. Seit »101 Dalmations« (1961) geschieht das Auftragen der Konturen bei Disney maschinell. Obwohl zu Tausenden vorhanden, erfreuen sich die Folien allergrößter Beliebtheit, weil auf ihnen genau das dargestellt ist, was letztlich als Film zu sehen ist. Die authentischen, für Filme verwendeten Cels nennt man »Original Production Cels«.

»Set up«
Damit bezeichnet man eine Kombination aus einer oder mehreren Folien und einen Hintergrund. Original-Hintergründe sind ungleich seltener als Cels, ein Hintergrund wird unter Umständen für Tausende von Folien benutzt. Im Idealfall handelt es sich also beim Hintergrund um den, der bei der Erstellung der auf den Folien dargestellten Szene verwendet wurde (»Key production background«). Derartige »Set ups« stellen den Höhepunkt des Sammelns von Zeichentrickoriginalen dar. Sie sind es, die in der Vergangenheit die spektakulärsten Preise erzielten (siehe Seite 65).

»Disney Editionen«
Da alte Original Production Cels selten sind, läßt Disney interessante Szenen aus alten und neuen Filmen neu gestalten. Bei diesen »Disney Editionen«, limitierten handbemalten Cels, werden wie bei den Production Cels die Farben von Hand auf die Rückseite der Folie aufgetragen und der farbige Hintergrund auf Karton reproduziert.

1 Phasenzeichnung Goofy
Walt Disney Studios, 1953
Film »How to Dance«
Bleistiftzeichnung mit schwarzen und roten Linien, am unteren rechten Rand numeriert. Blauer Stempel »Reg.«. Am unteren Rand des Papiers Lochungen, um das Blatt am Arbeitsplatz einspannen und schnell umblättern zu können. Die Zeichnung stammt aus einem der Filme mit Goofy, deren Titel mit »How to...« begann, bei denen Wolfgang Reitherman maßgeblicher Animator war.
30,5 x 25 cm   **130,–**

2 Phasenzeichnung drei Mitglieder aus Prof. Ratigans Bande
Walt Disney Studios, 1986
Film »The Great Mouse Detective« (»Basil der große Mäusedetektiv«)
Bleistiftzeichnung mit schwarzen Linien, numeriert, Lochungen. Das Papier ist auf der linken Hälfte leicht geknüllt, vermutlich hat der Zeichner das Blatt häufiger hin und her bewegt, um die Zeichnung den vorherigen besser anpassen zu können.
31,5 x 27 cm   **200,–**

1   2

3

4

5

3   Animation Cel Ritter aus »Sleeping Beauty«
Walt Disney Studios, 1959
Mehrfarbige Zeichnung auf Zelluloid. Hier handelt es sich »nur« um Nebenfiguren, was sich deutlich auf den Preis dieses Zelluloids auswirkt.
42 x 20 cm   **600,–**

4   Animation Cel Prinz John aus »Robin Hood«
Walt Disney Studios, 1973
Mehrfarbige Zeichnung auf Zelluloid. Rechts unten Echtheitszertifikat der Walt Disney Company.
29 x 39 cm   **1.800,–**

5   Animation Cel aus »Chip and Dale the Rescue Rangers«
The Walt Disney Company, 1989
Mehrfarbige Zeichnung auf Zelluloid. Rechts unten Echtheitszertifikat der Walt Disney Company. Die neue Serie um die Backenhörnchen, die nun Abenteuer à la Indiana Jones erleben, wird in den Disney-Fernsehsendungen gezeigt (bei uns »Chip und Chap«).
29 x 39 cm   **800,–**
Literaturhinweis: John Cawley und Jim Korkis: Animation Art Buger's Guide. Westlake Village 1992. R. Scott Edwards und Bob Stobener: Cel Magic. Collecting Animation Art. Sacramento 1991.

Filmplakate

Verleiher von Disney-Filmen in Deutschland Vor 1935: Matador (1927, 1928), Deutsche Universal (1928), Südfilm (1928 bis 1932), Aafa, Hegerwald (1930), Märkische (1932), Ufa (1934), Bavaria (1934, 1935).
Nach 1950 : RKO (bis 1953), Herzog, Ufa (bis 1958), Rank (bis 1963), Walt Disney (bis 1967), MGM (bis 1973), Fox-MGM, Twentieth Century Fox (bis Mitte der Achtziger), Warner.
Viele der Filme sind mehrfach aufgeführt worden und haben jeweils neue Plakate erhalten. Für den Sammler sind vor allem Erstaufführungsplakate interessant.

6   Filmplakat »Im Reiche der Micky Maus«
Bayerische Film GmbH, 1934
Mehrfarbiges Plakat. Druck von Walther Dietz Reklame, Berlin. Am linken Rand Zensurstempel, datiert 17.12.1934. Unter den sechs auf diesem Plakat angekündigten Filmen befindet sich auch »Die drei kleinen Schweinchen«, der Film, der mit seinem »Lebensoptimismus« auch den deutschen Zuschauern über die Wirtschaftskrise half (siehe F 3).
42 x 61 cm   **Liebhaberpreis**

6

7

**7 Plakatsäule mit Filmplakat »Schnee-
wittchen und die sieben Zwerge«**
Hannover 1950
Die hannoversche Erstaufführung dieses
Films von 1937 fand am 28. Februar 1950
statt. Kurz zuvor hatte der Film in Köln seine
offizielle deutsche Premiere erlebt.
Plakat 800,–

**8 Filmplakat »Davy Crockett – König der
Trapper«**
Deutschland, 1956
Mehrfarbiges Plakat. Druck von Carl Gerber,
München. Laut Vermerk »Freigegeben von
der Freiwilligen Selbstkontrolle der Filmwirt-
schaft«. Die Zeichnung ist signiert »H M 56«.
Dieser ursprünglich als Dreiteiler für das US-
Fernsehen gedrehte Realfilm um den amerika-
nischen Pionier verursachte eine regelrechte
Davy-Crockett-Manie. Gefaltet.
77 x 100 cm **140,–**

**9 Filmplakat »Dornröschen und der
Prinz«**
J. Arthur Rank Film GmbH, 1959
Mehrfarbiges Plakat. Druck von Winterdruck,
Heidelberg. »FSK-freigegeben«. »Sleeping
Beauty« (1959, »Dornröschen und der Prinz«)
erwies sich trotz technischer Innovationen wie
dem Breitwandformat Cinemascope und Stereoton als völliger Fehlschlag. Es war der
letzte abendfüllende Film, der durchgängig
animiert war. Ab »101 Dalmations« (1961,
»Pongo und Perdita«, siehe F 12) verwendete
man ein Kopierverfahren zum Duplizieren
von Figuren. Ungefaltet.
59 x 84 cm **170,–/220,–**

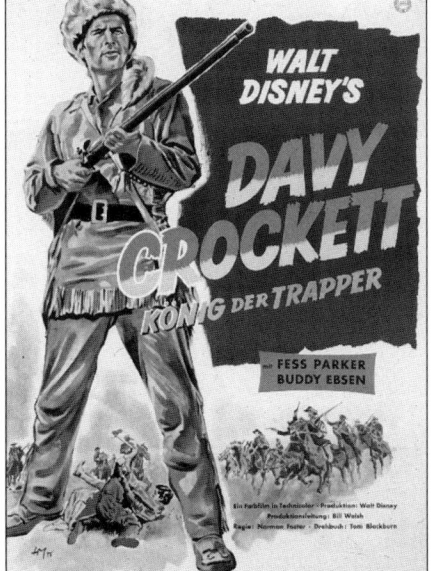

8

9

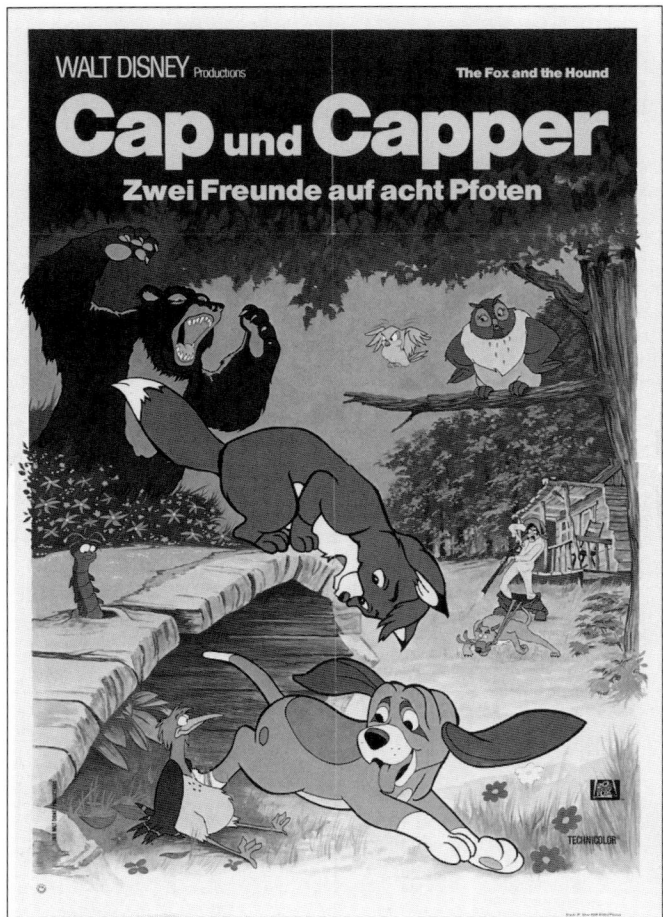

10

11

12

13

10   Filmplakat »Cap und Capper«
20th Century Fox, Deutschland 1981
Mehrfarbiges Plakat. Erstaufführungsplakat.
Gefaltet.
58,5 x 82 cm   **25,–**

11   »Donald Duck als Sonntagsjäger«
20th Century Fox, Deutschland, 1981
Mehrfarbiges Plakat. Gefaltet, stammt von der
Wiederaufführung. Die abendfüllende Kurzfilmzusammenstellung lief in den USA 1968
als »Donald Duck Shorts Programm«, im
gleichen Jahr auch das erste Mal in Deutschland.
59,5 x 82 cm   **15,–/25,–**

Aushangbilder

12   Aushangbild »Dumbo«
Deutschland, 1976
Mehrfarbig bedruckter Karton. Stammt von
einer Wiederaufführung des Filmklassikers
von 1941, der 1952 erstmalig in Deutschland
gezeigt wurde.
29,5 x 21 cm   **3,–/5,–**

13   Aushangbild »Aristocats«
Deutschland, 80er Jahre
Mehrfarbig bedrucktes Papier, an drei Seiten
perforiert. Aushangbilder werden seit Mitte
der 80er bevorzugt im Block geliefert. Von
einer Wiederaufführung des Films, der 1970
seine Premiere erlebte.
30 x 21 cm   **2,–**

Filmprogramme

14   Filmprogramm »Die Schatzinsel«
Illustrierte Film-Bühne Nr. 1225
Verlag Film-Bühne GmbH, München, 1950
Faltblatt mit einfarbiger 1. Umschlagseite.
»Treasure Island« von 1950 war Disneys
erster abendfüllender Realfilm; ihm folgte
eine Reihe von Kostüm-Filmen, die ebenfalls
in England gedreht wurden – hier lag noch
Geld aus der Vorkriegszeit fest.
18,5 x 26,5 cm   **8,–**

15   Filmprogramm »Cinderella«
Illustrierte Film-Bühne Nr. 1373
Verlag Film-Bühne GmbH, München, 1950
Faltblatt mit einfarbiger 1. Umschlagseite.
18,5 x 26,5 cm   **8,–**

14

15

16

17

16   Filmprogramm »Die Wüste lebt«
Illustrierte Film-Bühne Nr. 2408
Verlag Film-Bühne GmbH, München, 1953
Faltblatt mit zweifarbiger 1. Umschlagseite.
Dies war einer von Walt Disneys Naturfilmen,
die mit außerordentlichem Erfolg auch in
Deutschland liefen.
18,5 x 26,5 cm   **5,–**

17   Filmprogramm »Susi und Strolch«
Illustrierte Film-Bühne Nr. 3563
Verlag Film-Bühne GmbH, München, 1955
Faltblatt mit zweifarbiger 1. Umschlagseite.
18,5 x 26,5 cm   **7,–**

18

19

20

18   Filmprogramm »Der fliegende Pauker«
Illustrierte Film-Bühne Nr. 5844
Vereinigte Verlagsgesellschaften Franke &
Co. KG, München, 1961
Faltblatt mit zweifarbiger 1. Umschlagseite.
»The Absent Minded Professor« mit dem
Hauptdarsteller Fred MacMurray war einer
von Disneys erfolgreichen Realfilm-Komö-
dien mit »magischem« Einschlag (siehe auch
Seite 29).
18,5 x 26,5 cm   **9,–**

**19   Filmvorschau »Micky Maus
        Jubiläums-Schau«**
Rank Film, Hamburg, 1961
Ungeheftetes vierseitiges Faltblatt, Umschlag
außen mehrfarbig. Enthält kurze Informationen zu Walt Disney, einige Zeichnungen aus
dem Film und viele Anzeigen von Disney-
Lizenznehmern. Diese abendfüllende Zusam-
menstellung von 11 Cartoons wurde 1961 in
Deutschland uraufgeführt.
17 x 24 cm   **25,–**

**20   Filmprogramm »Donald Ducks tollste
        Abenteuer«**
Illustrierte Film-Bühne Nr. 7350
Vereinigte Verlagsgesellschaften Franke Co.
KG, München, 1966
Faltblatt mit zweifarbiger 1. Umschlagseite.
Donald hier im Tropenlook präsentiert, beein-
flußte Ende der 60er zahlreiche Merchandise-
Artikel. Dazu gehörten Werbeartikel der
Firma Hag, so die Vinylfiguren der Firma
Hopf (siehe Nr. 332).
18,5 x 26,5 cm   **10,–**
Literaturhinweis: Filmprogramm Preiskatalog
1992.

Comics

Originalkunst

Disney-Comic strips entstanden wie andere Comics in dieser Zeit in industrieller Produktion mit mehr oder weniger starker Arbeitsteilung: An einem einzigen Comic können unterschiedliche Szenaristen, Texter, Vorzeichner, Tuscher, Letterer und Koloristen beteiligt sein. Im Falle der Disney-Strips übernahm meist ein Künstler mehrere dieser Funktionen. In dieser Rubrik »Originalkunst« sollen nicht nur Strips, sondern auch verwandte Bereiche präsentiert werden.

**21 Zeichnungen für Model sheet
»Bombie the Zombie«**
Carl Barks, 1949
Bleistiftzeichnung auf Papier, vom Künstler signiert und datiert. Dieses Model sheet half Barks, die Nebenfiguren in dem Comic »Voodoo Hoodoo« zu zeichnen. Diese Geschichte, geschrieben und gezeichnet von Barks, erschien als Nr. 238 in der Serie »Four Color«. Heute darf der Comic nicht mehr unverändert nachgedruckt werden, weil die Originalzeichnungen als rassistisch empfunden werden könnten (siehe auch S. 23).
19 x 22 cm **5.000,–**

**22 Zeichnung für Comicseite
»The Queen of the Wild Dog Pack«**
(»Uncle Scrooge« Nr. 62)
Carl Barks, 1966
Tusche auf Karton, vom Künstler signiert. Deutsche Veröffentlichung in »Tollste Geschichten von Donald Duck« Nr. 83. Von 1942 an schrieb und zeichnete Barks mehr als 500 Enten-Geschichten für verschiedene Disney-Serien und Einzelhefte. Barks entwickelte den Charakter von Donald und bereicherte das Disney-Universum um zahlreiche neue Figuren, darunter Scrooge McDuck (Dagobert Duck), der seinen ersten Auftritt in »Walt Disney's Comics and Stories« Nr. 98 (1948) hatte.
41 x 59,5 cm **8.000,–**

21

22

23

24

**23 Zeichnung für den Tages-Strip
»Donald Duck«**
Story: Bob Karp, Zeichnungen und Tusche: Al Taliaferro, 27.12.1962
Tusche auf Karton. Taliaferro zeichnete Donald bereits 1934 und prägte Donalds Charakter von 1937 an in der eigenen Serie »Donald Duck«. Sie bestand aus »Gag-a-Day«-Strips, also Folgen ohne zusammenhängende Handlung. Karp und Taliaferro verkehrten nur brieflich miteinander und lernten sich erst in späteren Jahren persönlich kennen (siehe auch Nr. 27).
45,5 x 13 cm **500,–**

**24 Zeichnung für den Tages-Strip
»Mickey Mouse«**
Story: Roy Williams, Zeichnungen und Tusche: Floyd Gottfredson, 5.5.1965
Tusche auf Karton. Gottfredson schuf in der Serie »Mickey Mouse« von 1930 an abenteuerliche Fortsetzungsgeschichten mit Mickey und seinen Freunden. 1955 hörten sie auf, dafür kamen »Gag-a-Day«-Strips, d.h. einzelne, handlungsmäßig nicht miteinander verbundene Folgen.
45,5 x 13 cm **500,–**

25

26

25 Lithographie »Mardi Gras Before the Thaw«

Carl Barks, März 1992

Diese limitierte Lithographie entstand nach einem Ölgemälde von 1989. 1966 hatte Carl Barks mit dem Comiczeichnen aufgehört. Seit 1967 war sein Name einer interessierten Öffentlichkeit bekannt, 1971 überredete ihn ein Fan, ein Ölbild zu malen, das auf Titelbildern für die »Walt Disney's Comics & Stories« basierte. Barks führte es mit Genehmigung Disneys aus und verkaufte es für 150 Dollar. Bald gab es eine Warteliste für neue Bilder, und schließlich gab Barks seine Bilder in Auktionen. Das erste brachte 1.000 Dollar und 1976 ein späteres Gemälde über 46.000 Dollar. Disney entzog dann Carl Barks die Genehmigung für weitere Duck-Gemälde, mittlerweile waren 122 entstanden. In der

Folgezeit schuf der Altmeister einige kleinformatige Bilder von (Nicht-Duck-)Enten mit historischen Themen. 1981 kam bei Celestial Art das luxuriöse Buch »Uncle Scrooge McDuck – His Life and Times« heraus, im gleichen Jahr bei Another Rainbow Publishing »The Fine Art of Donald Duck«. Letzteres präsentierte sämtliche Ölbilder von Barks. Beide Werke sind heute rar und teuer. Ab 1983 startete Another Rainbow mit einer Serie von Nachdrucken sämtlicher Duck-Comics von Barks in der »Carl Barks Library«. Nach dem großen Erfolg der Library erlaubte Disney Barks, neue Ölgemälde zu schaffen, nach denen limitierte Lithographien gefertigt werden. Ihre kleine Auflage von 400 bis 500 Stück (davon 50 für den deutschen Markt) macht sie schnell zu Sammlerobjekten.

900,– bis Liebhaberpreis

Das dieser Lithographie zugrundeliegende Original-Ölgemälde wurde auf einer Auktion bei Sotheby's New York im Dezember 1991 für 115.000 bis 200.000 Dollar angeboten, jedoch nicht versteigert.

26 Zeichnung Donald Duck

Ed v. Schuylenburg, 1990

Schwarze Bleistiftzeichnung auf Papier. Auf niederländischen Comic-Börsen fertigen verschiedene niederländische Disney-Zeichner solche kleinen Souvenirzeichnungen an. Ed v. Schuylenburg ist beim niederländischen Oberon-Verlag Art Director der Zeitschrift »Donald Duck«.

14,5 x 20,5 cm **30,–**

Erscheinungsformen von Comics

Comic strips, nach der Definition »serielle Bildgeschichten mit Dialogen in Sprechblasen« existieren in mehreren Erscheinungsformen. Disney-Comics sind als Lizenzprodukte in all diesen Formen erschienen:

»Daily Strips« (Tages-Strips)
Die werktäglichen Zeitungsstrips erschienen in der Frühzeit in schwarzweiß.

»Sunday Color Pages« (Sonntags-Strips)
Farbige Sonntags-Strips als Zeitungsbeilage, die Bildzeileneinheiten (»Strips«) füllen eine oder mehrere Zeitungsseiten.

In den Vereinigten Staaten begann am 13. Januar 1930 mit der Tages-Serie »Mickey Mouse« der Abdruck von Disney-Comics. Der erste Sonntags-Strip mit Mickey erschien am 10. Januar 1932. Die Tages-Strips bildeten häufig längere Fortsetzungsgeschichten. Auch die »Silly Symphonies« mit ihren verschiedenen Figuren, andere Filme (»Snow White«) und vor allem Donald Duck führten zu Zeitungscomics. Ab 1955 war die Zeit der langen Fortsetzungsgeschichten vorbei, es erschienen nur noch »Gag-a-Day«-Strips (ein Streifen pro Tag).

Einige Folgen der frühen Zeitungs-Strips erschienen schon früh in Übersetzung in verschiedenen Ländern, so bereits 1930 in der »Kölnischen Illustrierten Zeitung« und in der »Erfurter Allgemeinen Zeitung«. In den Dreißigern brachten außerdem »Das grüne Blatt« sowie die österreichischen Zeitschriften »Kiebitz«, »Papagei« und »Schmetterling« zuweilen Disney-Strips. Diese kamen zu einem Teil als Kundenzeitschriften mit Firmenaufdrucken der verteilenden Einzelfirmen in Umlauf. Nach dem Zweiten Weltkrieg druckten diverse deutsche Illustrierte Disney-Strips ab.

Disney-Zeitungs-Strips werden in den USA bis heute fortgeführt. Bei den Sammlern am begehrtesten sind Mickey-Strips von Floyd Gottfredson und Donald-Strips von Al Taliaferro.

»Comic magazines« (Comic-Zeitschriften)
Regelmäßig erscheinende, eigenständige Comic-Publikationen bildeten sich in den dreißiger Jahren aus. In Italien erschien 1932 erstmalig die Wochenillustrierte »Topolino«, in den USA 1933 ein erstes »Mickey Mouse Magazine«, das Nachdrucke von Zeitungsstrips, Spiele, Rätsel und kleine Geschichten brachte. Ab 1935 enthielt eine größerformatige Zeitschrift gleichen Namens eigens gezeichnete Strips. 1934 kam in Frankreich die erste Ausgabe von »Le Journal de Mickey« heraus, 1936 die erste englische Disney-Wochenzeitschrift »Mickey Mouse Weekly«. Deren Covers gestaltete in der Frühzeit der Brite Wilfred Houghton. Die »Mickey Mouse Weekly« war auch das Vorbild für die 19 deutschsprachigen Ausgaben der »Micky Maus Zeitung«, die 1936/1937 in Zürich erschienen. Sie sind heute Sammlerstücke.

»Comic books« (Comic-Hefte)
Das »Mickey Mouse Magazine« wurde 1940 umbenannt in »Walt Disney's Comics and Stories«, und entwickelte sich dem Zeitgeschmack entsprechend zum Comic book im modernen Sinn mit Hauptanteil von farbigen Comicseiten und einigen wenigen Text-Geschichten. Nr. 31 vom April 1943 brachte die erste Geschichte einer völlig neuen Strip-Serie, Donald Duck von Carl Barks. Von nun an erschienen regelmäßig etliche dieser »Serials«, von »Li'l Bad Wolf« bis zu neuen Abenteuern mit Mickey Mouse, gezeichnet von Paul Murry. Die Serie »Walt Disney's Comics and Stories« erscheint bis heute.

In den USA gab und gibt es zahlreiche weitere Disney-Heftserien. Sie wurden vom Lizenznehmer Western Publishing unter dem Signum Dell (bis 1962), Gold Key (bis 1980) und Whitman (bis 1984) vertrieben; der 1986 nachfolgende Verleger Gladstone wurde 1990 von Disney selbst abgelöst. Bei Sammlern begehrte Heftserien sind neben »Walt Disney's Comics and Stories« vor allem »Four Color« der Vierziger und Fünfziger und »Uncle Scrooge« der Fünfziger und Sechziger, aber auch einige der Ausgaben von Gladstone sind bereits gesucht. Beliebtester Zeichner ist Carl Barks, aber auch Paul Murry, Walt Kelly, Harvey Eisenberg und andere haben ihre Anhänger. Die stark fanorientierten Serien von Gladstone, die wenig bekannte klassische Geschichten sowie qualitätvolle Geschichten von neuen Zeichnern präsentierten, finden auch schon ihren Markt. Für nähere Informationen empfiehlt es sich, den amerikanischen Preisführer »Official Overstreet Comic Book Price Guide« heranzuziehen.

Zeitungs-Strips und Comic-Zeitschriften

27 Zeitungsstrip »Donald Duck«
Vertrieb: King Features Syndicate, Inc., USA, 1.8.1943
Gag-Strip mit acht Panels. Teil der mehrfarbigen Comicseite einer Sonntags-Zeitung.
Story: Bob Karp, Zeichnungen: Al Taliaferro, Tusche: George Waiss. Taliaferro definierte vor Carl Barks die Figur Donalds in den Zeitungsstrips (siehe auch Nr. 23).
39 x 19 cm   **10,–/15,–**

28 Zeitschrift »Le Journal de Mickey«
Louis Bellenand et Fils, Fontenay-aux-Roses (Seine)/Frankreich, Nr. 103, 4.10.1936
16seitige ungeheftete Zeitschrift, Deckblatt und ein weiterer Bogen mehrfarbig. Enthält Kurzgeschichten, Rätsel, Berichte, etwa über den »Club Mickey« und relativ wenig Comics des Syndikats King Features. Darunter befinden sich zwei Nachdrucke von Disney-Zeitungsstrips: »Symphonie Folâtre« (Silly Symphonies) mit dem Wolf und den 3 kleinen

27

28

29

Schweinchen sowie Mickey Mouse (und Donald Duck) von Floyd Gottfredson. Das Cover, gezeichnet von Wilfred Houghton, ist eine Übernahme der britischen Zeitschrift »Mickey Mouse Weekly«. »Le Journal de Mickey« erschien erstmalig am 21. Oktober 1934 und erreichte schnell eine Auflage von über 400.000 Exemplaren.
28 x 42 cm   **50,–**

29 Zeitschrift »Mickey Mouse Weekly«
Willbank Publications/Odhams Press Ltd., London/England, Vol 1, No. 12, 25.4.1936
12seitige ungeheftete Zeitschrift, Deckblatt und ein weiterer Bogen mehrfarbig. Enthält Kurzgeschichten, Rätsel, Berichte und Nicht-Disney-Comics in erster Linie britischer Herkunft sowie drei Nachdrucke von Disney-Zeitungsstrips: »Silly Symphonies« mit dem

Wolf und den 3 kleinen Schweinchen sowie Mickey Mouse von Floyd Gottfredson. Das Cover stammt von Wilfred Houghton. Kennzeichnend für seinen Stil sind Titelbilder, die viele Disney-Figuren in gaghaften Situationen versammeln und dabei häufig Sprechblasen verwenden. Houghtons Figuren waren denen der frühesten Trickfilme nachempfunden, obwohl die Studios schon lange »elegantere« Formen entwickelt hatten. So zeichnete er den Donald noch lange in seiner frühsten entenartigen Gestalt. 1939 mußte Houghton seine Arbeit in der Zeitschrift aufgeben, weil er auf seinem »archaischen« Stil beharrte. »Mickey Mouse Weekly«, die erste Comic-Zeitschrift, die im Photogravur-Verfahren gedruckt wurde, erreichte 1936 eine Druckauflage von 600.000 Exemplaren.
28 x 38,5 cm   **70,–**

30

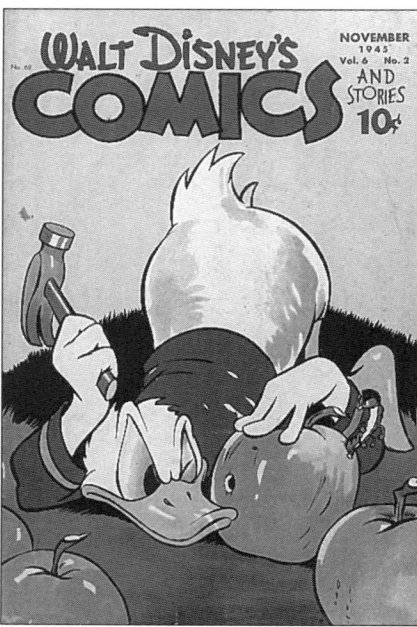

31

Comic-Hefte

USA

31   Comic-Heft »Walt Disney's Comics and Stories«

K.K. Publications, Inc., Poughkeepsie, New York/USA, Nr. 62, November 1945
50 Seiten, mehrfarbig. Vier längere und mehrere kurze Comic-Geschichten, darunter eine mit Donald Duck von Carl Barks; eine Text-Geschichte, Werbung. Cover von Walt Kelly. Kelly verließ nach dem Streik das Disney-Studio und machte Karriere als Comic-Zeichner. Seine eigene Serie »Pogo« ist berühmt. »Walt Disney's Comics and Stories« ist die langlebigste Disney-Serie, sie kommt bis heute heraus.
18,5 x 26 cm   **200,–**

32   Comic-Heft »Uncle Scrooge«

Dell Publishing Co., Inc., New York/USA, Four Color Nr. 456, 1953
36 Seiten, fast alle mehrfarbig. Eine lange, eine kurze, zwei einseitige Comic-Geschichten, alle von Carl Barks. Cover von Carl Barks. Bevor »Uncle Scrooge« 1953 eine eigene Reihe wurde, kamen drei Hefte mit dem geizigen Onkel als Titelfigur in der Reihe »Four Color« heraus (siehe auch Nr. 22).
18,5 x 26 cm   **390,–**

33   Comic-Heft »Chip'n'Dale«

Dell Publishing Co., Inc., New York/USA, Nr. 8, 1957
36 Seiten, fast alle mehrfarbig. In den USA gab und gibt es eine Vielzahl von Comic-Reihen mit den »Nebenfiguren«. Die Backenhörnchen traten erstmalig 1943 in dem Kurzfilm »Private Pluto« auf. Es folgten etliche Streifen, in denen sie als ewige Gegner von Donald Duck fungierten, schließlich bekamen sie 1951 eine eigene Kurzfilm-Serie. Die Comics um Ahörnchen und Behörnchen, wie sie Erika Fuchs für die deutsche »Micky Maus« taufte, folgen weitgehend dem Muster der Filme. Neuerdings erleben die Backenhörnchen als »Rescue Rangers« Bildschirm-Abenteuer, die an den Filmen um Indiana Jones orientiert sind (siehe auch Nr. 5).
19 x 26 cm   **12,–**

32

33

30   Zeitschrift »Micky Maus Zeitung«

Verlag Bollmann, Zürich/Schweiz, Nr. 16, August 1937
8seitige ungeheftete Zeitschrift, Deckblatt mehrfarbig. Enthält Kurzgeschichten, Rätsel, Berichte und Comics, darunter drei Nachdrucke von Disney-Zeitungsstrips: Micky Maus von Gottfredson und Schnatterich (Donald Duck) von Taliaferro. Die Zeitschrift ist an der britischen Zeitschrift »Mickey Mouse Weekly« orientiert. Das Cover zeigt eine Szene aus der Silly Symphony »The Tortoise and the Hare« (1935), die Story ist eine amerikanische Variante unseres Märchens vom Hasen und Igel.
27,5 x 37 cm   **180,–**

34   Comic-Heft »Texas John Slaughter«
Dell Publishing Co., Inc., New York/USA,
Four Color Nr. 1181, April 1961
28 Seiten, fast alle mehrfarbig. Zwei Comic-
Geschichten mit Abenteuern des Westernhel-
den, der in den USA durch die Fernsehserie
»Walt Disney Presents« bekannt wurde.
Bereits in den 50er Jahren hatte in den USA
die Bedeutung von Comics abgenommen.
Man versuchte, das immer weiter um sich
greifende Medium Fernsehen für sich zu nutzen, und brachte Comic-Abenteuer mit Bild-
schirm-Helden auf den Markt.
18 x 26 cm   **30,–**

35   Comic-Heft »Super Goof«
Western Publishing Co., Inc., Poughkeepsie,
New York/USA, Nr. 14, 1970
36 Seiten, mehrfarbig. Die Figur des »Super
Goof« ist eine Parodie auf die
»menschlichen« Superhelden.
17,5 x 26 cm   **6,–**

36   Comic-Heft »Duck Tales«
Gladstone Publishing, Ltd., Prescott,
Arizona/USA, Nr. 5, April 1989
36 Seiten, mehrfarbig. Enthält Comic-
Geschichten nach der gleichnamigen Fernsehserie, ein Reprint von Carl Barks, Anzeigen
und redaktionelle Seiten. Der Verlag Gladstone konzentrierte sich stark auf fanorientierte Comics und brachte Reprints klassischer
Geschichten mit vielen Hintergrundinforma-
tionen. »Duck Tales« ist allerdings eine neue
Serie nach der gleichnamigen Fernsehsendung.
16,5 x 26 cm   **3,50**

37   Comic-Heft »Roger Rabbit«
W. D. Publications, Inc., Burbank, Califor-
nia/USA
36 Seiten, mehrfarbig. Enthält Comic-
Geschichten mit der durch den Film bekannten Figur (siehe auch F 24), Werbung und
redaktionelle Seiten. Gegenwärtig gibt die
Walt Disney Company erstmalig in ihrer
Geschichte verschiedene Comic-Serien in
eigener Regie heraus.
17 x 26 cm   **3,–**

34

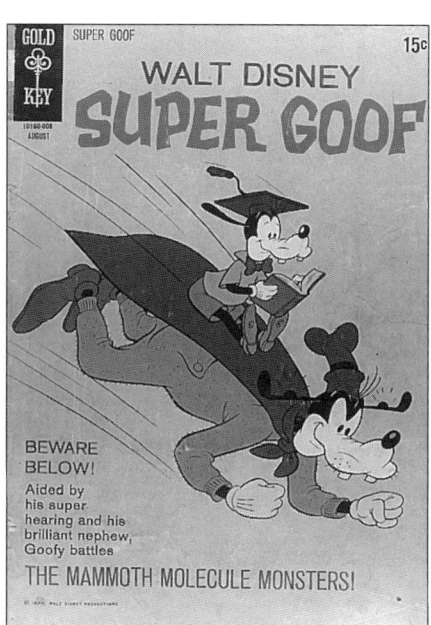

35

36

37

38

39

40

41

In Skandinavien begann ab September 1948 die Verlagsgruppe Gutenberghus, in Lizenz Hefte (unter dem Titel »Donald Duck« in der jeweiligen Landessprache) zu produzieren. Der niederländische Lizenznehmer Oberon startete im Oktober 1952 mit seiner Version von »Donald Duck«. Als weitere europäische Lizenznehmer mit bedeutender eigener Produktion sind Hachette in Frankreich und Mondadori in Italien zu nennen.

38   Comic-Heft »Mickey Mouse«
Ayers and James Pty. Ltd., Sydney/Australien, 1945
36 Seiten, mehrfarbiges Cover. Enthält drei amerikanische Disney-Comics, darunter »Mickey Mouse in The Riddle of the Red Hat«, die einzige Geschichte von Carl Barks mit Mickey als Hauptfigur. Die Geschichten sind Nachdrucke der US-Originalausgaben, allerdings sind einige amerikanische Ausdrücke durch die australische Schreibweise ersetzt worden.
20 x 27 cm
            70,–/100,– (die US-Originalausgabe Four Color Nr. 79 **680,–**)

39   Comic-Heft »Mickey Magazine«
Editions du Pont-Levis, Brüssel/Belgien, Nr. 35, Juni 1951
20 Seiten, teilweise mehrfarbig. Enthält bearbeitete amerikanische Disney-Comics, Nicht-Disney-Textgeschichten und einen redaktionellen Teil. Das Cover stammt von einem belgischen Zeichner. Neben der Ausgabe vom »Mickey Magazine« in französischer Sprache existierte in Belgien auch eine in flämischer Sprache.
20,5 x 28,5 cm   (in Deutschland) **25,–**

40   Comic-Heft »El Pato Donald«
Argentinien, Nr. 486, 1953
84 Seiten, meist mehrfarbig. Enthält amerikanisches Disney-Material sowie Geschichten und Cover von argentinischen Zeichnern. Umfangreicher redaktioneller Teil, Anzeigen. Beigeheftete Beilage mit Fotos und Zeichnungen, die durch die beigelegte 3-D-Brille zu betrachten sind.
14,5 x 22 cm   **35,–/50,–**

41   Comic-Heft »Paperino«
Arnoldo Mondadori Editore, Mailand/Italien, Albi d'Oro Nr. 14, 1956
36 Seiten, jeweils zwei mehrfarbige wechseln sich mit zwei Schwarzweiß-Seiten ab. Enthält zwei Disney-Comics von italienischen Zeichnern, eine redaktionelle Seite und Anzeigen.
16 x 24 cm   **25,–**

Weitere Länder

Die seit Anfang der Vierziger erscheinenden amerikanischen Disney-Comic books dienten als Vorbilder für ähnliche Publikationen in vielen Ländern der Erde. So erschienen Disney-Comics etwa in Argentinien (»El Pato Donald«) seit 1944, in Mexico seit 1949 (»Historietas de Walt Disney«) und in Brasilien (»O Pato Donald«) seit 1950. Diese Hefte enthalten meist Übersetzungen der amerikanischen Geschichten, aber zuweilen auch solche einheimischer Zeichner. Im Aufbau ähneln sie den »Comics and Stories«, können aber auch völlig eigenes Gepräge besitzen. Diese Comics sind bei uns als Sammelgebiet noch nicht entdeckt, aber für die Geschichte des weltweit arbeitenden Disney-Konzerns durchaus von Interesse (siehe auch Seite 22).

42

43

44

42   Comic-Heft »Donald Duck«
Herausgegeben von »Margriet«,
Amsterdam/Niederlande, Nr. 17, 1956
24 Seiten, mehrfarbig. Enthält neben amerikanischen Disney-Comics auch einen Nicht-
Disney-Comic, Textgeschichten und redaktionelle Seiten. Das Cover mit »typischer« Szene
von einem niederländischen Zeichner.
18 x 25,5 cm   20,–

43   Comic-Heft »Walt Disney Komiks«
Bookman Incorporada, Manila/Philippinen,
März 1960
36 Seiten, teilweise mehrfarbig. Enthält neben
US-Disney-Material einen umfangreichen
redaktionellen Teil.
17,5 x 25,5 cm   15,–

44   Comic-Heft »Miki«
Bir Pulhan Yayindir, Istanbul/Türkei, Mai
1962
20 Seiten, teilweise mehrfarbig. Enthält neben
US-Disney-Material türkische Comic-
Geschichten, etwa mit der Figur des »Nasret-
tin Hoca«. Eingeheftet eine Beilage mit mehrfarbigen Tafeln zur Anatomie des Menschen.
18 x 24,5 cm   15,–

45   Comic-Heft Micky Maus/Donald Duck
Volksrepublik China, Nr. 1, 1986
16 Seiten, mehrfarbig. Enthält Disney-
Comics, die nicht nach dem Film gedruckt,
sondern von italienischen Originalen durchge-
zeichnet wurden. Vermutlich ohne Lizenz
gedruckt.
18,5 x 26 cm   10,–

45

46

47

48

46 Comic-Heft »Mikki Maus«
Fiskultura i Sport, Moskau/UdSSR, 1989
In Zusammenarbeit mit Egmont-Gutenberg-
hus.
36 Seiten, mehrfarbig. Enthält Disney-Material von Gutenberghus. Die erste russische
Micky Maus wurde auch in Deutschland und
den USA vertrieben.
17 x 26 cm   **10,–**

Disney-Comics des Ehapa-Verlags

Die deutsche Tochtergesellschaft der skandinavischen Verlagsgruppe Gutenberghus, der
Ehapa-Verlag in Stuttgart, brachte – nach
einer vierseitigen Nullnummer – im September 1951 die erste »Micky Maus« heraus. Das
Schema für den Comic-Inhalt war weitgehend
durch die skandinavischen Ausgaben vorgegeben. Die »Micky Maus« erschien zunächst
monatlich. Parallel dazu gab es die Reihe
»Micky Maus Sonderheft«, deren erste zwei
Ausgaben Weihnachten 1951 und 1952
erschienen und Zeichenfilme nacherzählten.
Ab Juni 1953 folgten jeweils vierzehn Tage
zur Micky Maus versetzt neue Sonderhefte.
Ab Nummer 1 von 1956 wurde die Micky
Maus auf vierzehntägigen Turnus umgestellt,
die Hefte erhielten nun einen mehrseitigen
redaktionellen Mittelteil. Die Sonderhefte
entfielen. Seit Dezember 1957 kommt die
Micky Maus wöchentlich heraus. 1959 bis
1963 und 1966 enthielt die Micky Maus acht-
seitige kleinformatige Beilagen mit Comic-
Geschichten. 1976 entfiel der redaktionelle
Teil, die »MMK-Zeitung« (auch mit anderem
Titel), dafür kamen herausnehmbare Bastelbögen dazu, in den Achtzigern setzten sich beigelegte oder angeheftete »Gimmicks« durch.

Bei den Sammlern am beliebtesten sind Hefte
mit Geschichten von Carl Barks in der Übersetzung von Dr. Erika Fuchs. Aber auch ein
Gimmick kann unter Umständen zu einem
erhöhten Sammlerpreis führen. Nummer 10
von 1986 enthielt einen Plastik-Keks, das Heft
wurde wegen eventueller Gefährlichkeit vom
Verlag zurückgezogen. Gefragt sind auch
andere Ehapa-Heftserien, vor allem mit
Barks-Geschichten: frühe Ausgaben der
»Mickyvision« (ab 1962), »Die tollsten Geschichten von Donald Duck« (ab 1965) und
»Goofy Magazin« (ab 1979). Im Falle von
»Walt Disney's Lustige Taschenbücher«, die
ausschließlich italienisches Material enthalten,
besitzen nur die ersten Bände einen nennenswerten Sammlerwert. Die italienischen Zeichner sind bei uns noch nicht richtig entdeckt.
Andere deutsche Disney-Comics besitzen
gegenwärtig noch keinen allzuhohen Stellenwert. Man informiere sich über Serien- und
Einzelhefttitel sowie Sammlerpreise im »Allgemeinen Deutschen Comic-Preiskatalog«.

47 Comic-Heft »Micky Maus«
Ehapa Verlag, Nr. 1, 1951
32seitiges Heft, durchgehend mehrfarbig,
unpaginiert, Blasentexte in Versalien. In der
Donald-Duck-Geschichte (von Carl Barks)
heißen die Neffen noch wie in der dänischen
Version Rip, Rap und Rup, in einem Editorial
weiter hinten im Heft werden sie bereits als
Tick, Trick und Track angesprochen. Die
Übersetzerin und Chefredakteurin Dr. Erika
Fuchs erfand die meisten der deutschen
Namen für die Figuren. Die Micky Maus war
die erste deutsche Zeitschrift, die in Farbe
gedruckt war. Ihr Preis von 75 Pfennig entsprach dem damaligen Stundenlohn eines
Arbeiters. Von dieser Ausgabe existiert ein
Nachdruck, der zusammen mit Heft 32 von
1985 verkauft wurde. Er ist daran zu erkennen, daß der Preisaufdruck fehlt, außerdem an
dem festeren Papier und den glänzenden Farben in völlig anderer Druckqualität zu erkennen. (Siehe auch F 9).
17,5 x 26 cm
          je nach Zustand **400,–** bis **2.000,–**

48 Comic-Heft »Micky Maus«
Ehapa Verlag, Nr. 1, 1970
40seitiges Heft, mehrfarbig bis auf Teile des
redaktionellen Teils, zwei ausklappbare halbe
Seiten mit Preisausschreiben. Das Heft enthält
keine einzige Barks-Geschichte, dafür mehrere des amerikanischen Zeichners Tony
Strobl. Der redaktionelle Teil fiel 1976 weg.
Das Cover zeigt ein neues Logo: den Kopf
von Micky nach links gewandt; der Untertitel
lautet (seit 1964) »Die größte
Jugendzeitschrift der Welt«.
17,5 x 26 cm   **10,–**

49

50

51

49   Comic-Heft »Micky Maus«
Ehapa Verlag, Nr. 10, 1986
40seitiges, mehrfarbiges Heft. Enthält an
Comic-Geschichten ausschließlich solche, die
im Auftrag von Gutenberghus in Spanien
gezeichnet wurden, erkenntlich an dem Signum D... im ersten Panel. Das Cover zeigt
wiederum ein neues Logo: Mickys Kopf nach
rechts gewandt; der Schriftzug »Walt Disney«
weist die vom neuen Management eingeführte
leicht abgeänderte Form auf. Auf Seite 21 ist
als Gimmick ein »Scherzkeks« aus Plastik
angeheftet – das Heft wurde vom Verlag
wegen möglicher Gefährlichkeit zurückgezogen und ist mit dieser Beigabe daher selten.
17,5 x 26 cm   **2,–**, mit Keks **20,–/30,–**

50   Comic-Heft »Alice im Wunderland«
2. Sonderheft der Micky Maus
Ehapa Verlag, Dezember 1952
32seitiges Heft, durchgehend mehrfarbig,
unpaginiert, Blasentexte in Versalien. Erzählt
die Geschichte des Films nach, der zu dieser
Zeit in der Bundesrepublik angelaufen war.
Deutsche Version der amerikanischen Ausgabe »Four Color« Nr. 331, 1951. In dieser
Reihe der Sonderhefte erschienen vom
Dezember 1951 bis zum Dezember 1955
insgesamt 33 Ausgaben. Einige Sonderhefte
erschienen zu gerade angelaufenen Disney-
Filmen, andere boten längere Storys um
Micky und Donald. Zusätzlich erschien zwischen Nr. 22 und 23 ohne Zählung das Heft
»Das Schwert und die Rose« mit einer Nach-
erzählung des Realfilms, der zu der Reihe in
England gedrehter Kostümfilme gehörte.
17,5 x 26 cm   **250,–**

**51   Comic-Heft »Donald Duck und der
        goldene Helm«**
18. Sonderheft der Micky Maus
Ehapa Verlag, September 1954
32seitiges, mehrfarbiges Heft, paginiert,
Blasentexte in Versalien. Enthält eine leicht
gekürzte Version der Barks-Geschichte »The
Golden Helmet« (»Four Color« Nr. 408,
1952).
17,5 x 26 cm   **250,–**

52

53

54

52   Comic-Beilage »Onkel Dagobert –
Der verlorene Zehner«
Ehapa Verlag, Micky Maus 36, 1961
Erste Folge einer Comic-Geschichte von Carl
Barks. In den Jahren 1959 bis 1966 enthielten
einige Hefte der Micky Maus mehrfarbige
8seitige Beilagen. Einige der Beilagen brach-
ten Comics zu den Realfilm-Figuren Spin und
Marty sowie Zorro, gezeichnet von Alex Toth.
13 x 10 cm   alle Folgen dieser Beilage **100,–**

53   Micky-Maus-Sammelmappe
Ehapa Verlag, Stuttgart, 60er Jahre
Fester Einbanddeckel, mit rotem Leinen bezo-
gen. Auf der Vorderseite Goldprägung: Figu-
ren Goofy und Donald, auf dem Rücken Gold-
prägung: »Walt Disney's Micky Maus«. Im
Inneren Drahtstäbe als Halterung für 13 Hefte
(Vierteljahr). Sammelmappen wurden ab
November 1952 in der »Micky Maus« ange-
boten.
B. 18,5 cm, H. 27,5 cm, T. 5 cm   **10,–/15,–**

54   Werbewimpel »Jede Woche
Micky Maus«
Ehapa Verlag, Stuttgart, 1968
Rot, Schwarz und gelb bedruckter Papierwim-
pel an rot-weiß gedrehtem Faden. Solche
Wimpel warben an Kiosken für die »Micky
Maus«. Jahreszahl ist angegeben.
20 x 26 cm   **10,–**

Klubartikel
In den fünfziger Jahren sammelten sich in der
Bundesrepublik junge Leser in »Micky-Maus-
Klubs«, die neben entsprechender Freizeitge-
staltung auch ethische Ziele verfolgten,
»Kummerkästen« aufhängten, um Bitten von
Alten, Gebrechlichen und Bedürftigen erfül-
len zu können. Die Klub-Bewegung fand im
redaktionellen Teil der »Micky Maus« Unter-
stützung. Dort wurden ab 1956 Klubausweise,
Klubnadeln, Fahrrad- und Klubwimpel, Fahr-
tentücher, MMK-Taschenbücher und weitere
Klubartikel wie Sammelbilder angeboten. Die
Klubartikel konnten gegen Einsendung von
Gutscheinen, die sich auf einer Seitenecke im
Heft befanden, von der Klubzentrale in Stutt-
gart bezogen werden.

55   Button und Klubnadel »Micky Maus
Klub (MMK)«
Ehapa-Verlag, Stuttgart

Klubnadel (rechts) 50er/60er Jahre
Die Klubnadel besteht aus goldfarbenem
Blech mit schwarzer und weißer Bemalung
sowie Sicherheitsnadel auf der Rückseite. Es
existieren geringfügige Varianten sowie unbemalte Nadeln. Im norddeutschen Raum wurden Nachahmungen hergestellt, die aber an
dem gröberen Körper, der ungleichmäßigen
Bemalung mit rotem Mund und langer Nadel
zu erkennen sind.
H. 2,2 cm   **35,–/50,–**

Button (links) 70er Jahre
Der Button besteht aus weißem Hartplastik
mit mehrfarbigem Druck. Rand, Schriftzug
»Micky Maus« und Gesicht sind erhaben.
Hinten Sicherheitsnadel. Dieser Button ist
Ansteckern des amerikanischen Mickey
Mouse Clubs aus der frühen Fernsehära ähn-
lich.
D. 5,5 cm   **10,–**

56   Aufnäher »Micky-Maus-Klub«
Ehapa-Verlag, Stuttgart, 60er/70er Jahre
Auf weißem Filz Stoffkörper, mit rotem,
weißem und schwarzem Faden aufgesticktes
Klubemblem.
6 x 7 cm   **20,–**

57   Wimpel »Micky-Maus-Klub«
Ehapa-Verlag, Stuttgart, 60er/70er Jahre
Dreieckiger weißer Textilkörper, rot und
schwarz bedruckt. Seitlich angebrachte Ösen.
Diese Wimpel existieren in wenigstens zwei
Größen. 51,5 x 28 cm   **40,–/70,–**

55

56

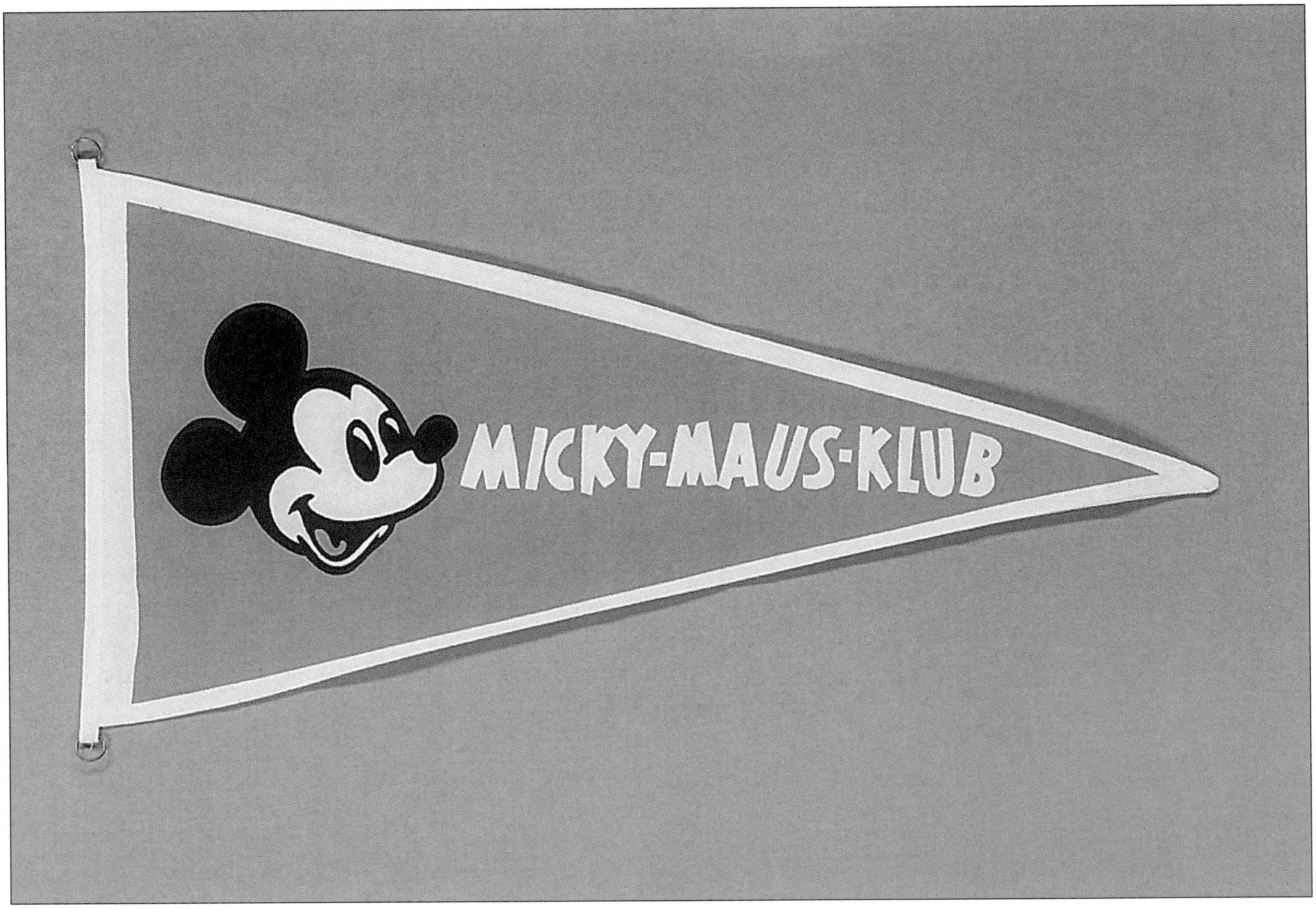

57

59

60

61

58

58 Bildfolge 1 des Micky-Maus-Klubs
Ehapa-Verlag, Anfang 60er Jahre
Mehrfarbig bedrucktes, einmal gefalztes Blatt.
Diese und zahlreiche weitere Bildfolgen
konnte man für je 10 Gutscheine aus der
Micky Maus bei der Klubzentrale beziehen.
25 x 35,5 cm   **12,–**

59 Comic-Heft »Mickyvision«
Ehapa-Verlag, Nr. 3, 1963
36seitiges, bis auf die inneren Umschlagseiten
mehrfarbiges Heft mit Nacherzählung des
Films »Die Schatzinsel« (vergleiche Nr. 14).
Mit der Serie Mickyvision, die im November
1962 startete, unternahm Ehapa den ersten
Schritt in Richtung Marktexpansion. Neben
vereinzelten Abenteuern mit Micky und
Donald wurden im monatlichen Turnus
Comic-Adaptionen von Disneys Realfilmen
präsentiert. Ab März 1965 kamen franko-
belgische Serien in das Heft, Mitte 1966 verschwanden die Disney-Comics völlig. Dafür
erschien ab 1967 eine neue Mickyvision-Serie
ausschließlich mit Disney-Comics.   **15,–**

**60 Comic-Heft »Die tollsten Geschichten
von Donald Duck«**
Ehapa-Verlag, Nr. 2/1965
68 Seiten, mehrfarbig. Enthält vier Comic-
Geschichten, geschrieben und gezeichnet von
Carl Barks. Die Titelgeschichte »Familie
Duck auf Ferienfahrt« erschien bereits im
»Micky Maus Sonderheft« Nr. 16. Die deut-
sche Fassung dieser Geschichte besitzt nur 31
Seiten gegenüber der amerikanischen mit 33
Seiten, auch ist die erste Seite umgearbeitet.
Die Hefte der Reihe »Die tollsten Geschichten
von Donald Duck« erscheinen in unregel-
mäßiger Folge parallel zur »Micky Maus«.
Vor allem die ersten Ausgaben präsentierten
die exzellenten umfangreicheren Stories von
Carl Barks in kongenialer Übersetzung von
Dr. Erika Fuchs.
17,5 x 26 cm   **120,–**

**61 Comic-Taschenbuch »Walt Disney's
Lustige Taschenbücher«**
Ehapa-Verlag, Nr. 1, Oktober 1967
256 Seiten, je zwei mehrfarbige Seiten wechseln sich mit zwei zweifarbigen ab. Flexibler
mehrfarbiger Umschlag. Die Reihe »Lustige
Taschenbücher« bringt bis heute ausschließlich längere Abenteuergeschichten, die dem
italienischen Vorbild »I Classici di Walt Disney« entnommen sind. Der italienische Verlag
Mondadori gehörte zu den Lizenznehmern
Disneys mit großem Produktionsvolumen.
Zeitweilig wurden 50 Prozent aller in Europa
geschriebenen und gezeichneten Disney-
Comics in Italien produziert. Neben bei Ken-
nern wenig beliebten, mehr oder weniger
flüchtig gezeichneten Geschichten finden sich
in den Lustigen Taschenbüchern künstlerisch
hervorragende Stories von Luciano Bottaro,
Giovan Battista Carpi, Giorgio Cavazzano,
Marco Rota und Romano Scarpa.
12,5 x 19 cm   1. Auflage **40,–**

Bücher

Bücher gehörten 1930 in den USA zu den ersten Merchandise-Artikeln von Disney. Auch in Europa kamen früh Bücher auf den Markt, die die Inhalte von Filmen nacherzählten oder neue Geschichten für Kinder brachten. Besonders umfangreiche Disney-Serien haben in den Vereinigten Staaten die Verlage Whitman Publishing Company und Simon & Schuster auf den Markt gebracht, beide wurden später von Western Printing & Lithographing übernommen und firmierten unter Western Publishing Co. Inc., Whitman begann 1932 mit seiner kleinformatigen Serie »Big Little Books«, die Comic-, Radio- und Filmhelden präsentierte. Von 1933 an erschienen unter verschiedenen Seriennamen Disney-Titel. Simon & Schuster publizierte ab 1944 seine Serien »Little«, »Big« und »Giant Golden Books«. Zu erwähnen sind auch die »Pop-Up«- und »Waddle«-Bücher der frühen Dreißiger, die Mickey und seine Freunde als Aufstellbilderbücher oder mit laufenden Figuren präsentierten.

Die mit Lizenz im deutschsprachigen Raum erscheinenden frühen Disney-Bücher sind fast ausschließlich Übernahmen von amerikanischen Titeln. Im Berliner Verlag Williams & Co. erschien 1934 das Buch »Drei kleine Schweine«, das der US-Originalausgabe »Three Little Pigs« des Verlags Blue Ribbon entsprach (siehe Abb. F3). 1936 erschienen im Züricher Bollmann-Verlag sieben »Micky Maus-Wunderbücher«, weitgehend überarbeitete Fassungen der amerikanischen »Pop-Up«- und »Waddle«-Bücher. Micky Maus tauchte aber auch als Figur in weiteren deutschen Kinderbüchern ohne Lizenz auf. Der Sammler kann sich hier sicherlich noch auf Überraschungen freuen.

Ab 1950 brachte der Blüchert-Verlag in Stuttgart mehrere Buchreihen mit farbig illustrierten Disney-Titeln heraus. Dazu gehörten die »Walt Disney Märchenfilm-Bücher«, die die Inhalte der gerade angelaufenen abendfüllenden Disney-Zeichenfilme nacherzählten. Ferner gab es neue Geschichten mit den Filmfiguren, so in der kleinformatigen Serie »Kleine Disney-Bücher«. Mitte bis Ende der Fünfziger publizierte Blüchert Bücher, in denen die Handlung von Disneys Naturfilmen recht dramatisch nacherzählt wurde, unter anderem von dem bekannten Schriftsteller Manfred Hausmann. Sie erschienen auch mit anderem Umschlag als Lizenzausgabe bei Bertelsmann. Ende der Fünfziger, nachdem der Blüchert-Verlag in Hamburg Quartier bezogen hatte, erschienen 40 Titel in der Reihe »Kleine Disney-Bilderbücher«, alles Übernahmen von »Little Golden Books« . Die »Großen Disney-Bilderbücher« entsprachen dagegen den »Big Golden Books«. Im Stil der »Pixi-Bücher« des Carlsen-Verlags war die kleinformatige

62

Reihe »Micky Maus Buch« konzipiert, die völlig neue Geschichten brachte, die von den deutschen Zeichnern Wolfgang und Katja Schäfer gestaltet waren.

Ab Mitte der sechziger Jahre setzte der Delphin Verlag, Stuttgart und Zürich, einige der Blüchert-Reihen fort und gab weitere Reihen von Disney-Büchern heraus, weitgehend Übersetzungen von französischen Büchern, die ihrerseits amerikanischen Ursprungs waren, so die »Godenen Happy Bücher«, die denen der »Golden Star Library« entsprechen. Ebenfalls in den Sechzigern publizierte der Pestalozzi-Verlag, Fürth, Fortsetzungen von Blüchert-Reihen. Auch der Ehapa-Verlag und Unipart, beide Stuttgart, haben Disney-Bücher herausgegeben. Seit Juli 1992 besitzt der Franz Schneider Verlag in München, der zum Egmont-Konzern gehört, die deutschen Exklusivrechte an Disney-Büchern.

62   Buch »Murz der Kater und die Mickymäuschen«
Uhlenhorst Verlag, Hamburg 1935
30 Seiten mit Schwarzweiß-Illustrationen (Siehe S. 45). Fester Leineneinband.
21 x 21 cm   **Liebhaberpreis**

63   Micky Maus Bildergeschichten-Buch
Micky Maus Verlag Bollmann, Zürich, 1936
45 Seiten mit teils farbigen Klappseiten, Schwarzweiß-Illustrationen. Fester Einband mit Schutzumschlag.
25 x 19 cm   **600,-**

64   Buch »Bambi«
Blüchert-Verlag, Stuttgart, 1950
48 Seiten mit illustrierter Nacherzählung des Films, die Zeichnungen zum Teil mehrfarbig. Fester, mehrfarbiger Einband. Wohl Übersetzung der amerikanischen Originalausgabe. Reihe »Walt Disney Märchenfilm-Bücher«. Mehrere Auflagen mit minimal verändertem Verlagsaufdruck auf dem Cover bekannt. Dieses Buch gehört zu dem frühsten Disney-

63

64

Merchandise der Bundesrepublik, das noch weitgehend von den gerade angelaufenen Filmen abhing. Der Film »Bambi« entstand nach einer Romanvorlage des österreichischen Schriftstellers Felix Salten. (Siehe auch Abb. F7)
18 x 23 cm   1. Auflage **70,–**

65

66

67

68

69

65 Buch »Bambis Kinder«
Blüchert-Verlag, Stuttgart, 1952
28 mehrfarbig illustrierte Seiten, fester, mehrfarbiger Einband. Reihe »Kleine Disney-
Bücher«. Nach der Erzählung »Bambis Kinder«, sie stammt wie »Bambi« von Felix Salten.
16,5 x 19,5 cm   **30,–**

66 Buch »Donald und die Hexe«
Blüchert-Verlag, Hamburg, Ende 50er Jahre
24 Seiten mit mehrfarbigen Illustrationen und
Textgeschichte. Flexibler, mehrfarbiger Einband. Reihe »Kleine Walt Disney
Bilderbücher«. Bei diesem Exemplar handelt
es sich um die erste Auflage ohne Seriennummer auf dem Umschlag.
15,5 x 20 cm   **20,–**

**67 Buch »Onkel Dagobert der
      Limonadenkönig«**
Blüchert-Verlag, Hamburg, 1962
24 Seiten mit mehrfarbigen Illustrationen und
Textgeschichte. Flexibler, mehrfarbiger Einband. Reihe »Kleine Walt Disney Bilderbücher«. Zeichnungen nach Vorlagen von Carl
Barks.
15,5 x 20 cm   **70,–/100,–**

68 Buch »Cinderella«
Blüchert-Verlag, Stuttgart, Anfang 50er Jahre
16 Seiten, meist mehrfarbig illustrierte Seiten
mit Nacherzählung des Films. Flexibler Einband. »Cinderella« lief erstmalig 1950 in
deutschen Kinos.
23 x 16 cm   **40,–**

69 Buch »Gustav Gans«
Blüchert-Verlag, Hamburg, 1962
24 Seiten mit mehrfarbig illustrierter
Geschichte. Gezeichnet von Wolfgang oder
Katja Schäfer. Flexibler mehrfarbiger Ein-
band. Reihe »Micky Maus Buch«. Siehe auch
F 13.
10 x 10 cm   **15,–**

70

**70 Walt Disney vor einer Präsentation des
      Disney-Programms vom Blüchert-
      Verlag**
1958 kam Walt Disney zu den Filmfestspielen
nach Berlin. Hier wurde sein Film »Perri«
uraufgeführt. Zu den Werbemaßnahmen
anläßlich des Besuchs gehörte die Präsentation des Disney-Programms von Blüchert.
Auf diesem Foto sind in dem Verkaufsständer
oben die »Großen Disney-Bilderbücher«,
darunter die »Kleinen Disney-Bilderbücher«
zu sehen.

71

72

73

71   Buch »Afrikanische Löwen«
Lizenzausgabe des Bertelsmann Leserings, 1960
Originalausgabe Blüchert-Verlag, Hamburg
112 Seiten mit Nacherzählung des Films, 32 Seiten mit farbigen Aufnahmen aus dem Film »The African Lion« (1955). Fester, mehrfarbiger Einband. Übersetzung der amerikanischen Originalausgabe. Dieses Buch gehört in die Reihe der Naturfilm-Nacherzählungen (siehe auch Seite 24).
17 x 23 cm   15,–/25,–

72   Buch »Spin und Marty«
Otto Maier Verlag, Ravensburg, 1961
144 Seiten mit deutscher Übersetzung der amerikanischen Erzählung. Einfarbige Illustrationen für die deutsche Ausgabe. Flexibler, mehrfarbiger Einband. Der Film um die beiden Jungen »Spin und Marty« war ursprünglich für das US-Fernsehen gedreht worden.
11,5 x 18 cm   8,–

73   Bilderbuch »Cinderella (Aschenbrödel)«
Pestalozzi-Verlag, Fürth/Bayern, 1961
8seitiges, mehrfarbiges Bilderbuch aus festem Karton. Neben dem Blüchert-Verlag war der Pestalozzi-Verlag für Disney-Bücher bedeutsam. Pestalozzi hatte sich auf Bilderbücher für Kleinkinder spezialisiert.
24 x 20 cm   20,–

74   Buch »Alice im Wunderland«
Pestalozzi-Verlag, Fürth/Bayern, 1967
48 Seiten mit illustrierter Nacherzählung des Films, die Zeichnungen zum Teil mehrfarbig. Fester, mehrfarbiger Einband. Wohl Übersetzung einer amerikanischen Originalausgabe. Aus der Reihe »Große Disney-Bücher«, die zuerst bei Blüchert erschien und von Pestalozzi fortgesetzt wurde.
17 x 22,5 cm   40,–

75   Buch »Winnie Puuh in der Klemme«
Delphin Verlag, Stuttgart und Zürich, 1967
24 Seiten mit mehrfarbigen Illustrationen zum ersten aus der Serie von Filmen um den Bären Puuh. Fester, mehrfarbiger Einband. Übersetzung der amerikanischen Originalausgabe.
22 x 31 cm   15,–

76   Buch »Olympia Goofy«
Delphin Verlag, Stuttgart und Zürich, 2. Auflage 1972
28 mehrfarbig illustrierte Seiten mit Geschichte und Fakten über die Olympischen Spiele Mexiko 1968 und München 1972. Zeichnungen wohl von Wolfgang oder Katja Schäfer. Fester, mehrfarbiger Einband.
21 x 27,5 cm   15,–

74

75

76

77

78

77 Buch »Geheime Tips von Donald Duck«
Delphin Verlag, Stuttgart und Zürich, 1971
253 Seiten, fester, mehrfarbiger Einband.
Dieses »Handbuch für Jungen« enthält für
Kinder aufbereitete Fakten aus Natur und
Technik, Spielen und Basteltips. Die mehrfarbige Illustrationen stammen von Giovan Battista Carpi, einem bekannten italienischen Disney-Zeichner. Dieses Buch ist eine Übersetzung der italienischen Originalausgabe
»Manuale delle Giovani Marmotte«. Vorbild
ist das fiktive Handbuch des »Fähnchens
Fieselschweif«, das Tick, Trick und Track als
Pfadfinder ständig bei sich führen.
13 x 19,5 cm **20,–**

78 Buch »Das Aufstellbuch von Micky Maus als Filmstar«
Delphin Verlag, Stuttgart und Zürich, 1970
Aufstellbilderbuch mit 6 mehrfarbigen Szenen, kurze Bildunterschriften. Fester, mehrfarbiger Einband.
26 x 20 cm **45,–**

79

80

81

82

83

Schallplatten

Siehe auch Seite 42 und F 20

79 Schallplatte »Micky Maus beim Hochzeitsschmaus«
Odeon O-11344, Aufnahme: Berlin, November 1930, im Handel: Januar 1931
Musiktitel auf Schellack-Platte. Gespielt vom Lindström Studioensemble, Leitung: Otto Dobrindt, unbekannter Komponist. Blaues Odeon-Label.
Ø 25 cm **25,–/100,–**

80 Schallplatte »Michaels Erlebnisse im Weihnachtsland«
Telefunken, 1960
Hörspiel auf Single-Schallplatte aus Vinyl. Mehrfarbiges Cover, Zeichnung von Wolfgang oder Katja Schäfer. EP mit dem rotem Telefunken-Label. Spätere Pressung unter Verwendung eines anderen Covers mit dem Label »A Disneyland Record« bekannt.
18 x 18 cm **10,–/30,–**

81 Schallplatte »Der große böse Wolf in der Stadt«
Baccarola, 1961
Hörspiel auf Single. Mehrfarbiges Cover, aufklappbarer, fünfseitiger Comic zu der Handlung, Zeichnungen Wolfgang oder Katja Schäfer. Hellblaues »Baccarola«-Label.
18 x 18 cm **10,–/25,–**

82 Schallplatte »Bambi«
Electrola GmbH, Köln, 60er Jahre
Hörspiel mit Filmmusik auf kleiner LP 33 1/3. Mehrfarbiges Cover. Rotgrundiges »Electrola«-Label.
26,5 x 26 cm **25,–/40,–**

83 Schallplatte mit Bilderbuch »Die drei kleinen Schweinchen«
Disneyland Records, Deutschland, 1967
Mehrfarbiges, 24seitiges Bilderbuch mit flexiblem Einband. Eingelegt kleine LP 33 1/3 mit Hörspiel und Filmmusik. Deutsche Version der amerikanischen Original-Schallplatte.
18,5 x 18,5 cm **20,–**

84 Langspielplatte »Dumbo der fliegende Elefant«
Walt Disney Musik-Verlag GmbH, Frankfurt a. M., 70er Jahre
Schallplattenalbum mit mehrfarbigem Cover, eingeheftetes achtseitiges Bilderbuch mit der Filmstory in Zusammenfassung. LP mit dem auch in den USA verwendeten Label »Disneyland Record«.
Cover 31 x 31,5 cm   **10,–**

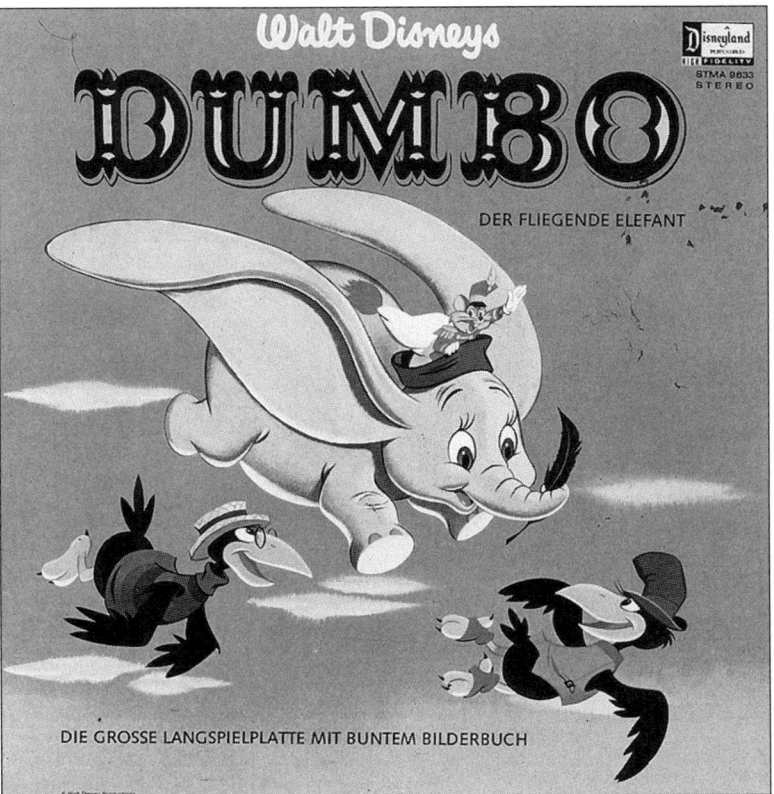

84

85 Langspielplatte »Peter Alexander präsentiert Walt Disney's Welt«
Ariola, 70er Jahre
Schallplattenalbum mit mehrfarbigem Cover, eingeheftetes Faltblatt mit Titelangaben und Fotos der beteiligten Künstler Mireille Mathieu, Anna Moffo, Wencke Myrrhe und Freddy Quinn. Originalaufnahmen aus der gleichnamigen Fernsehsendung des ZDF.
Cover 31 x 31,5 cm   **20,–**

85

86

87

Figuren

Keramikfiguren und Nippes

Als Micky Maus seine ersten Erfolge in Deutschland feiern konnte, waren es vor allem die Keramikhersteller, die zahlreiche Artikel mit Micky und Minnie auf den Markt brachten. So gab es an »Nippes« neben dekorativen Figuren Rauchverzehrer, Likörfläschchen, Likörgießer, Aschenbecher, Senftöpfe sowie Salz- und Pfefferstreuer (siehe auch unter »Gebrauchsgegenstände«). Ein Großteil dieser Keramiken wurde ohne Lizenz produziert und war sowohl für den Export als auch für den Verkauf im eigenen Lande bestimmt. Die deutschen Keramikmäuse sehen häufig rattenartig aus, haben fünf Finger und zeigen ihre Zähne. Es überwogen die minderwertigen Qualitäten, daneben fertigten renommierte deutsche Firmen feine Porzellanartikel mit Micky und Minnie. Auch in anderen Ländern wurden keramische Massenartikel mit Disney-Figuren hergestellt. So überschwemmte Japan den Markt mit Mickys, Donalds und Schweinchen.

Nach dem Zweiten Weltkrieg scheint in Deutschland die Beliebtheit der Disney-Keramiken etwas abgenommen zu haben. Bemerkenswert ist allerdings die umfangreiche und qualitätvolle Produktion der Firma Goebel, die zum Teil für den Export bestimmt war.

86   Figuren Micky und Minnie Maus
Deutschland, Anfang 30er Jahre
Rot und schwarz bemalter Keramikkörper.
H. je 4,4 cm   Paar **500,–**

87   Seifenschale Minnie Maus
Pfeffer Porzellan, Deutschland, Anfang 30er Jahre
Rot und schwarz bemalter Porzellankörper.
Die Figur ähnelt der von Nr. 86. Unter dem Boden Markenzeichen, gezeichnet 6528.
Schale 5,7 x 7,6 cm, Figur H. 5 cm   **600,–**

88   Micky Maus Aschenbecher
Deutschland, Anfang 30er Jahre
Porzellankörper, gezeichnet » Germany
9986«. Schale gelb, Micky schwarz/weiß mit
grünen Schuhen, grüner Pfeife und Knöpfen.
6 x 7 cm, L. 11 cm   **Lieberhaberpreis**

89   Zwei Figuren Micky Maus
Deutschland, 30er Jahre
Links: Porzellankörper, gezeichnet »Reg.
750611«. Bemalung: schwarz mit rotem
Halstuch, violetten Hosen und gelben Schuhen. Das Design ist den Micky-Maus-Puppen
der britischen Firma Dean's Rag Co. nachempfunden, es existieren weitere Varianten
dieser Figuren in verschiedenen Größen und
mit dem Aufdruck »Germany«.
H. 4,5 cm   **200,–**

Rechts: Porzellankörper, gezeichnet »4283-0
Germany«, schwarz/weiß mit vergoldetem
Instrument. Die Figur (mit relativ kleinen
Ohren) stammt aus einem kompletten Micky-
Maus-Orchester. (Siehe auch Seite 46)
H. 6 cm   **300,–**

88

89

90   Salzstreuer Schweinchen Pfeifer
Deutschland, Mitte 30er Jahre
Porzellan, gezeichnet »Germany 9953«, rosa
Körper, schwarze Jacke und Flöte, blaues
Halstuch.
H. 7 cm   350,–

91   Zahnbürstenhalter »Three Little Pigs«
Japan, Mitte 30er Jahre
Keramikbehälter, hinten zwei rechteckige
Öffnungen für die Bürsten. Mehrfarbig
bemalt. Hinten Copyright-Hinweis und
»Made in Japan«. Mit solchen Disney-Keramiken überschwemmte Japan bis zum Kriegs-
eintritt 1941 den internationalen Markt. Bei
diesem Exemplar ist die Farbe berieben.
10 x 10,5 cm   150,–/250,–

Rosenthal Porzellanfabrik Bahnhof Selb
GmbH

Wie einige andere deutsche Hersteller feinen
Porzellans, etwa Königszelt in Schlesien und
Karl Ens in Volkstedt-Rudolstadt, stellte die
Firma Rosenthal Anfang der Dreißiger qualitätvolle Porzellanfiguren und andere Artikel
mit Micky und Minnie her. Rosenthal hatte
von William B. Levy die Lizenz für Herstellung und Vertrieb für die ganze Welt, allerdings außer den USA und Kanada, erhalten.
Gesichert ist ein Satz von 6 Mickys und einer
Minnie, alle fein modelliert und exakt bemalt.
Darunter befindet sich Micky mit Revolver,
mit Saxophon und mit Mandoline. Zwei der
schwarzweißen Mäuse, heute rare und
gesuchte Sammlerstücke, zeigen ihre Zähne.
Daneben gab es Rosenthal-Mickys als
Aschenschalen, Pfefferstreuer, Sparbüchsen
und Korkenhalter. Ob weitere Rosenthal-
Artikel mit der Maus auf dem Markt waren,
ist derzeit noch nicht ganz geklärt.

90

91

92

93

92 Figur Micky
Rosenthal, 1930
Weißer Porzellankörper mit schwarzer Bemalung. Unter dem Fuß gezeichnet 493. Dies ist die erste Micky-Figur von Rosenthal.
H. 10,5 cm
(bei Disneyana-Sammlern) **ab 1.500,–**

93 Figur Micky
Rosenthal, 1930
Weißer Porzellankörper mit schwarzer Bemalung. Unter dem Fuß gezeichnet 554.
7,5 cm **ab 1.500,–**

W. Goebel Porzellanfabrik, Roedental

Diese Firma wurde 1871 von Franz Detleff Goebel und seinem Sohn William gegründet. Bis zum Erhalt einer herzoglichen Genehmigung zum Ofenbau fertigte das junge Unternehmen Murmeln, Schiefertafeln und Griffel, dann verschiedene Zier- und Gebrauchsartikel aus Porzellan. Schon vor der Jahrhundertwende begann man mit der Herstellung künst-

lerischer Porzellanfiguren. Bereits damals ging ein großer Teil davon in die USA. Unter Max Louis Goebel erlangte die Firma Weltgeltung. Für das nun anspruchsvolle und sehr umfangreiche Figurenprogramm schufen bekannte freischaffende Künstler und die akademischen Bildhauer im firmeneigenen Atelier die Modelle. Als Vertreter der nächsten Generation setzten Franz Goebel und Dr. Eugen Stocke das Werk ihrer Vorfahren fort. Sie brachten 1935 die ersten M.I. Hummel-Figuren auf den Markt. Es waren Porzellanfiguren von glücklichen Landkindern bei unschuldigem Spiel, die von den Bildhauern A. Möller und R. Unger nach den Zeichnungen der Franziskanerin Maria Innocentia Hummel geschaffen wurden. Sie werden noch heute auf der ganzen Welt geschätzt und gesammelt.

Als zu Beginn der fünfziger Jahre die ersten abendfüllenden Disney-Filme in die deutschen Kinos kamen, erkannte Franz Goebel eine neue Möglichkeit, zeittypisches Design in seine ständig gefertigten Figuren-Kollektio-

nen aufzunehmen. Er bemühte sich bei Walt Disney mit Erfolg um eine Lizenz für die Herstellung von Figuren nach Charakteren in seinen Büchern und Filmen. Im Frühjahr 1951 stellte die Firma Goebel auf ihrem Stand zur Handelsmesse in Hannover eine Serie von Disney-Figuren vor. 1952 erteilte ihm die neugegründete Walt Disney's Micky Maus GmbH in Frankfurt eine Lizenz zur Fertigung von Keramikerzeugnissen und Druckerzeugnissen wie Katalogen, Prospekten, Kalendern und Ansichtskarten. Von etwa 1950 bis Mitte der sechziger Jahre wurden Lieferungen im Inland und nach dem europäischen Ausland von der Schwestergesellschaft der W. Goebel Porzellanfabrik, der W. Goebel Hummelwerk-Verkaufsgesellschaft mbH getätigt.

Im ersten Jahrzehnt der Zusammenarbeit mit Disney entstanden die meisten Figuren. Bis 1962 kamen 205 Figuren auf den Markt. Ein Teil war ausschließlich für den Export in die USA bestimmt. Die ersten Figuren stellten ein Set mit Schneewittchen und den sieben Zwergen dar, gefolgt von zahlreichen Charakteren aus dem Film »Bambi«. Weitere Figuren basierten ebenfalls auf den in den frühen fünfziger Jahren in Deutschland angelaufenen Disney-Filmen: »Pinocchio«, »Dumbo«, »Cinderella«, »Alice im Wunderland«, »Peter Pan« und »Susi und Strolch«. Unter den Exportfiguren befanden sich neben den Charakteren aus den abendfüllenden Zeichentrickfilmen auch solche aus Kurzfilmen: Donald, Micky, Pluto, Elmer Elefant und Tillie Tiger. Es ist noch nicht völlig geklärt, ob alle im Modellkatalog der Firma aufgelisteten Disney-Figuren auch wirklich in Serie gingen. Insgesamt wurden damals Disney-Figuren von Goebel in ca. 17 Länder geliefert.

Neben reinen Dekorationsfiguren gab es auch solche mit zusätzlichen Funktionen: Aschenbecher, Salz- und Pfefferstreuer, Parfümflaschen, Vasen und Likörflaschen. Sehr markant sind die in den Fünfzigern so beliebten »Rauchverzehrer«, auch »Parfümverduster« genannt. Im Inneren der Porzellankörper befindet sich eine Glühlampe, der transparente Rauchverzehrer konnte gleichzeitig als Nachtlicht und Fernsehleuchte verwendet werden. Schaltet man die Lampe ein, erzeugt sie neben Licht auch Wärme. Die warme Luft steigt aus dem Rauchverzehrer nach oben, der Zigarettenrauch wird so zur Decke befördert (um nach einiger Zeit an einer anderen Stelle des Zimmers wieder herunterzukommen). In eine Öffnung im Rauchverzehrer kann man auch etwas Parfüm oder aromatische Öle träufeln und erhält auf diese Weise eine Aromaleuchte.

Zu den Künstlern, die die frühen Disney-Figuren modellierten, gehörten in erster Linie Arthur Möller (1886-1972), Reinhold Unger (1880-1974) und Karl Wagner (1900-1974). Die beiden Erstgenannten waren bereits vor dem Ersten Weltkrieg in die Firma eingetreten und hatten die Kollektionen bis zu Beginn der dreißiger Jahre wesentlich mitgestaltet. Ab 1935 schufen sie nach den Zeichnungen der Franziskanerin die weltbekannten M. I. Hummel-Figuren. Wie der jüngere Wagner, der in den Dreißigern in die Firma eintrat, waren sie akademisch geschulte Künstler. Ihre Schöpfungen werden von Sammlern als Meisterwerke angesehen und sind gesucht.

1969 eröffnete in Crestwick/USA das Hummelwerk & Toy Division. 1977 begann die Produktion einer neuen Disney-Kollektion, darunter eine Serie von Sport-Goofys und interessante Donald-Duck- und Micky-Maus-Ensembles. Verantwortlich war Helmut Fischer (geb. 1950), der als Modelleur bei Goebel von K. Wagner ausgebildet wurde und dann mehrere Jahre in der Zusammenarbeit mit ihm sein Können vervollkommnete. 1977 bis 1989 entstanden neue Serien, so die »Archiv Collection«, die 5 der schönsten alten Figuren als limitierte Neuauflage präsentierte. Mitte der Achtziger wurden unter der Marke

»Cor« weihnachtliche Disney-Figuren gefertigt. 1992 kam die neue Serie »Goebel Crystal« mit Figuren um »Mickey & Co.« auf den Markt, 1993 folgen die »Disney-Babies«.

Die Disney-Modelle dienten viele Jahre lang als Produktionsvorlagen, so daß eine Altersbestimmung anhand der Figur selbst kaum möglich ist. Zu diesem Zweck kann dagegen das Markenzeichen dienen, das sich im Lauf der Jahre verändert hat.

Literaturhinweis:
Ihre Sammlungserfahrung lassen Norbert Dorsheimer und Bernadette van Halderen (Sonsbeck) gegenwärtig in ein zusammenfassendes Standardwerk einfließen, das die gesamte Spielwaren-, Puppen- und Figuren-Produktion der Firma W. Goebel darlegen soll.

Disney-Figuren von Goebel lassen sich anhand der unterschiedlichen Markierungen näher bestimmen. Grundsätzlich muß zwischen Modell- und Bestellnummern unterschieden werden. Die Modellnummer erscheint graviert auf dem Boden der Figur, die Bestellnummer in den Unterlagen des Vertriebs, in Katalogen, Broschüren, Anzeigen usw. Bis Anfang der Sechziger waren beide gleich. Mit Einführung der EDV wurde die früher verwendete Artikelgruppenbezeichnung »DIS« im Bereich Vertrieb, und nur hier, durch die Artikelgruppen-Kennziffer »04« ersetzt. Im Modell wurde nach wie vor »DIS...« graviert. Ab 1972 wurden alle Artikel, auch die Disney-Serie, einer neuen Artikelguppenbezeichnung unterworfen. Disney-Artikel finden sich u.a. in Artikelgruppe 17, 34, 35 und 73.

Modellnummern
a) »DIS 1« bis »DIS 206« sind – soweit nicht geändert – im Modell graviert.
b) Danach entstandene Modelle tragen siebenstellige, bei Platzmangel fünfstellige Zahlen, die sich folgendermaßen zusammensetzten:
Beispiel Mickey Merry Wanderer
17
Artikelgruppe
322
fortlaufende Nummer innerhalb dieser Gruppe
09
Größe in cm

Bestellnummern
sind achtstellige Zahlen, die sich folgendermaßen zusammensetzen:
Beispiel Mickey Merry Wanderer
17
Artikelgruppe
322
fortlaufende Nummer innerhalb dieser Gruppe
01
Dekor
7
Kontrollziffer

95

96

**94   Die wichtigsten Markenzeichen
der Firma Goebel (Bodenmarken)
ab 1950:**
Ab 1950 hieß das Unternehmen »W. Goebel
Hummelwerk, Oeslau«. Die Firmenmarke
bekam die Form einer Hummel zwischen den
Balken des Buchstaben »V« (steht für Ver-
kaufsgesellschaft). Die ältere Form zeigt eine
dicke Hummel »V« (1), die jüngere eine gra-
phisch stilisierte Hummel im »V« (2).
Im Jahre des hundertjährigen Firmen-
jubiläums 1971 legte man Oeslau mit seinen
Nachbarorten zur Großgemeinde Rödental
zusammen. Die Firma erhielt wieder ihren
alten Namen »W. Goebel Porzellanfabrik«,
nunmehr mit Sitz in Rödental. Alle Goebel-
Produkte trugen seither das neue Wortbild-
zeichen Goebel und darüber eine stilisierte
Hummel im »V« (3).
Seit 1979 wird nur noch der Namensschrift-
zug »Goebel« verwendet (4).

**95   Parfümverdunster (Rauchverzehrer)
Pluto**
Goebel DIS 149, 1953
Gelb und schwarz bemalter Körper aus
»Goebolit«, einem speziellen Weichporzellan.
Im Inneren elektrische Lampe montiert. Am
Kopf drei kleine und eine große Öffnung zur
Aufnahme des Parfüms. Glasaugen. Boden-
marke stilisierte Hummel. Auf dem Körper
Warenzeichen stilisierte Hummel. Bei diesem
Exemplar fehlt das Etikett mit Copyright-
Hinweis (siehe Nr. 96). Modell von Karl
Wagner.
H. 15 cm   **250,– bis 300,–**

**96   Parfümverdunster (Rauchverzehrer)
Bambi**
Goebel DIS 150, 1953
Mehrfarbig bemalter Körper aus Goebolit mit
montierter elektrischer Lampe im Inneren.
Am Kopf drei Öffnungen und hinten am Kör-
per größere Öffnung zur Aufnahme des Par-
füms. Glasaugen. Bodenmarke stilisierte
Hummel. Auf dem Körper Aufklebemarke mit
Copyright-Hinweis. Modell von Reinhold
Unger. Die Parfümverdunster wurden für den
Export ohne, in Deutschland mit und ohne
elektrische Beleuchtung geliefert. Bei diesem
Exemplar sind Kabel nebst Stecker vermutlich
später erneuert.
H. 15,5 cm   Je nach Zustand **150,– bis 250,–**

97

97 Zwei Figuren Bambi
Goebel DIS 21 und DIS 116, Frühe 50er Jahre
Mehrfarbig bemalter Steingutkörper. Beim
liegenden Bambi als Bodenmarke dicke Hummel und »© by W. Goebel 1950«. Auf dem
Körper rundes blau-goldenes Etikett: »Walt
Disney Bambi Character WDP Ffm ©«.
Das stehende Bambi trägt als Bodenmarke nur
die stilisierte Hummel. Modell von Arthur
Möller.
H. 5 bzw. 9,5 cm   je **45,–/70,–**

98 Figur Tinker Bell
Goebel DIS 156, 1953
In wenigen Pastelltönen bemalter Steingutkörper. Figur aus dem Film »Peter Pan«.
Entwurf von Arthur Möller. Bodenmarke
dicke Hummel.
H. 13 cm
    400,– mit jüngeren Bodenmarken ca. **300,–**

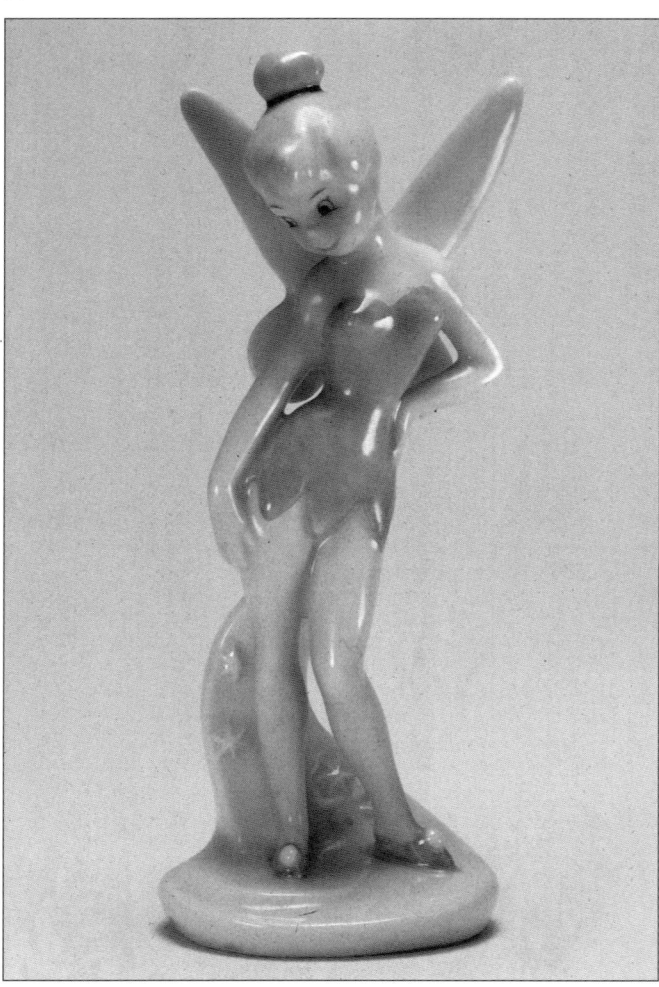

98

99

99   Figur Goofy
Goebel Nr. 17231, 1987
Mehrfarbig bemalter Steingutkörper. Boden-
marke Schriftzug Goebel. Gehört zur Sport-
Goofy-Serie, Modell von Helmut Fischer.
D. des Postaments 8 cm, H. 12,5 cm
70,– bis 110,–

100
Der Modelleur Helmut Fischer gestaltete für
Goebel in den Achzigern eine Reihe von
interessanten Disney-Keramiken. Hier ist er
mit zwei seiner Figuren aus der Kollektion
Sport-Goofy von 1987 zu sehen: Nr. 17234
(Goofy als Basketballspieler) als Mutterform
und Nr. 17231 (Goofy als Fußballspieler) als
unglasierte weiße Keramik (siehe Nr. 99).

101   Figur Donald Duck
Goebel Nr. 17222, 1983
Mehrfarbig bemalter Steingutkörper. Me-
tallantennen und Plastikkabel montiert. Als
Bodenmarke Schriftzug Goebel. Modell von
Helmut Fischer.
D. des Postaments 13,5 cm, H. 9,5 cm   **70,–**

100

101

102

103

102   Zwei Figuren Neffe und Donald
Goebel DIS 3017 und 3105, 1958 bzw. 1960
Mit wenigen Farben bemalter gelber (Neffe)
bzw. weißer Vinylkörper. Der Neffe hat unter
den Füßen die Quietschpfeife, Donald in der
Mütze. Markenzeichen stilisierte Hummel an
bzw. unter den Füßen. Der Neffe in Original-
verpackung: Cellophanbeutel mit gelb und
schwarz bedrucktem Aufhänger aus Pappe. Es
gab drei gleiche Neffen mit jeweils blauer,
grüner oder roter Bemalung. Diese Vinylpro-
dukte stammten aus der Produktion der Hum-
melwerk-Spielwaren KG.
H. 11,5 bzw. 16 cm   **100,–** bzw. **100,–/120,–**

Plastikfiguren

Louis Marx & Company, Inc., New York

Louis Marx begann 1915 seine Tätigkeit bei
Ferdinand Strauss, einem Hersteller mechanischen Blechspielzeugs. 1921 begann L. Marx
zusammen mit seinem Bruder Dave eine
eigene Fertigung, die Formen kaufte er zum
Teil von Strauss, der vor dem Bankrott stand.
Zur Produktion von Marx gehörten Autos,
Figuren, Eisenbahnen und ganze Landschaf-
ten aus Blech. 1928 erweckte er das Jojo zu
neuem Leben und stellte Millionen davon her.
Marx verkaufte ohne aufwendige Werbung
und Kataloge, sein Spielzeug war aus billig-
sten Materialien hergestellt, teilweise aus
Recycling-Blech von Konservendosen. Auf
diese Weise überstand die Firma die Jahre der
Depression.
In den Dreißigern nahm Marx etliche Comic-
Charaktere in sein Programm auf, auch –
zunächst nicht lizenzierte – Mickey-Artikel.

Von 1937 bis in die frühen Fünfziger war die
Firma wichtigster Produzent von mechani-
schem Disney-Blechspielzeug. Danach ver-
legte sie sich auf Figuren aus unbemaltem
Weichplastik, die in Zusammenstellungen,
den sog. Playsets, verkauft wurden. Diese ließ
Marx in Japan oder Hongkong fertigen, zum
Teil als Konsequenz aus dem Metallmangel
seit dem Weltkrieg und Koreakrieg. Neben
Soldaten und Filmfiguren gehörte zu den
Playsets ab 1953 das »Disney Television
Playhouse«, eine Bühne aus Blech mit Disney-Figuren, die später auch in anderen
Zusammenstellungen als Disneykins, Disney
Kings und Disney Fun Pals in den Handel
kamen (letztgenannte wurden auch in der
deutschen Niederlassung produziert).
Neben Fernseh- und Weltraumspielzeug fertigte Marx in den Fünfzigern und Sechzigern
weitere Disney-Artikel, darunter die unten
abgebildeten Rampenläufer. Aus Japan wurde
unter dem Namen der Tochterfirma Linemar

104

105

lithographiertes mechanisches Blechspielzeug importiert (siehe Nr. 213). 1972 veräußerte der mittlerweile 76jährige Louis Marx seine Firma an die Quaker Oats Company, die 1976 ihrerseits an den größten europäischen Spielwarenhersteller Dunbee-Combex-Marx verkauft wurde. 1980 ging diese Firma bankrott.1982 starb Marx. Er gilt als legendäre Figur, hat er doch eine größere Variationsbreite an Spielzeugen produziert als jeder andere amerikanische Hersteller.

103   Figur Donald Duck
Louis Marx
Made in Hongkong, 60er Jahre
Mehrfarbig bemalter Hartplastikkörper, biegsame Arme und Beine, Matrosenbluse aus Textil. Unter den Füßen und am Köper Firmenangabe. Diese und weitere gleichartige Disney-Figuren wurden auch in die Bundesrepublik eingeführt.
H. 13 cm   **100,–/150,–**

In den sechziger Jahren bis Anfang der Siebziger waren »Rampenläufer«-aus Hartplastik mit Comic-Charakteren beliebt. Die Disney-Figuren dieses Typus stammen meist aus der Hongkong-Ära der Firma Marx. Der Körper der Rampenläufer besteht aus zwei zusammengeklebten Teilen, darin befindet sich der lose geführte mechanische Teil mit Rädern oder Füßen. Am vorderen Ende der Figur befindet sich bei den meisten Figuren in Gehrichtung eine kleine Öse, an der man einen Faden mit einem kleinen Gewicht anbringt. Die Figur wird auf einen Tisch oder eine schräge Ebene gestellt, der Faden mit dem Gewicht über die Kante gehängt, und die Figur läuft wackelnd los. Bisher sind etwa zehn unterschiedliche Disney-Rampenläufer bekannt, die sich seinerzeit in Deutschland auf dem Markt befanden.

104   Rampenläufer Donald Duck
Louis Marx
Made in Hongkong, 60er Jahre
Mit wenigen Farben bemalter elfenbeinfarbener Hartplastikkörper. Copyright-Hinweis und Bezeichnung »Made in Hong Kong«.
H. 8 cm, L. 9,5 cm   **30,–**

105   Rampenläufer Micky Maus
Louis Marx
Made in Hongkong, 60er Jahre
Mit wenigen Farben bemalter weißer Hartplastikkörper, rote Rolle. Gezeichnet ähnlich wie Nr. 104. Micky hat keine Öse, er läuft ohne Gewicht auf einer schiefen Ebene.
H. 8 cm, L. 8,5 cm   **50,–**

106   Rampenläufer Jimini Cricket
Louis Marx
Made in Hongkong, 60er Jahre
Hartplastikkörper, mit stark glänzenden Farben in dicker Schicht bemalt. Gezeichnet ähnlich wie Nr. 104.
H. 8 cm, L. 8 cm   **30,–**

106

107

108

109

110

107   Rampenläufer Pluto
Louis Marx
Made in Hongkong, 60er Jahre
Mit wenigen Farben bemalter Hartplastikkörper. Gezeichnet ähnlich wie Nr. 104.
H. 5 cm, L. 11 cm   **30,–**

In der zweiten Hälfte der Fünfziger gründete die amerikanische Firma Louis Marx in Hamburg eine deutsche Niederlassung. Neben den Importen anderer Disney-Figuren aus Hongkong begann man in Hamburg bzw. später in Mölln mit der eigenen Produktion von Figuren, die in ihren Formen den amerikanischen Disney Kings bzw. den Disney Fun Pals entsprachen. Mitte der Sechziger wurde die Firma aufgelöst, Formen und Bestände übernahm der ehemalige Geschäftsführer Heitmann, der unter dem Signum »Heimo« das Figuren-Programm fortführte und zusätzlich neue Disney-Artikel produzierte (siehe Nr. 250, 272 und 273).
Marx und später Heimo stellten bis weit in die Siebziger mindestens einhundert verschiedene Grundformen von Disney-Figuren aus Weichplastik her. Am Anfang standen die klassischen Entenhausener Charaktere sowie Zeichenfilmklassiker wie Schneewittchen (siehe F 16), Bambi, Alice im Wunderland, Dumbo, Susi und Strolch, gegen Ende eher solche Figuren aus den neueren Filmen Dschungelbuch, Aristocats, Bernhard und Bianca und

Robin Hood. Entsprachen die ersten Figuren noch den amerikanischen Formen, waren spätere Typen eigenständige deutsche Entwicklungen. Neben den Standardfiguren von 5 bis 7 cm Höhe gab es von einigen Typen auch kleinere Versionen sowie acht größere »Magnum«-Versionen von 9 bis 11 cm Höhe. Einige der Typen kamen als Schlüsselanhänger auf den Markt.
Die ältesten Marx-Figuren bestanden aus elfenbeinähnlichem Plastik, später verwendete man weißes, weicheres Plastik, schließlich gummiartiges, weichmacherhaltiges Weich-PVC. Ganz zu Beginn kamen neben spärlich bemalten auch unbemalte Figuren, auch in rosa und blau, auf den Markt, für die Plastik-Farben geliefert wurden. Spätere Versionen besitzen mehr Farbe. Bei alten Figuren ist das leichte Abblättern der Farben auffällig. In der Farbgebung sind viele Varianten zu verzeichnen, denn die Rohlinge wurden in Heimarbeit bemalt. Manche Typen existieren mit und ohne Copyright-Stempel »Walt Disney Producions« unter den Füßen bzw. auf dem Kopf oder dem Rücken. Gegen Ende der Siebziger kamen nochmals einige Typen aus unbemaltem farbigem Weichplastik auf den Markt. Die Qualität der Heimo-Figuren mißfiel jedoch Disney, und die Lizenz wurde nicht mehr fortgeführt. Dafür erhielt 1977 die Firma Bully in Spraitbach eine Lizenz und begann mit der Herstellung von Disney-Figuren aus Weichplastik.

**108   Vier Figuren Dagobert, Donald,
      Daisy und Tick**
Marx bzw. Heimo, 60erJahre
Spärlich mehrfarbig bemalte, elfenbeinfarbene Weichplastikkörper.
H. 3,5 bzw. 5 cm   je **2,–/5,–**

**109   Drei Figuren Toby Tortoise, Panchito
      und Pecos Bill**
Heimo, 60er/70er Jahre
Mehrfarbig bemalte Weichplastikkörper. Die drei Charaktere sind in Deutschland wenig bekannt. Toby ist die Schildkröte aus der Silly Symphony »The Tortoise and the Hare« von 1935 (vgl. Nr. 30). Der mexikanische Hahn Panchito stammt aus dem Film »The Three Caballeros« (1945; »Die drei Caballeros«, 1955). Pecos Bill, ein texanischer Held, ist eine Gestalt aus dem Mischfilm »Melody Time« (1948). Diese Figur existiert mit einem offenem und einem geschlossenen Lasso.
H. 5 bzw. 7 cm   je **5,–/10,–** Panchito **15,–**

**110   Drei Figuren Klopfer, Bambi
      und Eule**
Heimo, 60er/70er Jahre
Mehrfarbig bemalte Weichplastikkörper.
Die drei Charaktere stammen aus dem Animationsfilm »Bambi«.
H. 4 bzw. 4,5 cm   je **2,–/5,–** Eule **8,–**

111   Disney-Plastikfiguren von Louis Marx
Anzeige in der »Micky Maus« 51/1959

112   Vier Figuren King Louie, Balu, Mogli und Shir Khan
Heimo, 60er/70er Jahre
Mehrfarbig bemalte Weichplastikkörper.
Die vier Charaktere stammen aus dem Animationsfilm »Das Dschungelbuch« (1967), die Modelle sind vermutlich eigenständige deutsche Entwicklungen.
H. 5,5 bis 7,3 cm   je **3,–** bzw. **8,–**

113   Vier Figuren Kater mit Gitarre, Thomas O'Malley, Duchesse, Kater mit Trompete
Heimo, 70er Jahre
Mehrfarbig bemalte Weichplastikkörper.
Die vier Charaktere stammen aus dem Animationsfilm »Aristocats« (1972), die Modelle sind vermutlich eigenständige deutsche Entwicklungen.
4,5 bzw. 5 cm   je **3,–/10,–**

111

112

113

114

115

116

114　Vier Figuren Sheriff, Little John, Robin Hood, Prinz John
Heimo, 70er Jahre
Mehrfarbig bemalte Weichplastikkörper. Die vier Charaktere stammen aus dem Animationsfilm »Robin Hood« (1973), die Modelle sind vermutlich eigenständige deutsche Entwicklungen.
H. 5,5 cm　　　　　　　　je **5,–/15,–**

115　Drei Figuren Daniel Düsentrieb, Gustav Gans und Donald Duck
Heimo, 60er/70er Jahre
Mehrfarbig bemalte Weichplastikkörper. Diese Figuren sind größere »Magnum«-Varianten der Standardfiguren.
H. 10,5 bzw. 11,5 cm　　　　je **12,–/30,–**

116　Vier Figuren Donald und Neffe, Nichte und Micky Maus
Marx 50er/Heimo 70er Jahre
Unbemalter gelber, grüner, blauer und roter Weichplastikkörper. Die Form ist identisch mit den bemalten Figuren.
H. 4 bzw. 5 cm　　　　　　je **2,–/5,–**

117

118

Klaus Hopf, Coburg

Klaus Hopf begann sein Disney-Programm um 1960 mit der Herstellung von Bambis aus Hartplastik. Die Rehe, die in verschiedenen Größen gefertigt wurden, waren als Souvenir beliebt. Mit ihren Vinylfiguren erlebte die Firma die Höhe ihrer Produktionsaktivität in den sechziger Jahren, Mitte der Siebziger nahm sie ein jähes Ende. Neben den üblichen Hauptcharakteren beinhaltete die Disney-Produkionspalette Figuren der klassischen Zeichenfilme Disneys: Die drei kleinen Schweinchen, Bambi, Pinocchio, Susi und Strolch und andere. Das Disney-Fabrikationsprogramm reichte von Fahrtieren, Stehaufmännchen, Spardosen, Hartplastikfiguren, Tricktieren, samtierten Figuren, Vinylfiguren mit und ohne Quietschpfeifen bis hin zu Miniaturfiguren, Schießbudenfiguren und größeren mechanischen Figuren und Puppen. Hopf fertigte auch Vinylfiguren von Donald Duck im Tropen-Outfit, die in die Werbemaßnahmen der späten Sechziger/ frühen Siebziger des Bremer Kaffee- und Kakaoherstellers Hag AG eingebunden waren (siehe F 19 und Nr. 332).

Kennzeichen der Hopf-Figuren – zumindest der meisten neueren Modelle – sind die großen schwarzumrandeten Augen. Die Vinylfiguren tragen meist einen Copyright-Hinweis in charakteristischem Schriftzug, in den siebziger Jahren zusätzlich ein Markenzeichen, bestehend aus Hampelmann und Elefant. Die Hartplastikfiguren haben meist keinen Copyright-Hinweis auf dem Körper, sind dafür mit runden oder ovalen grün/goldenen bzw. rot/goldenen Papieretiketten versehen. Die Etiketten haben die Aufschrift »Walt Disney« und darunter den Figurennamen; Etiketten von Figuren jüngeren Datums sind an den Seiten abgeplattet und tragen zusätzlich die Markenzeichen Hampelmann und Elefant.

117 Drei Figuren Bambi
Hopf, 60er Jahre
Mit wenigen Farben bemalter, elfenbeinfarbener Hartplastikkörper. Die kleineren Rehe mit Copyright-Hinweis, dazu grün/goldene Klebemarke aus Papier mit Aufschrift »Walt Disney Bambi«. Das Etikett des (jüngeren) großen Rehs ist weniger rund und trägt zusätzlich die Markenzeichen Hampelmann und Elefant. Das große Reh trägt ein Metallglöckchen, das mittlere die Aufschrift »Bad Rehburg«. Noch kleinere Rehgröße bekannt. Diese Bambis waren in Fremdenverkehrsorten beliebte Souvenirs.
H. 14, 8,5 bzw. 7 cm   je **10,–** bis **30,–**

118 Zwei Figuren Susi und Ahörnchen
Hopf, 60er Jahre
Mit wenigen Farben bemalter, brauner Hartplastikkörper. Susi mit rundem rotgrundigem, Ahörnchen mit ovalem grüngrundigem Papieretikett beklebt.
H. 5,5 bzw. 8 cm   je **20,–/40,–**

119 Figuren Drei kleine Schweinchen
Hopf, 60er Jahre
Mit wenigen Farben bemalter fleischfarbener Hartplastikkörper ohne Copyright-Hinweis. Das neuere Schweinchen (links) hat schwarzumrandete Augen und ein Etikett. Schweinchen mit gleicher Form in giftgrüner Farbvariante sind vermutlich DDR-Produkte.
H. ca. 7,5 cm   je **20,–/40,–**

119

120

121

122

120   Drei Figuren Micky, Donald und Großer böser Wolf
Hopf, 60er Jahre
Mit wenigen Farben bemalter, weißer, bei Micky und Wolf durchscheinend wirkender Hartplastikkörper. Ohne Copyright-Hinweis.
H. 7 bzw. 10 cm

121   Zwei Figuren Klopfer
Hopf, 60er Jahre
Spärlich bemalter, grauer Hartplastikkörper (links) bzw. Vinylkörper (rechts). Keine der beiden Figuren trägt den für Hopf sonst charakteristischen Copyright-Hinweis.
H. 6 bzw. 13 cm   links **40,–**, rechts **30,–**

122   Zwei Figuren Donald Duck und Kleiner Wolf
Hopf, 60er Jahre
Mehrfarbig bemalter Vinylkörper. Unter dem Boden Quietschpfeife. Beide Figuren mit Copyright-Hinweis. Donald mit eigenartiger Bekleidung (»Kosakendonald«).
H. 13,5 bzw. 16 cm
25,–/40,–, Donald **100,–/150,–**

123 Mechanische Figur Donald Duck im Auto
Hopf, 60er Jahre
Mehrfarbig bemalter Vinylkörper. Im Inneren Federwerk, das an der linken Seite mit einem Schlüssel mit weißem Plastikgriff aufzuziehen ist und das Auto in Fahrt bringt.
H. 13 cm, L. 11,5 cm   **150,–**

124 Figuren Bernard und Bianca
Hopf, 70er Jahre
Mehrfarbig bemalter Vinylkörper ohne Quietschpfeife. Auf der Rückseite zusätzlich zu dem charakteristischen Copyright-Hinweis Markenzeichen Kasper und Elefant. Die Charaktere stammen aus dem Animationsfilm »Bernard und Bianca – die Mäusepolizei« (1976).
H. 8,5 bzw. 10 cm   je **12,–**

123

124

125

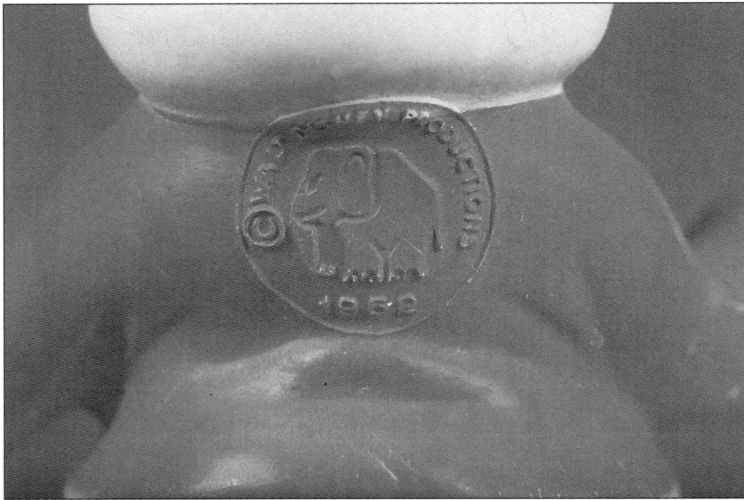

126

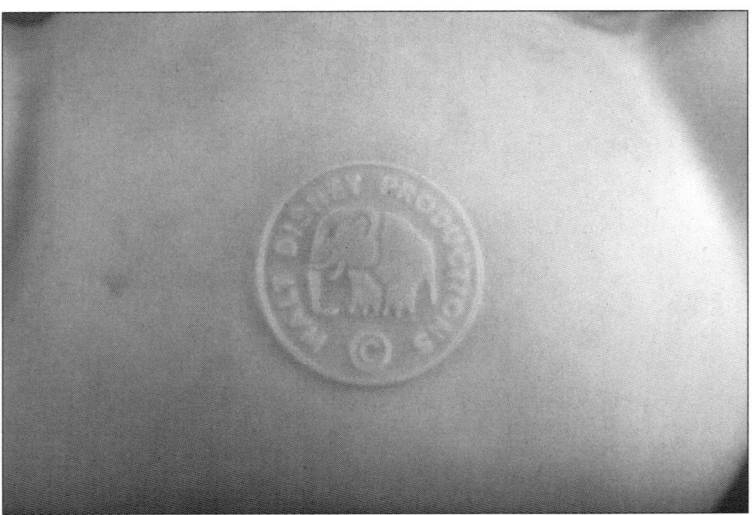

127

125 Markenzeichen der Firma Hopf
aus den 70er Jahren

Ledraplastic SNC, Osoppo, Udine/Italien

Die italienische Firma Ledraplastic stellte von
1963 bis 1987 Disney-»Quietschfiguren« als Baby-
und Kleinkinderspielzeug in verschiedenen Größen her. Das Ende der Produktion
kam mit dem weltweiten Lizenzrecht für
Kleinkindspielzeug, das Disney der Firma
Mattel verlieh. Das dem Vinyl beigemengte
Vanille-Aroma läßt die Ledraplastic-Figuren
»süß« riechen und sollte wohl auf Kinder
unwiderstehlich wirken. Die Markierung auf
dem Rücken: Elefant in Kreis und Copyright-
Hinweis, ältere Figuren tragen zusätzlich die
Jahreszahl 1962. Die neueren Figuren, die im
Aussehen nahezu mit den älteren identisch
sind, bestehen aus etwas weicherem Plastik
mit matterer Oberfläche. Es gibt ein- und
zweistimmige Quietschpfeifen, die in den
Füßen eingelassen sind.
Neben den »Entenhausenern« gibt es Ledra-
plastic-Figuren aus vielen abendfüllenden
Spielfilmen Disneys. Am beliebtesten bei den
Sammlern sind die großen Figuren zwischen
30 und 40 cm, aber auch die kleinen von ca.
15 cm besitzen ihren Reiz. Es existieren
Nachahmungen aus Frankreich (Delacoste)
und Spanien (Famosa), die wahrscheinlich
Lizenzprodukte von Ledraplastic waren.
Jugoslawische Nachahmungen einiger Figu-
ren aus den späten Achtzigern sind an einer
»ART«-Nummer (Artikelnummer) auf dem
Rücken und an dem besonders weichen und
stark riechenden Vinyl mit grellerer Bemalung
zu erkennen.

**126 Markenzeichen der Firma
Ledraplastic**
60er Jahre mit Jahreszahl (1)

**127 Markenzeichen der Firma
Ledraplastic**
70er Jahre ohne Jahreszahl (2)

128

130

131

128 Figur Pluto
Ledraplastic, 60er Jahre
Mehrfarbig bemalter Vinylkörper, Kopf und
Gliedmaßen lassen sich drehen. Unter dem
Bauch Markenzeichen (1). Unter zwei Füßen
Quietschpfeifen.
H. 31 cm, L. 30 cm **100,–**

130 Figur Donald Duck
Ledraplastic, 60er Jahre
Mehrfarbig bemalter Vinylkörper, Kopf und
Gliedmaßen beweglich. Auf dem Hinterkopf
Markenzeichen (1). Unter beiden Füßen
Quietschpfeifen.
H. 33 cm **150,–/250,–**

131 Figur Schweinchen
Ledraplastic, 70er/80er Jahre
Mehrfarbig bemalter Weichplastikkörper,
beweglicher Kopf. Auf dem Hinterkopf Markenzeichen (2). Unter einem Fuß Quietschpfeife. Ältere Version ohne Markierung
bekannt.
H. 22 cm **25,–/35,–**

**129 Drei Figuren »Huey«, »Dewey«
und »Louie«**
Ledraplastic, 60er Jahre
Mehrfarbig bemalter Vinylkörper, beweglicher Kopf. Auf dem Rücken Markenzeichen
(1), auf den Mützenschirmen der Figuren-
name. Unter beiden Füßen Quietschpfeifen.
H. je 26 cm je **70,–**

129

132

133

134

132 Figur Babydonald
Ledraplastic, 80er Jahre
Mehrfarbig bemalter Vinylkörper. Auf dem
Hinterkopf und der Unterseite Markenzei-
chen, dort auch Quietschpfeife. In Verpackung
aus Cellophan und mehrfarbig bedrucktem
Pappstreifen als Aufhänger.
H. 13 cm   25,–

135

R. Dakin & Co., San Francisco/USA

Die R. Dakin & Company, San Francisco,
wurde 1955 durch Richard Dakin gegründet.
Ihre Produktionsstätten befinden sich in
Fernost. Ende der sechziger und in den siebziger Jahren kamen eine Reihe von Figuren, die
aus mehreren beweglichen Teilen zusammengesetzt sind (»Action-Figuren«), auf den deutschen Markt. Sie wurden bei uns durch die
Firma John GmbH, Freilassing, vertrieben.
Neben anderen Comic-Charakteren, in erster
Linie aus Funny-Serien, existiert eine Reihe
von Disney-Figuren in verschiedenen Größen.
Die kleinen, 8 bis 10 cm hohen Figuren bestehen aus massivem Hartplastik, die größeren
von 12 bis 20 cm Höhe aus hohlem Hartplastik mit Vinylkopf.
Bei den Action-Figuren von Dakin lassen sich
die Gliedmaßen und andere Körperteile drehen, die Accessoires sind beweglich. Eventuell vorhandene Bekleidung besteht aus Textil
mit Metalldruckknöpfen oder aus Plastik. Die
Copyright-Hinweise befinden sich jeweils auf
Kopf und Körper, Firmenangaben auch auf
Etiketten an der Kleidung. Angehängt war ein
goldenes Pappetikett in Form eines Micky-
Kopfs mit Namen des Charakters und der
»Stock-Nummer«. Verpackt waren die Figuren im Plastikbeutel. Mit Originaletikett
erhöht sich der Preis um 50 %.
Dakin-Figuren wurden auch in Walt Disney
World vertrieben, das Kennzeichen ist dann
ein Etikett mit der Vertriebsangabe: Made for
Walt Disney Distributing Co. , Lake Buena
Vista, Florida. Bei diesen Action-Figuren
fehlen nicht selten Kleidungs- oder Körper-

teile. Dakin hat auch Disney-Charaktere ganz
aus Textil gefertigt.

133 Figur Bambi
Dakin, 60er/70er Jahre
Stark glänzender, braun, weiß und schwarz
bemalter Hartplastikkörper und matter Vinyl-
kopf.
H. 20 cm   40,–

134 Figur Donald Duck
Dakin, 70er Jahre
Weißer Hartplastikkörper und Weichplastikkopf mit langem Schnabel, bemalt, Bekleidung
aus farbigem Textil, Metalldruckknöpfe. Unter
den Füßen Herstellerangabe. Häufiger als diesen
merkwürdig wirkenden langschnäbeligen Donald
findet man eine Variante mit kurzem Schnabel und
kleineren Füßen.
H. 19,5 cm   40,–/70,–

135 Figur Pinocchio
Dakin, 70er Jahre
Fleischfarbener Hartplastikkörper und Weich-
plastikkopf, bemalt, Bekleidung aus farbigem
Textil, Metalldruckknöpfe.
H. 20,5 cm   25,–/40,–

136

137

136 Figur Dumbo
Dakin, 70er Jahre
Grauer Hartplastikkörper und Weichplastik-
kopf, bemalt, Kragen aus Textil. Unter dem
Bauch Herstellerangabe.
H. 15 cm, L. 20 cm   **25,–/40,–**

137 Zwei Figuren Donald und Goofy
Dakin, 70er Jahre
Massiver Hartplastikkörper und Vinylkopf,
bemalt.
H. 13,5 bzw. 14,5 cm   **20,–/50,–**

138 Zwei Figuren Bernard und Bianca
Dakin, 70er Jahre
Massiver Hartplastikkörper und Weichpla-
stikkopf, bemalt. Bei diesen Figuren fehlt
häufig der Schwanz.
H. 12 bzw. 13,5 cm   je **25,–**

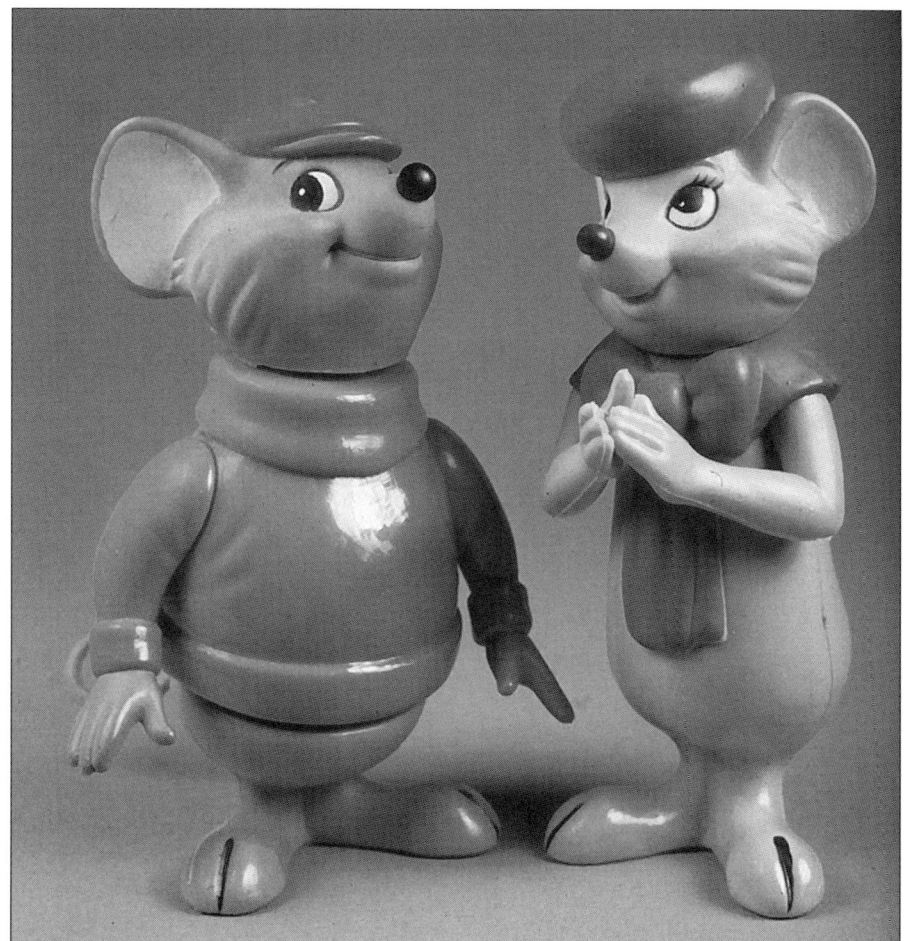

138

139

140

139
Bully-Figuren werden als Wachsmodelle von
Künstlern und Bildhauern gestaltet und dann
in Silikon abgegossen. Das Silikon wird wiederum mit Gips ausgegossen. Diese Gipsform
dient als Basis für die Gußformen aus einer
Metallegierung. Auf dem Tisch dieses Model-
leurs befindet sich ein Modell von Jessica
Rabbit (siehe Nr. 144).

140   Katalog »Walt Disney«
Bully, Januar 1990
Mehrfarbige, 20seitige Broschüre, die sämtliche lieferbaren Disney-Artikel von Bully ab-
bildet. Solche Firmenkataloge sind hervorragend zum Bestimmen geeignet. Von Firmen,
die nicht mehr existieren oder keine Disney-
Artikel mehr herstellen, sind sie heute schwierig zu bekommen. Daher sollte man beizeiten
Firmenkataloge sammeln.
21 x 19,5 cm   **20,–**

Bully, Spraitbach

1973 begann Volkmar Klaus in einer ausge-
dienten Garage mit der Produktion von Plastikfiguren. Der Firmenname »Bully« geht
darauf zurück, daß der Inhaber französische
Bulldoggen (»Bullys«) gezüchtet hatte. 1974
erhielt er die Lizenz für Schlümpfe, 1977 für
Disney-Charaktere. Die hochwertigen Weichplastikfiguren von Bully lösten die älteren der
Firma Heimo ab, deren Qualität Disney mißfiel. 1977 bezog Bully einen modernen Ver-
waltungsbau mit Lager und Versand in Spraitbach. 1978 wurde die Produktion nach Rons-
berg/Allgäu verlagert, wo heute täglich über
50.000 Figuren und andere Kunststoffteile
hergestellt werden. Allein in der Bundesrepublik werden die Figuren von fast 400 Heimarbeitern bemalt. 1983 begann ein Produktions-
betrieb in Porto/Portugal, 1985 wurde eine
Vertriebstochter in New York und 1987 in
Hongkong gegründet.
Die Disney-Produktpalette begann 1977 mit
10 Standardfiguren um Donald und Micky,
wurde kontinuierlich um Figuren aus den
Zeichenfilmklassikern erweitert und ist heute
auf weit über 300 verschiedene Disney-Charaktere angewachsen. 1988 kamen neben den
klassischen erstmalig Figuren der »New
Generation« auf den Markt: der Clan um
Micky und Donald im Disco-Outfit. Viele der
Figuren werden in verschiedenen Bemalungen
(»Black and White und Black and Gold-Kol-
lektion«), in Zusammensetzungen mit
Gebrauchsartikeln und Fahrzeugen, in
Schneekugeln und als Schmuck vermarktet.
Zu manchen Figuren gehört auch Zubehör, so
das Zwergenhaus zu der Serie Schneewitt-
chen. Bully bringt jedes Jahr neue Disney-
Figuren in verschiedenen Größen heraus.

141

142

143

141   Figur Micky-Maus-Telefon
Bully, 1981
Mehrfarbig bemalter Weichplastikkörper.
Unter dem Boden ähnlich gemarkt wie Nr.
141. Diese Form ist an das Telefon der Deut-
schen Bundespost aus den siebziger Jahren
angelehnt (siehe Nr. 315).
H. 5,5 cm   **5,–**

**142   Figuren Schneewittchen und die
         sieben Zwerge mit Zwergenhaus**
Bully, 80er Jahre
Mehrfarbig bemalte massive Weichplastikfi-
guren; Haus aus farbigen, teils beweglichen
Plastikteilen zum Zusammenstecken. Alle
Figuren sind auf der Unterseite gemarkt:
Copyright-Hinweis »Bully Made in Ger-
many« und Jahreszahl 1982. Zusätzlich ovales
aufgeklebtes Papieretikett »Bully handbe-
malt« (dreisprachig).
H. der Zwerge: ca. 5,5 cm H. Schneewittchen:
9,5 cm   je **40,–**
H. Zwergenhaus: 21,5 cm.   **50,–**

143   Drei Figuren Schneewittchen
Bully
1982 bzw. 1989
Mehrfarbig bemalter Weichplastikkörper
(links und rechts), blauer unbemalter Weichplastikkörper, nur Mund, Augen und Haar-
schleife bemalt (Mitte). Das kleinere Schneewittchen mit der ausgestreckten Hand ist die
ältere Version, die nicht mehr im Handel ist.
Bei dem neueren größeren Schneewittchen
gibt es eine Variante in der Bemalung.
H. 6,5 bzw. 9,5 cm   **5,–/15,–**

144

145

146

**144   Figuren Roger Rabbit mit Auto und
Jessica Rabbit**
Bully, 1988
Mehrfarbig bemalte Weichplastikfiguren. Am
Bein bzw. unter den Füßen Marken ähnlich
wie bei Nr. 141.
H. Roger 8 cm, L. Auto 8 cm, H. Jessica 10 cm
7,–/10,–

**145   Figur Donald Duck mit
Werbeaufdruck**
Bully, 1988/1991
Mehrfarbig bemalte Weichplastikfigur. Unter
den Füßen Marken wie bei 141. Auf dem
Koffer Werbeaufdruck »Norddeutsche Comic-
Börse Hamburg 5.10.1991«. Von diesem Wer-
beartikel wurden nur 300 Stück hergestellt.
H. 7,5 cm   **10,–/20,–**

146   Figurenset Aristocats
Bully, 1987
Hellblaues Sofa, darauf sind drei Figuren aus
der Serie Aristocats befestigt. In mehrfarbig
bedrucktem Pappkarton mit Cellophansicht-
fenster.
B. Sofa 11,5 cm
Karton 12,5 x 15 x 7,5 cm   **10,–/20,–**

Ferrero GmbH, Frankfurt M.

Der Süßwaren-Konzern Ferrero gab in den
Sechzigern und Siebzigern seinem Produkt
»Nutella« Werbeartikel mit Disney-Charakte-
ren bei, darunter Sammel-«Bilder« aus Plastik
(Nr. 339) und Verpackungsdeckel mit Sport-
Goofy-Kugelspielen (Nr. 340). Seit den späten
siebziger Jahren bringt Ferrero »Über-
raschungseier« auf den Markt. Das verpackte
Ei aus der charakteristischen Kinder-Schoko-
lade umhüllt eine Plastikkapsel, die einen
kleinen »Gimmick« aus Plastik, Metall oder
Papier enthält. Das kann ein Plastikartikel
zum Zusammensetzen sein, eine Vollplastik-
Figur oder ein Pappartikel, wie etwa ein
Puzzle. Von Anfang an gab es in den »Ü-
Eiern« Disney-Beigaben, in erster Linie Figu-
ren in zwei unterschiedlichen Produktformen:
Massive Hartplastikfiguren (teilweise mit
Zubehör) und Weichplastikfiguren, die aus
Einzelteilen nebst Zubehör zusammengesetzt
werden. Es existieren einzelne Formen- und
Farbvarianten. In Deutschland, den Benelux-
Staaten, Italien und England wurden unterschiedliche Figurentypen hergestellt. In
Deutschland sind bisher mindestens 10 Disney-Serien mit Figurenzusammenstellungen
von 5 bis 12 Charakteren bekannt. Den jüngsten Serien lagen Beipackzettel bei, die die
einzelnen Figuren (ohne Varianten) zeigen.
Weitere deutsche Disney-Artikel von Ferrero
in Überrraschungseiern sind Mini-Puzzles und
Mini-Kameras als Bildbetrachter. Zu den
neueren Figurenserien existieren Werbediora-
men.
Für die »Überraschungseier-Figuren« hat sich
in den letzten Jahren ein eigener Sammlermarkt entwickelt. Die Preise variieren noch
stark, mit steigender Tendenz.

147   Drei Figuren Goofy, Micky und Daisy
Ferrero, 70er Jahre
Steckfiguren aus farbigem Weichplastik, aus
einer Serie mit 5 Figuren der »klassischen«
Charaktere.   je **30,–/50,–**

**148   Drei Figuren Daisy, Dagobert und
        Oma Duck**
Ferrero, 70er Jahre
Massive Hartplastikfiguren, farbig bemalt, aus
einer Serie von 7 Figuren der »klassischen«
Charaktere. Diese Figuren ähneln in ihren
Formen stark den Marx- bzw. Heimo-Weich-
plastikfiguren (siehe Nr. 108).   je **20,–/30,–**

**149   Drei Figuren Käpt'n Hook, Gepetto
        und Pinocchio**
Ferrero, Ende 70er/Anfang 80er Jahre
Massive Hartplastikfiguren, farbig bemalt, aus
einer Serie von 7 Figuren aus diversen Dis-
ney-Zeichenfilmen. Ähneln den Marx- bzw.
Heimo-Weichplastikfiguren.
                    je **50,–**, Pinocchio **25,–**

147

148

149

150

151

152

**150   Drei Figuren Maid Marian,
Robin Hood, Prinz John**
Ferrero, Ende 70er /Anfang 80er Jahre
Massive Hartplastikfiguren, farbig bemalt, aus
einer Serie von 6 Figuren aus dem Zeichen-
film »Robin Hood«. Ähneln den Marx- bzw.
Heimo-Weichplastikfiguren (vgl. Nr. 114).
je **10,–/20,–**

**151   Drei Figuren Äffchen, King Louie,
Geier**
Ferrero, 1985
Massive Hartplastikfiguren, farbig bemalt, aus
einer Serie von 12 Figuren aus dem Zeichen-
film »Das Dschungelbuch«.   je **3,–/10,–**

**152   Vier Figuren Oma Duck, Donald,
Daisy, Variante Oma Duck**
Ferrero, 1987/88
Massive Hartplastikfiguren, farbig bemalt, aus
einer Serie von 9 Figuren plus drei Varianten
aus der Serie »Donalds flotte Famili«.
je **2,–** bis **10,–** (Variante)

**153   Zwei Beipackzettel »Donalds flotte
Familie« (1987/1988) und »Micky
und seine tollen Freunde« (1989)**
Ferrero
Mehrfarbige Papierstreifen, die den Überraschungseiern beilagen.
10 x 3,5 cm und 11 x 4 cm   je **10,–**

154   Werbediorama »Aristocats«
Ferrero, 1989
Mehrfarbig bedruckte Faltschachtel aus Karton. Werden die Deckel mit Werbeaufschriften
weggeklappt, ertönt mittels einer Knopfzelle
die Melodie »When the Saints...«. Im Inneren
sind auf eine Plattform aus Pappe die 9 Figuren der Serie geklebt.
9 x 18 cm   **200,–/300,–**

HAND-BEMALT
Donalds flotte Familie
DAGOBERT DUCK
DONALD DUCK
DANIEL DÜSEN-TRIEB
TRICK
OMA DUCK
DAISY DUCK
TICK
TRACK
uns gibt es jetzt bei
Kinder ÜBERRASCHUNG®
+ MILCH + KAKAO
© Walt Disney Company
HAND-BEMALT
MICKY und seine tollen Freunde
uns gibt es jetzt in
Kinder ÜBERRASCHUNG®
+ MILCH + KAKAO
MINNIE
KATER KARLO
MICKY
MACK
MUCK
GOOFY
PLUTO
DIE PANZERKNACKER
KOMMISSAR HUNTER
© Disney
FERRERO

153

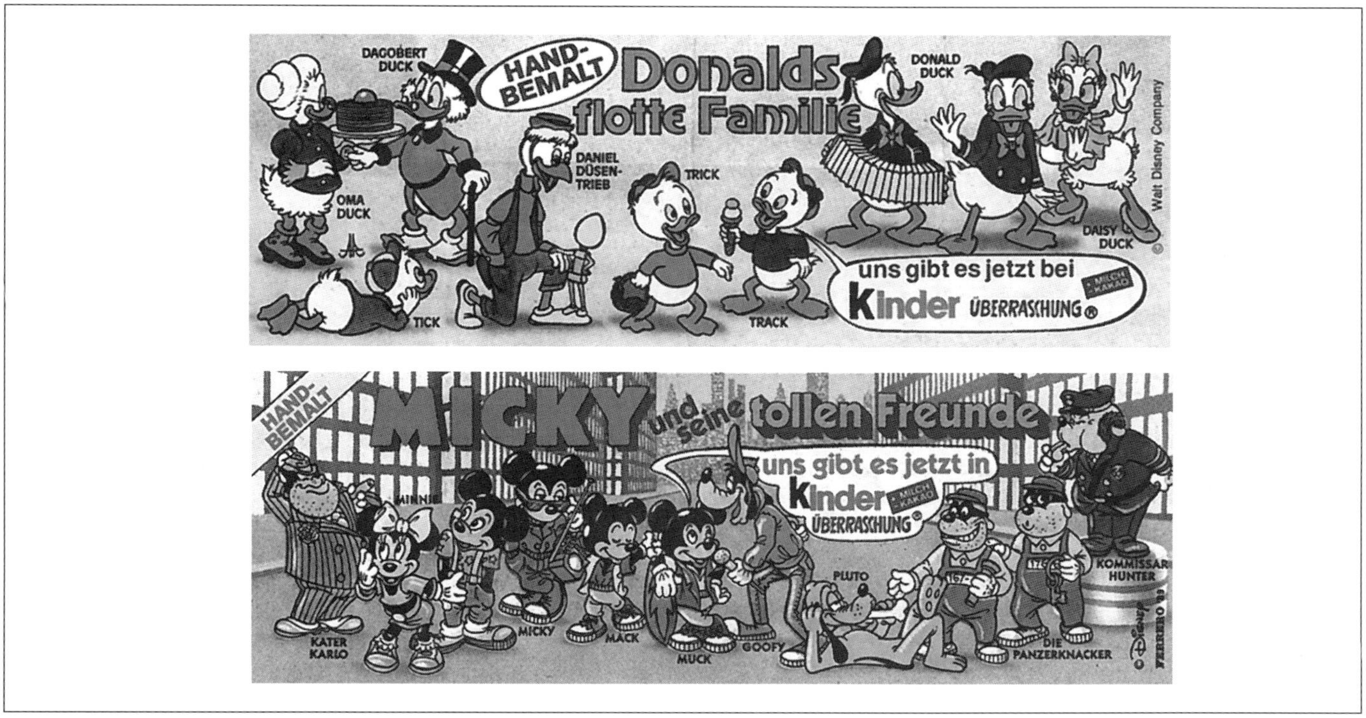

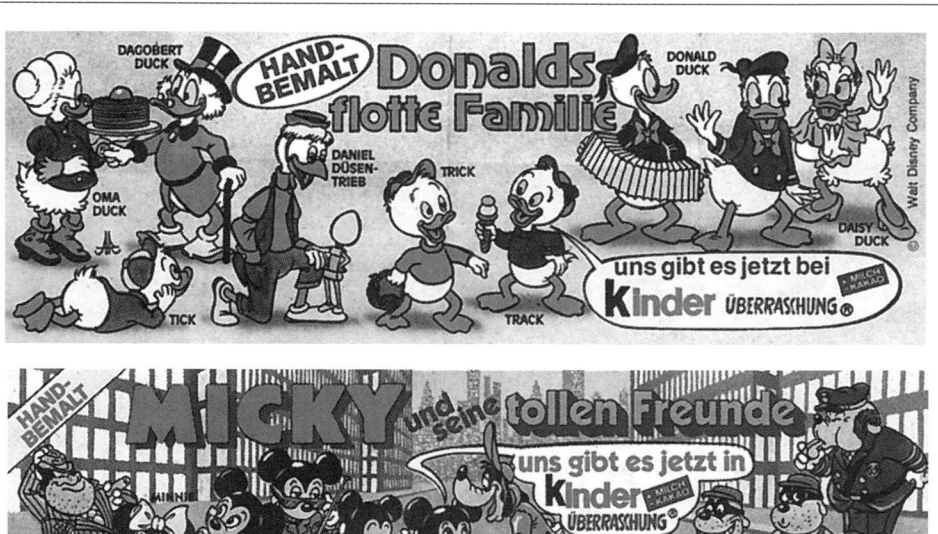

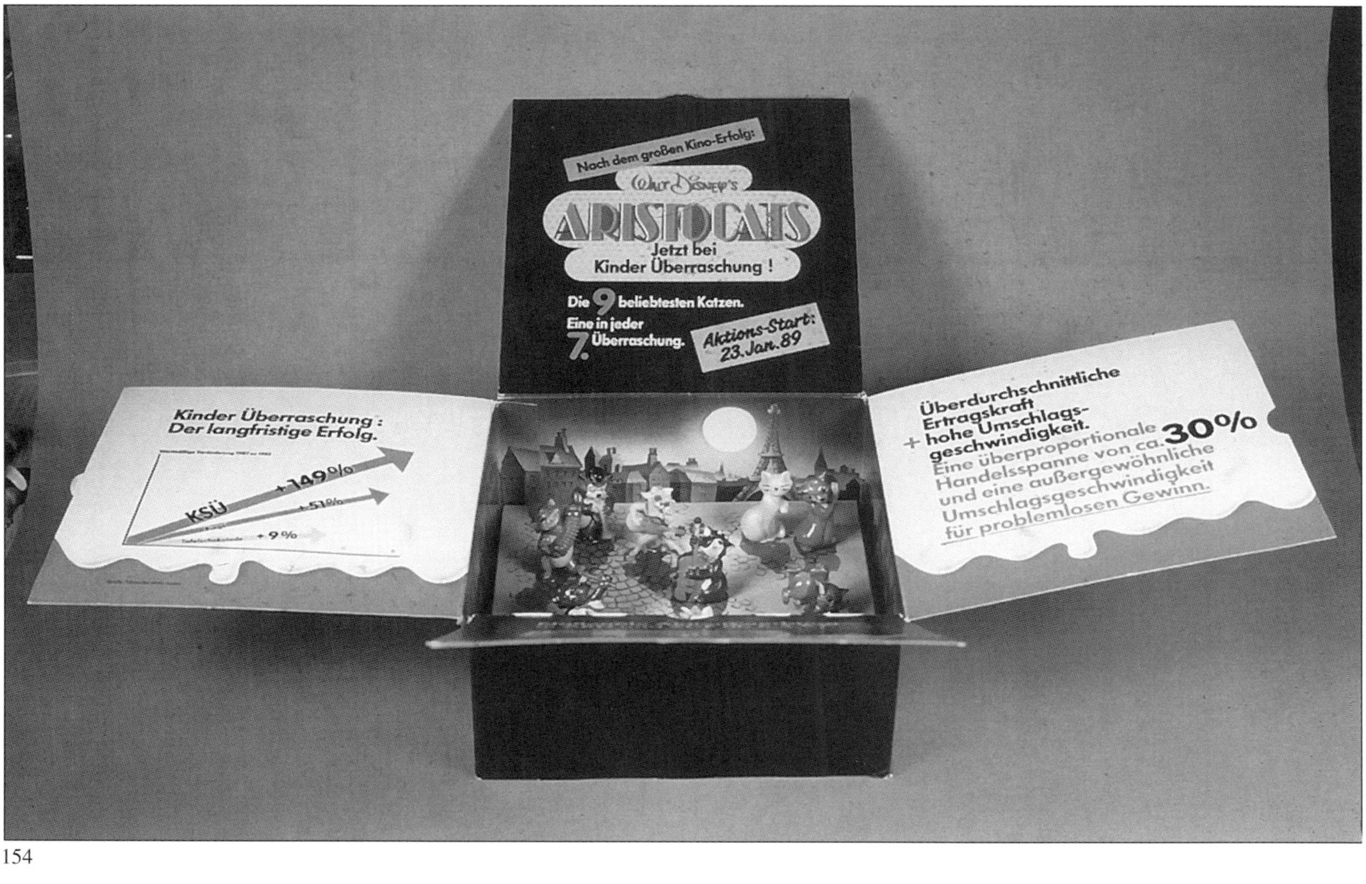
Nach dem großen Kino-Erfolg:
Walt Disney's
ARISTOCATS
Jetzt bei
Kinder Überraschung !
Die 9 beliebtesten Katzen.
Eine in jeder 7. Überraschung.
Aktions-Start: 23. Jan. 89
Kinder Überraschung: Der langfristige Erfolg.
KSÜ
+ 149 %
+ 51 %
+ 9 %
Überdurchschnittliche Ertragskraft
+ hohe Umschlags-geschwindigkeit.
Eine überproportionale Handelsspanne von ca. 30 %
und eine außergewöhnliche Umschlagsgeschwindigkeit
für problemlosen Gewinn.

154

155

155 Figuren Kater Karlo, Gustav Gans und Klarabella Kuh

Ferrero, 1987/1988
Steckfiguren aus farbigem Weichplastik,
Augen und andere Details als Papieretiketten.
Aus einer Serie mit 5 Figuren der »klassischen« Charaktere. In den Benelux-Ländern
kamen gleichzeitig zu den deutschen Ü-Ei-
Serien eigene Serien zum Zusammenstecken
heraus.   je **15,–/20,–**

Comics Figuras S.A. Comics Spain

Die spanische Firma Comics Spain stellte in
den 80er Jahren neben anderen Comic-Charakteren laut einem Firmenkatalog 83 Disney-
Weichplastikfiguren her, von denen nicht alle
produziert wurden. Sie sind recht phantasie-
voll, einige den Formen von Bully nachempfunden, aber etwas größer und gröber. Die
Disney-Serie wurde nicht fortgesetzt. Einige
Figuren sind besonders selten.

156

156 Drei Figuren Joe Carioca, Panchito und Donald Duck

Comics Spain, 80er Jahre
Mehrfarbig bemalte Weichplastikfiguren.
Firmenangabe sowie Copyright-Hinweis auf
dem Hut bzw. Hinterkopf. Das Trio, bestehend aus dem brasilianischen Papagei, dem
mexikanischen Hahn und der US-Ente, kam in
dem Film »The Three Caballeros« (1945)
zusammen. Er war wie »Saludos Amigos«
(1943) speziell für lateinamerikanische Länder konzipiert.
H. 6,5 bis 9,5 cm   Satz **45,–**

157 Figuren Drei kleine Schweinchen

Comics Spain, 80er Jahre
Weichplastikfiguren wie Nr. 156, Markierungen auf dem Rücken. Zu diesem Satz gehört
noch der Große Böse und der Kleine Wolf.
H. ca. 6,5 cm   Satz **45,–**

157

**158 bis 160   Neun Figuren Hexe, Schnee-
wittchen, Sieben Zwerge**
Comics Spain, 80er Jahre
Weichplastikfiguren wie Nr. 156, Markierun-
gen auf dem Rücken bzw. unter dem Boden.
Einige der Zwerge erinnern an die Bully-
Zwerge (siehe Nr. 142). Hexe und Schneewitt-
chen sind selten.
H. bis 7,5 cm   Satz **80,–/140,–**

158

159

160

161

162

163

161   Drei Figuren Baby Micky, Baby Goofy, Baby Minnie
Comics Spain, 1987
Weichplastikfiguren wie Nr. 156, Markierungen auf dem Rücken. Ähnliche Disney-Babies gibt es auch von den Firmen Bully und M+B.
H. 4,5 bis 5,5 cm   je **10,–**

Brabo, Niederlande, Made in Hongkong

162   Drei Biegefiguren Micky, Donald, Pinocchio
Donald und Pinocchio: Brabo, Hongkong, Micky: unbekannter ungarischer Hersteller, 80er Jahre
Mehrfarbig bemalte Weichplastikfiguren; im Inneren befindet sich ein Draht, so daß die Gliedmaßen sich biegen lassen. Die beiden Brabo-Figuren auf dem Rücken mit Markenzeichen und Copyright-Hinweis. Micky ungemarkt.
H. 12 bis 14 cm
    Brabo-Figuren je **12,–**; ungarische Figur **7,–**

Maria und Borges (M+B), Portugal

Neben den »Entenhausenern« sind von der portugiesischen Firma auch Sport-Goofys, Disney-Babies und ein Schneewittchen-Set aus Weichplastik bekannt. Die Produktion von Disney-Figuren durch M+B ist mittlerweile eingestellt.

163   Vier Figuren Pluto, Dagobert, Daisy, Donald
80er Jahre
Mehrfarbig bemalte Weichplastikfiguren. Am Körper Markenzeichen und Copyright-Hinweis.
H. 4 bis 6 cm   je **6,–**

Applause Inc. Ca./USA

Applause ist mit mehr als 200 Grundformen
in bezug auf kleine Hartplastikfiguren mit
Disneycharakteren der Nachfolger von Louis
Marx. Applause ist eine Tochterfirma von
Wallace-Berrie & Co.

164   Vier Figuren Goofy und Donald
Applause
Made in China, 80er Jahre
Mehrfarbig bemalte Weichplastikfiguren. Am
Körper oder unter dem Boden Firmenbezeich-
nung und Copyright-Hinweis, Aufschrift
»China«.
H. 5 bis 6,5 cm   je **8,–/15,–**

165   Drei Figuren Minnie und Micky
Applause
Made in Hongkong, 80er Jahre
Mehrfarbig bemalte Weichplastikfiguren. Am
Körper oder unter dem Boden Firmenbezeich-
nung und Copyright-Hinweis, Aufschrift
»Hongkong«.
H. 4,5 bzw. 5 cm   je **8,–/12,–**

166   Drei Figuren Donald und Daisy
Applause
Made in Hongkong, 80er Jahre
Mehrfarbig bemalte Weichplastikfiguren.
Unter dem Boden Firmenbezeichnung und
Copyright-Hinweis, Aufschrift »Hong Kong«
bzw. »China«.
H. ca. 5 cm   je **8,–/12,–**

164

165

166

167

168

169

Sonstige Firmen

167   Figur Micky Maus
Dell, New York/USA, Anfang 60er Jahre
Rot, weiß und schwarz bemalte, fleischfar-
bene Weichplastikfigur. Auf Mickys Hemd ist
das Emblem des amerikanischen »Mickey
Mouse Clubs« – diese Figur ist Merchandise
zu der gleichnamigen US-Fernsehserie. Die
Form wurde als Fremdmuster (Dis 3102) auch
von der W. Goebel Hummelwerk Spielwaren
KG verwendet (siehe Nr. 102).
H. 20 cm   **50,–**

168   Figur Klein Adlerauge
Deutschland, 60er/70er Jahre
Mehrfarbig bemalte, braune, massive Weich-
plastikfigur. Auf der Brust Aufschrift »Adler«
in eingetiefter Raute. Werbefigur der Firma
Adler.
H. 7 cm   **15,–**

170

171

169   Figuren Neffe und Donald Duck
Magneto, Deutschland, 1967
Mit wenigen Farben bemalter Körper aus
verschiedenfarbigem massivem Hartplastik
zum Zusammenstecken. Mit mehrfarbig
bedrucktem Karton.
H. 8, 10 bzw. 10,5 cm
je **50,–**, mit Karton **100,–**

**170   Zwei Zwergen-Figuren aus
           Snow White**
Hongkong, 70er Jahre
Mit wenigen Farben bemalter Vinylkörper. Im
Fuß Quietschpfeife. Ähnliche Zwerge wurden
von verschiedenen Herstellern in Hongkong
produziert.
H. je 13 cm   je **20,–**

171   Figuren Elliot und Pluto
Wohl Hongkong, 70er Jahre
Massiver biegsamer Körper aus spärlich
bemaltem grünem bzw. gelbem Plastik. In
mehrfarbig bedruckter Papphülse.
H. bzw. L. 21 bzw. 14 cm
je **12,–**, mit Papphülse **25,–**

172   Figur Donald Duck
Bendy, England, 70er Jahre
Mehrfarbig bemalter, biegsamer, massiver
Weichplastikkörper. Auf dem Rücken Herstel-
lerangabe.
H. 26,5 cm   **40,–**

172

173

174

175

173   Figur Donald Duck
Combex, England, 70er Jahre
Mehrfarbig bemalter, gelber Hartplastikkörper. In der Mütze Quietschpfeife, Herstellerangabe. Die Form dieser Figur ist vermutlich älter.
H. 13,5 cm   **50,–**

174   Figur Donald Duck
DDR, wohl 70er Jahre
Mit wenigen Farben bemalter, weißer, hohler Hartplastikkörper, zum Teil rauhe Oberfläche. In seiner Haltung ist der Donald an die Weichplastikfigur von Marx bzw. Heimo angelehnt (siehe Nr. 108).
H. 7,5 cm   **5,–/10,–**

175   Zwei Figuren Micky Maus
DDR, wohl 70er/80er Jahre
Mit wenigen Farben bemalter, gelblicher Weichplastikkörper. Micky erinnert in seiner Haltung an Figuren anderer Hersteller, sieht aber verfremdet aus. Ohne Markierungen.
H. 6,5 bzw. 7,5 cm   **je 5,–**

176   Zwei Figuren Baby Donald
Schildkröt, Deutschland
Made in Philippines, 80er Jahre
Mehrfarbig bemalter, weißer Weichplastikkörper, im Boden Quietschpfeife. In Verkaufsverpackung aus Cellophan und mehrfarbig bedruckter Pappe zum Einhängen in Ständer, darauf Herstellerangabe.
H. Figur 10 bzw. 8 cm   **je 15,–**

177   Figur Oma Duck
Simba Toys Michael Sieber KG, Fürth
Made in China, 80er Jahre
Weißer, spärlich bemalter Körper aus weichem, beweglichem Plastik, die Augen aus Hartplastik aufgeklebt. Farbige Textilkleidung. In mehrfarbig bedrucktem Pappkarton mit Lasche zum Einhängen und Cellophansichtfenster. Neben der Serie »Disney Family« gibt es von Simba in gleicher Machart die Serie »Duck Tales«.
H. der Figur 10 cm
Karton 11 x 22 x 6 cm   **10,–**

Textilfiguren

Dean's Rag Book Company Ltd., Rye/England

Die Dean's Rag Book Company wurde 1903 unter dem Namen Dean's Childplay Toys Ltd. gegründet und stellte zunächst Kinderbücher aus Stoffresten her. Es folgten weiche Puppen aus Wolle, Baumwolle, Plüsch und Samt. In den Dreißigern kamen mit Lizenz Mickey, Minnie, Donald und Pluto auf den Markt. Besonders bekannt ist die Figur des Mickey, die Walt und Roy Disney nicht gefiel, weil sie die Zähne zeigte.
Möglicherweise sind die Dean's Rag-Mickys auch in Lizenz von der Firma Moritz Pappe, Liegnitz, für den Verkauf in Deutschland,

Österreich und Ungarn hergestellt worden.
Der »Deutschen Spielwaren Zeitung« vom
März 1931 ist zu entnehmen, daß Dean's Rag
der Firma Pappe das alleinige Herstellungs-
recht übertragen habe. Dies könnte erkären,
warum sich Olga Tschechowa und Martha
Eggerth mit Dean's Rag-Mickys fotografieren
ließen.

178 Plüschfigur Mickey Mouse

Dean's Rag Book Company oder Moritz
Pappe, Liegnitz, Anfang 30er Jahre
Körper mit schwarzem, weißem und rötlichem
Plüsch überzogen, Teile aus schwarzem,
weißem und braunen Filz. Die Gesichtszüge
sind aufgedruckt. Die Beine haben im Inneren
einen Draht. Bei diesem Exemplar fehlen die
aufgenähten Glasaugen. Der hellgrüne Knopf
(ursprünglich zwei) ist möglicherweise nicht
mehr der Originalknopf. Die Füße sind erneuert.

H. 15 cm   **500,–/800,–**

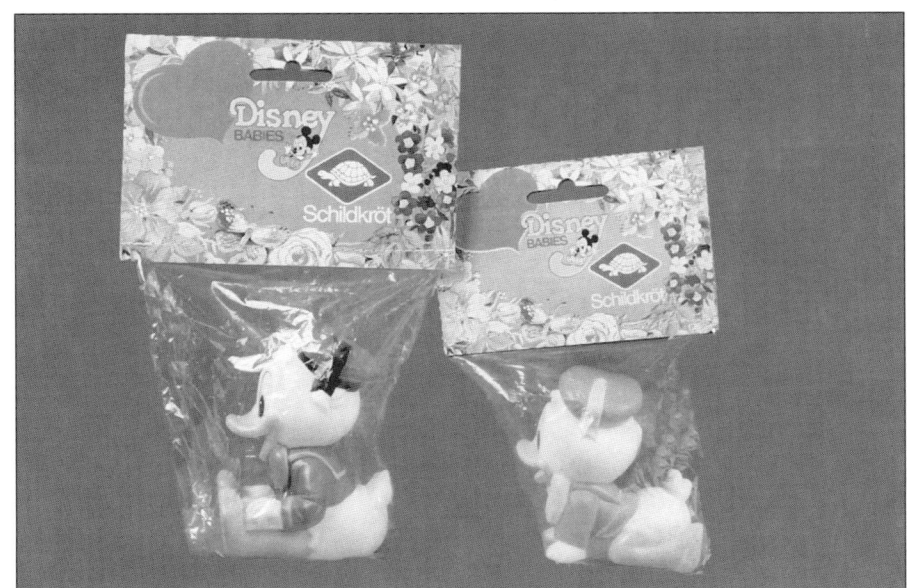

176

177

178

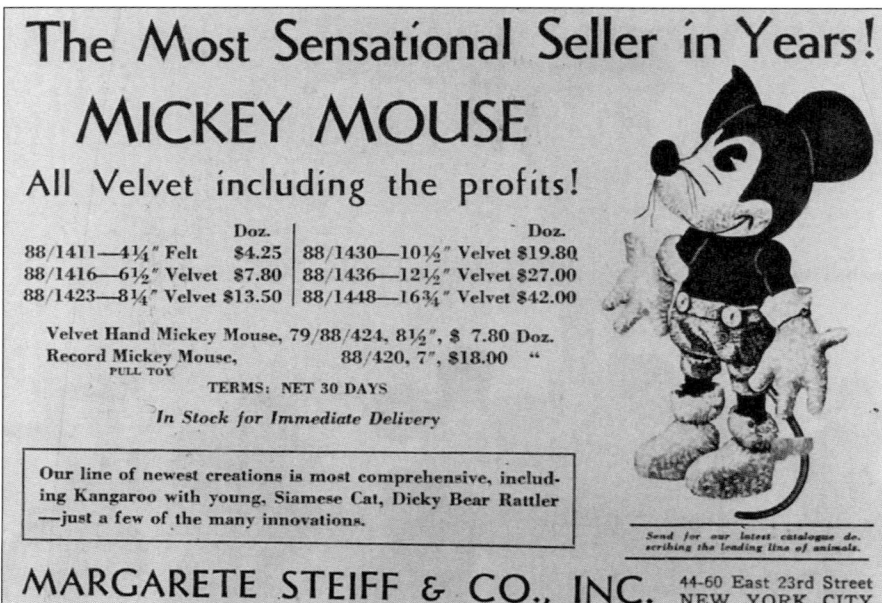

179

180

181

182

Margarete Steiff GmbH, Giengen/Brenz

Die 1877 als Filzkonfektionsgeschäft gegründete Firma stellte zunächst Kleidung und allerlei Nützliches für den Wohnbereich her. 1880 gelang ein großer Erfolg mit einem kleinen Filzelefanten als Nadelkissen. Richard Steiff, ein Neffe der Gründerin Margarete Steiff, gilt als Vater des deutschen Teddybären. Sein erster Teddy, bereits aus Mohairplüsch gearbeitet und vollkommen beweglich, wurde erstmalig 1903 auf der Leipziger Messe vorgestellt. Im gleichen Jahr begann Steiff mit

der Fertigung von populären Comic-Figuren, unter anderem aus den Serien »Katzenjammer Kids« und »Happy Hooligan«. 1913 übertrug Richard Steiff der New Yorker Firma George Borgfeldt & Co. die Alleinvertretung in den USA. In den späten zwanziger Jahren produzierte Steiff »Felix«; die Figur »Flip the Frog« nach der Serie von Ub Iwerks ging 1933 nicht mehr in Serie.

1930 sah Paul Steiff in Stuttgart einen der in Deutschland schnell populär gewordenen Kurzfilme mit Micky Maus. Die George

Borgfeldt Corp., der Walt Disney kurz zuvor die Rechte für die Kommerzialisierung seiner Figuren übertragen hatte, war amerikanischer Alleinimporteur von Steiff. Mit Lizenz begann die Produktion, schon 1931 exportierte Steiff über 30.000 Stück in verschiedenen Größen in die USA.

1932 fand eine Minnie Maus von Steiff zunächst nicht den Gefallen der Disney-Brüder, ging aber nach Veränderungen ebenfalls in den verschiedenen Größen in Serie. Die beiden Figuren blieben bis 1936 im Programm, ihr Export wurde die letzten drei Jahre über Holland organisiert. Von 1931 wurden von Micky über 53.000, von Minnie 13.000 Stück produziert. Eine Variante ist Micky mit Halsmechanismus. Daneben existiert eine »Rekord-Micky-Maus-Konstruktion« mit einer Puppe auf einem vierrädrigen Gestell, außerdem Micky als Handpuppe.

1952 erfuhr die Beziehung von Steiff zu Disney eine Wiederbelebung. Nach der deutschen Premiere von »Bambi« stellte man das Reh bis in die sechziger Jahre in den zwei Größen her, 1984 kam eine modernisierte Version auf den Markt. Von 1958 bis in die späten Sechziger produzierte Steiff das Eichhörnchen Perri aus Disneys Realfilm in drei Größen, 1961 den Dalmatinerwelpen »Rolli« aus dem Film »Pongo und Perdita«. Zum »Dschungelbuch« wurden folgende Charaktere gefertigt: Balu, der Bär; King Louie, der Affe; Baby Hathi, der Elefant, alle von 1968 bis 1974 und 1979 bis 1982. Shir Khan, der Tiger, von 1968 bis 1974; von 1979 bis 1982 als Ersatz dafür Baghira, der Panther.

Disney-Figuren von Steiff sind meist auf den ersten Blick zu erkennen: an dem charakteristischen Metallknopf im Ohr mit Aufschrift

»Steiff«, mit dem das Fähnchen, ein weißes oder gelbes Textiletikett mit Hersteller- und Materialangaben, angeheftet ist. An der Brust befindet sich die Halsmarke, ein rundes Pappetikett mit rotem Rand und einem gelben Teddykopf, Aufschrift »Steiff-Orginal-Marke« und Name der Figur. Nach 1972 haben sich das Fähnchen und die Halsmarke geringfügig verändert. Etiketten und Knopf fehlen bei stark bespielten Figuren häufig.

179 Margarete Steiff & Co., Inc.
Anzeige in der amerikanischen Zeitschrift »Toys und Novelties«, November 1931

180 Figur »Mickey Mouse«
Steiff Nr. 1416, 1931 bis 1936
Schwarzer, weich gestopfter Samtkörper, rote Samthose mit vier Perlmuttknöpfen, gelbe Handschuhe, ockerfarbene Samtschuhe, die Augen aus aufgeklebten Wachstuchblättchen. Fähnchen und Halsmarke fehlen hier.
H. 17 cm   **1.500,–/2.500,–**

181 Figur »Bambi«
Steiff Nr. 7414, 60er Jahre
Glatter hellbrauner Körper aus Baumwollsamt mit Mohairbrust, die Augen aus Plastik. Im linken Ohr Knopf und Textiletikett, an der Brust angehängtes Pappetikett. Diese Figur des in Deutschland außerordentlich beliebten Filmrehs kam 1952 auf den Markt.
H. 14 cm   **60,–**

182 Figur »Perri«
Steiff Nr. 4317, Ende 50er/60er Jahre
Gelber und brauner Mohairkörper aus Wolle und Baumwolle mit kurzen und am Schwanz langen Haaren, die Pfoten aus Filz halten einen Samtzapfen. Die Augen aus Plastik. Etiketten wie bei Nr. 181, jedoch mit Aufdruck »Perri«.
H. 10 cm   **50,–**

183 Foto Walt Disney in Berlin
1958 kam Walt Disney zu den Filmfestspielen nach Berlin (siehe auch Nr. 70). Hier wurde sein Film »Perris Abenteuer« aufgeführt, der nach dem Roman des österreichischen Schriftstellers Felix Salten entstanden war. Salten hatte auch die Vorlage zu »Bambi« geschaffen. Disneys Besuch wurde von allerlei Werbemaßnahmen begleitet: So hängte man über Straßenschilder an der Gedächtniskirche neue Aufschriften, aus dem Kurfürstendamm wurde die Disney-Allee. Auf diesem Foto präsentiert sich Walt mit Perri-Figuren von Steiff, die in diesem Jahr auf den Markt kamen.

184 Figur »Rolli«
Steiff Nr. 1312, 60er Jahre
Weißer Mohairkörper mit schwarzen Flecken, schwarzweiße Glasaugen. Diese Figur kam 1961 zu dem Film »Pongo und Perdita« auf den Markt.   **300,–**

183

184

185

186

186   Figur Micky Maus
Wohl Italien, 60er Jahre
Körper mit farbigem Textil und Filz überzogen, Filzkleidung.
H. 18 cm   25,–

187   Figur Donald Duck
60er Jahre
Körper mit gelbem, weißem und blauem Stoff überzogen, Kragen und Schleife aus Filz. Kopf und Hände aus Plastik.
H. 33 cm   30,–/50,–

188   Figur »Donald Duck«
Hermann-Spielwaren GmbH, Coburg-Cortendorf, 70er/80er Jahre
Figur aus Plüsch mit Filzteilen, Augen aus Plastik, blaue Textilkleidung. Etikett mit Herstellerangabe an der Jacke. Johann Hermann begann um 1907 in Neufang in der Nähe des thüringischen Sonneberg mit der Herstellung von Holzfiguren. Die Firma verlegte sich 1913 auf die Produktion von Teddybären, mit denen sie weite Bekanntheit erreichte. 1953 siedelte das Unternehmen von Sonneberg nach Coburg um. Zu den dort gefertigten Plüschfiguren gehören einige Comic-Charaktere, darunter auch von Disney.
H. 26 cm   40,–

Sonstige Firmen

185   Figur Minnie Maus
Deutschland, 50er Jahre
Stoff- bzw. filzüberzogener Körper mit biegsamen Gliedmaßen. Rote und schwarzweiße Kleidung. Schwarze Perlen als Augen und Nase. Eine größere Version, vermutlich aus

den 30er Jahren, ist bekannt. Diese Mäuse werden Schuco zugeschrieben, stammen aber möglicherweise von einer anderen Firma in Ostdeutschland, die nach 1945 in der DDR weiterexistierte und die alte Form der 30er wieder aufgriff.
H. 16,5 cm   70,–/100,–

189   Figur »Balu«
Milton Bradley GmbH, Fürth
Made in Korea, 1988
Körper mit Plüschüberzug in verschiedenen Grautönen, Plastikaugen. Am Arm Etikett mit Herstellerangabe.
H. 38 cm   50,–

187

188

189

190 Set mit Figur »Daniel Düsentrieb«
RWS Mobilo Vertriebs GmbH, Allershausen,
80er Jahre
Körper mit farbigem Textil überzogen, Pla-
stikkopf und -füße, an Händen und Füßen
Saugnäpfe aus Plastik. Dazugehörig das Hel-
ferlein als Biegefigur aus plastiküberzogenem
Draht. In mehrfarbig bedruckter Faltschachtel,
die als Ausschneidebogen für den Bau eines
»Elektronengehirns« gedacht ist. Durch die
Fernsehserie »Duck Tales« hat Daniel Düsen-
trieb neue Popularität erhalten.
H. Figur: 28 cm
Karton: 13 x 29 x 13 cm   **20,–**

Figuren aus anderen Materialien

191 Figur Minnie Maus
Deutschland, frühe 50er Jahre
Körper aus pappeartigen farbigen bzw. weißen
Kugeln, der Kopf mit Pappohren, Arme und
Beine aus braunen »Pfeifenreinigern«, Röck-
chen aus violettem Geschenkband. Diese
Minnie sowie ein ähnlicher Micky waren mit
einem Drahtstift in einen Blumentopf mit
Neujahrs-Glücksklee oder in einen Knallbon-
bon eingesteckt. Vermutlich gab es solche
Figuren schon in den 30ern.
H. 7,5 cm   **50,–** bis **130,–**

192 Fahrrad-Figur Donald Duck
Japan, um 1950
Grün, rot, orange und schwarz bemalter Zellu-
loidkörper mit Armen und Beinen, die durch
Gummiband am Körper gehalten werden.
Körper befestigt auf Drahtspirale, oben rote
Holzperle. Dieser Donald ist auf das Schutz-
blech eines Fahrrads zu montieren. Diese
Figur ist auch ohne diese Halterung bekannt.
Solche Zelluloid-Figuren der Jahre 1946 bis
1951 stammen aus dem besetzten Japan
(»Occupied Japan«).
H. Donald 7 cm, Gesamt-H. 11,5 cm
          60,– bis **100,–**

193 Figur Donald Duck
Schweden, wohl 50er Jahre
Hellblau, gelb, weiß und dunkelrot bemalter
Holzkörper aus verschraubten Einzelgliedern.
Arme, Beine und Hals können gebogen wer-
den. Unter dem rechten Fuß Stempel »Made
in Sweden«. In diesem Exemplar fehlen der
Kragen und das Bürzelende aus blauem Filz.
H. ca. 23 cm   **150,–**

190

191

192

193

194

195

196

197

194 Figur Pinocchio
50er Jahre
Unbemalter Bleikörper. Dieser Pinocchio
entspricht in seiner Form der Weichplastikfigur von Marx bzw. Heimo.   **25,–**

195 Figur Donald Duck
70er Jahre
Körper aus verschiedenfarbigem, mundgebla-
senem Glas. Ohne Lizenz hergestellt.
H. 7 cm   **10,–/15,–**

196 Figur Micky Maus
70er Jahre
Aus Kronenkorken zusammengesetzter Körper, schwarz, weiß, gelb und rot bemalt. Die
Schnurrhaare aus Draht. Wohl ohne Lizenz
hergestellt.
H. 13 cm   **15,–**

197 Zwei Figuren Pluto und Micky
Garbep S.A., Barcelona/Spanien (Lanco),
80er Jahre
Mit wenigen Farben bemalter, sehr weicher
Latexkörper. Im Boden Quietschpfeife mit
Herstellerangabe. Solche Latexfiguren wurden
in der Bundesrepublik auch in Verkaufsver-
packungen aus Cellophan/Pappe von der
Firma Simex als Babyspielzeug bzw. von der
Firma Koch als Hunde- und Katzenspielzeug
vertrieben. Latex ist ein Naturprodukt aus
Kautschuk.
H. 17,5 bzw. 10 cm   **je 10,–**

Spielzeug

Mechanisches Spielzeug

Johann Distler, Nürnberg

Johann Distler gründete um 1900 sein Unternehmen. Zunächst wurden vorwiegend »Penny toys«, einfache Blechartikel, gefertigt. Auch in den zwanziger und dreißiger Jahren führte man diese Produktlinie weiter, bot aber daneben nach dem ersten Weltkrieg zusätzlich größere Spielzeuge mit Uhrwerk und Elektroantrieb an. Ein Katalog aus der Zeit um 1930 enthält etwa 500 Artikel. Damit zählte Distler zu den größten Herstellern derartiger Spielzeugs. Der Katalog verzeichnet Eisenbahnen und Zubehör, zeitgenössische Automobile und andere Fahrzeuge, etliche Penny toys sowie etwa ein Dutzend besonderer mechanischer Figuren, darunter ein »Orgelspieler mit Musik und tanzendem Affen«. Distler fertigte ab 1929 dieses Spielzeug auch in einer Version mit Micky und Minnie Maus (siehe F 1), zunächst nur für den Export. Micky war in Deutschland ja noch nicht bekannt. Diese und weitere Micky-Artikel mit Federwerk (Micky Maus als Tänzer, als Trommler, als Lauffigur und im Musikensemble), die vermutlich von Distler gefertigt wurden, waren wohl zunächst ohne Lizenz hergestellt. In den Vereinigten Staaten vertrieb sie George Borgfeldt daher in auf den US-Markt abgestimmten Kartons unter der Firmenbezeichnung »Nifty Toys«. Nachdem Micky Maus in Deutschland bekannter war, vertrieb man auch hier die mechanischen Mickys. Die für den deutschen Markt gefertigen Spielzeuge unterscheiden sich jedoch von den amerikanischen, so schaut der Trommler bei der deutschen Version nach links, bei der Export-Version nach rechts. Die Genehmigung zum Vertrieb der Mickys im kontinentalen Europa und Südamerika besaß die Firma Eisenmann & Co., Fürth.

Schreyer & Co. (Schuco), Nürnberg

Das Unternehmen wurde 1912 in Nürnberg von Heinrich Müller und Heinrich Schreyer unter dem Namen Schreyer & Co. gegründet, 1921 hatte sich der Name Schuco durchgesetzt und wurde von nun an offiziell verwendet. Die Frühphase der Produktion umfaßte hauptsächlich mechanische Blechfiguren mit Filz- oder Stoffbezug, vorwiegend Menschen und Tiere, vor allem Vögel und Affen. Daneben fertigte man einfache Tiere aus gefüllten Stoffbälgen ohne mechanische Funktion. Ein hoher Anteil der Fertigung war für den Export bestimmt, und da man die Verkaufspreise auf Devisenbasis stellte, konnten so die schwierigen Jahre der Inflation und Weltwirtschaftskrise gemeistert werden. Der Erfolg der Micky Maus schlug sich auch auf die Produktion von Schuco nieder. 1931 produzierte man im Rahmen der »Purzel-Figuren« die »Karikatur-Maus«, eine unli-

198   Mechanische Figur Micky Maus als Trommler
Distler, um 1930
Mehrfarbig bedruckter Blechkörper, auf der Trommel Aufschrift »Mickey Mouse«; Aufschriften »Germany« und »DRGM«. Dieser »Mickey Mouse Drummer« existiert in Varianten mit nach links oder rechts gewandten, unterschiedlichen Gesichtern.
H. 16,5 cm   Exportversion **3.000,–**
deutsche Version **6.000,–**

199   Mechanische Figur Micky Maus als Tänzer
Wilhelm Kraus (WK), um 1930
Mehrfarbig bedruckter Blechkörper, kann an eine Dampfmaschine angeschlossen, aber auch durch die Kurbel in Bewegung gebracht werden, wodurch Mickey tanzende Bewegungen ausführt. Dies originelle Spielzeug mit Micky gibt es mit und ohne den Aufdruck »Slate Dancer«. Es wird häufig Distler zugeschrieben.
H. 15 cm   **Liebhaberpreis**

zenzierte Micky-ähnliche Figur. In die USA importierte man offenbar dieselben Mäuse mit dem Aussehen der Original-Micky. Daraus läßt sich schließen, daß Schuco eine Lizenz für die Export-Mickys besaß, nicht aber für die Produktion und den Vertrieb der Maus in Deutschland. 1934 präsentierte Schuco sechs verschiedene filzüberzogene mechanische Schweinchen nach dem Film »Three Little Pigs«: Schwein mit Trommel, mit Violine, mit Flöte, mit Trommel als Spardose, mit Bierkrug, mit Koffer. In diesem Jahr war durch die Herstellung von Autos aus Blech mit Federwerk ein neuer Produktionszweig entstanden, der der Firma hohe Zuwachsraten bescherte – 1936 zählte das Werk über 1.000 Mitarbeiter, teilweise wurde in drei Schichten gearbeitet. Von dem mechanischen »Pick-Pick-Vogel« konnten 1937 pro Tag etwa 40.000 Stück verkauft werden. 1937 kam eine Donald-Duck-Figur mit Federwerk auf den Markt. Aufgezogen drehte sie sich im Kreis und quakte, wobei sich der lange Schnabel bewegte.
1939 mußte Heinrich Müllers Partner Adolf Kahn, der in den Zwanzigern Heinrich Schreyer ersetzt hatte, wegen seiner jüdischen Abstammung ausscheiden. Kahn gründete in New York das Import-Unternehmen Schuco-New York. Müller ließ ihm auf heimlichen Wegen seinen Anteil an der Firma nach Amerika nachkommen. Dies war ein Grund dafür, daß die Alliierten Müller gleich nach Kriegsende die Wiederaufnahme der Produktion erlaubten. Das Schuco-Spielzeug erlebte in den fünfziger Jahren eine neue Blüte, die Firma konnte mittlerweile mehr als tausend

198

199

200

201

Patente vorweisen. Hohe Qualität und entsprechende Preise waren Kennzeichen von Schuco-Spielzeug. 1958 übernahm nach dem Tode Heinrich Müllers dessen Sohn Werner Herbert Müller die Firma. Neu in der Produktionspalette waren Plüschtiere und eine Modellbauserie. Im gleichen Jahr kam ein Nachfolger für den Donald der dreißiger Jahre auf den Markt, der allerdings nicht mehr den charakteristischen langen Schnabel hatte.

1969 sollte eine dritte Ente »auf vielfachen Wunsch neu« produziert werden, nur noch mit Filzkragen und ohne Quakstimme, dafür mit Schnabel und Füßen aus Kunststoff. 1961 produzierte Schuco die kurz zuvor in Disneyland installierte Einschienenbahn »Disneyland-Alweg-Monorail« als naturgetreues Modell im Maßstab 1:90. Die in zwei Größen erhältlichen Sets hatten allerdings wenig Erfolg, schon 1969 wurde der Verkauf eingestellt.

In den Fünfzigern waren die Figuren von Bambi und Perri aus Plüsch der Firma Steiff ein großer Erfolg. Steiff hatte jedoch in seinem Programm ausschließlich Tier- und keine Comic-Figuren vorgesehen. Um trotzdem hochwertige Plüschfiguren mit den bekannten Disney-Charakteren auf dem Markt zu haben, erteilte die Frankfurter Micky Maus GmbH ab Anfang der Sechziger der Nürnberger Firma Hegi, einer Tochterfirma von Schuco, Lizenzen für eine Reihe von weichen Disney-Artikeln. Der Firmenname Hegi war aus dem Namen der Geschäftsführerein Herta Girtz gebildet. Den Vertrieb der Hegi-Artikel übernahm Schuco. Zu der Serie der »bigo-bello«-Tiere mit Plüschkörper und biegsamen Gliedmaßen gehörten 13 Disney-Figuren. Mit 5 cm Höhe waren Susi und Strolch aus der Plüsch-Serie der »Arche-Noah«-Tiere kleiner. In die »Maskott-Serie« gehörten die 10 cm hohen Micky und Minnie Mäuse, die mit Mohairplüsch und Filz auf Metallkörpern ausgestattet waren. Die »Twisti-Dancer«-Mickys konnten dank eines Federwerks die charakteristischen Bewegungen des Modetanzes Twist ausführen.

Ende der Fünfziger hatte – nicht nur das Nürnberger – Blechspielzeug seine Bedeutung verloren. Anbieter aus Ostasien überschwemmten den Markt mit Blech- und später mit Plastikspielzeug. Das Federwerk als Antrieb wich der Batterie. Schuco stellte 1966 den größten Teil der Blechproduktion ein und verlegte sich auf Modellautos. Der Erfolg blieb allerdings aus. 1976 mußte die Firma Konkurs anmelden, Schuco wurde an den britischen Spielzeug-Konzern Dunbee-Combex-Marx verkauft, 1980 ging die Firma an Mangold (Gama) in Fürth über.

Literaturhinweis:
Schuco Sammler-Katalog. 2 Bände, Dortmund 1988
Rudger Huber: Schuco. Augsburg 1991 (Battenberg Sammlerkataloge)

**200 Mechanische Figur Schweinchen
      Fiedler**
Schuco (Nr. 980/2), 1934
Blechkörper mit rosa Filz überzogen, blaue,
schwarze und weiße Kleidung aus Filz, mehr-
farbig bedruckte Violine. Nach Aufziehen des
Uhrwerks bewegt der rechte Arm den Geigen-
bogen. Bei diesem Exemplar Fehlstellen und
Reparaturen am Filz. Schuco-Schweinchen in
dieser Form wurden noch in den 60er Jahren
gefertigt.
H. 11 cm
In diesem Zustand **350,–**, guter Zustand **700,–**

201 Mechanische Figur Donald Duck
Schuco, 1937
Gelb, rot, schwarz und weiß bedruckter und
bemalter Blechkörper, am Bürzel weißer Filz,
blaue und weiße Filzbekleidung. Nach Aufziehen des Uhrwerks bewegt sich der Schnabel auf und ab, die Ente quakt und »tanzt«.
Links und rechts am Körper Herstellerangab-
en, unten »Germany«. Um den Hals rot
bedruckter Anhänger mit Copyright-Hinweis,
Seriennummer und Hinweis »Foreign«, vermutlich für den Export. Verpackung aus mehrfarbig bedrucktem Karton. Solche Donald-
Figuren sind in in einer Szene des amerikanischen Spielfilms »Bachelor Mother« von
1939 zu sehen.
H. 14,5 cm   **1.300,– bis 2.000,–**

202 Mechanische Figur Donald Duck
Schuco, 1969
Bedruckter Blechkörper ähnlich wie Nr. 201,
jedoch mit kurzem (oberem) Schnabel und
Füßen aus gelbem Plastik. Nur Kragen und
Mütze sind aus Filz. Unten am Körper ge-
druckte Herstellerangabe und Seriennummer

203

984. Dieser Donald bewegt den Schnabel und
tanzt, ist aber stumm. Dazu gehört eine Verpackung aus mehrfarbig bedrucktem Karton.
H. 15 cm

350,–, mit Originalkarton **550,–**

203 Disneyland-Alweg-Einschienenbahn
Anzeige in der »Micky Maus« 50/1961

**204 Modell der Einschienenbahn
      »Disneyland Alweg-Monorail«**

Schuco Nr. 6333, Anfang 60er Jahre
Dreiteiliger blau-weiß-silberfarbener Zug aus
Blech und Hartplastik. Fährt elektrisch betrie-
ben auf Schienen aus grauem Plastik mit
Metallstreifen. Diese Schienen werden auf
Trägern mit runden Querschnitten montiert. In
mehrfarbig bedruckter Verpackung aus Karton, dem auch das Zubehör und ein Anlei-
tungsheft beiliegen. Es existieren zwei unterschiedliche Zusammenstellungen.
Länge Zug: 36 cm, Karton: 47 x 37 x 4,5 cm
400,–/500,–

202

204

205

206

207

**205 und 206   Schuco »bigo-bello«-Plüsch-
           figuren**
Anzeigen in der »Micky Maus« 42/1959 und
47/1960

207   Figuren Micky und Minnie Maus
Hegi Nr. 7800/2, 60er Jahre
Metallkörper mit Mohairplüsch, Filz und
Hartplastik, Textilkleidung. Die Gliedmaßen
und Schwänze sind biegsam. Das Paar stammt
aus der Serie »Maskott«. Hegi war eine Toch-
terfirma von Schuco.
H. 9,5 cm   je **300,–/400,–**

Sonstige Firmen

**208   Mechanische Plüschfigur
       Donald Duck**
Max Carl, Coburg, 50er /60er Jahre
Blechkörper, überzogen mit weißem Plüsch,
Vinylhände. Schnabel, Augen, Füße und Kleidung aus farbigem Filz. Papieretikett mit
Firmensymbol und Seriennummer, Copyright-
Hinweis unter dem Boden. Das Uhrwerk läßt
die Figur tanzen und quaken. Neuere Versionen besitzen einen Filzschnabel ohne Mütze
sowie einen Plastikschnabel. Dieser Donald
und ein Micky von Carl gehören zu den
mechanischen Plüschfiguren, die es seit etwa
70 Jahren neben den »klassischen« Blech-
spielzeugen mit Mechanik gibt. Neben Max
Carl fertigte auch Erich Motschmann (Neustadt bei Coburg) in den 50er und 60er Jahren
mechanische Disney-Figuren aus Plüsch.
H. 19 cm   **120,–/230,–**

209   »Trick-Track-Draisine« Micky Maus
E. G. Lorenz, Chemnitz i. Deutschland, 1936
Grüner Federwerk-Blechkorpus mit roten
Metallrädern und Micky-Maus-Massefiguren,
diese Figuren sind mit denen des Lionel
Handcars identisch (vgl. auch Seite 38).
Bisher einziges bekanntes Exemplar.
H. 12 cm, B. 6 cm, L. 31 cm **Liebhaberpreis**

208

209

210

210 Mechanische Figuren Donald, Micky und Pluto

Tomy

Made in Taiwan, um 1977

Körper aus Hartplastik, mehrfarbig. Wird das Uhrwerk aufgezogen, watschelt bzw. geht oder hüpft die Figur.

H. ca. 8 cm   je 25,–

211 Mechanische Figur Mickey the Magician

Linemar, Japan, importiert von Louis Marx, um 1960.

Dieses mechanische Spielzeug lehnt sich an einen beliebten alten Automatentyp an, bei dem ein Taschenspieler scheinbar Dinge verschwinden und auftauchen ließ. Mickey deckt mit Hilfe eines Elektromagneten im Zylinder ein Blechküken zu, bewegt dabei den Zauberstab und quiekt einige unverständliche Formeln. Hebt er den Hut, ist das Küken verschwunden. Nach dem nächsten Zylinderheben ist es wieder da. Mickey bewegt sich mittels eine Elektromotors. In den 50ern und

211

besonders in den 60ern ließ Louis Marx zahlreiche qualitätvolle mechanische Blechspielzeuge mit Disney-Charakteren in Japan fertigen.
H. 30 cm
    In neuwertigem Zustand mit Karton **4.000,–**

212   Mechanische Figur Micky Maus
Wohl Deutschland, 60er/70er Jahre
Körper aus Blech und Pappe mit Vinylkopf
und Hartplastikschuhen. Kleidung aus farbi-
gem Textil, Filzhände. Wird das Uhrwerk mit
dem Plastikschlüssel aufgezogen, schlägt
Micky die Becken aneinander.
H. 19,5 cm   **40,–**

**213   Mechanische Figur »Donald the
        Musician«**
Illco Toy Company, New York/USA
Made in Thailand, nach 1984
Körper aus Hartplastik, mehrfarbig. Wird die
Feder aufgezogen, bewegt sich Donald auf
und ab und schüttelt die Maracas. In mehrfar-
big bedrucktem Pappkarton mit Sichtfenstern.
Dieser Donald ist an ein altes Blechspielzeug
von Louis Marx angelehnt.
H. der Figur: 19 cm, Karton: 18 x 23,5 x 10,5 cm
                                     50,–

Hand- und Fingerpuppen

214   Handpuppe Donald
60er/70er Jahre
Bemalter gelblicher Vinylkopf, auf der Hinterseite Copyright-Hinweis. Kleidung aus farbigem, gemustertem Textil, weiße
Hartplastikhände.
H. d. Kopfes 13 cm, H. Gesamtfigur ca. 29 cm
                                     50,–

212

213

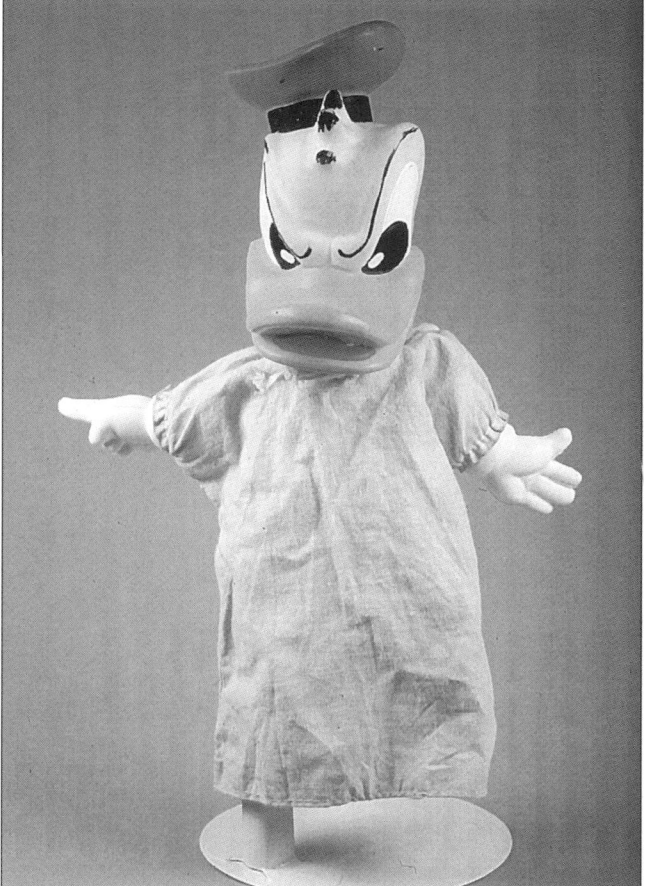

214

215

216

217

215   Handpuppe Kleiner Wolf
60er/70er Jahre
Bemalter weißer Weichplastikkopf. Kleidung
aus farbigem, gemustertem Textil, weiße Hartplastikhände.
H. d. Kopfes 15 cm, H. Gesamtfigur ca. 30 cm
40,–

216   Handpuppe Goofy
60er/70er Jahre
Bemalter farbiger Weichplastikkopf, auf der
Hinterseite Copyright-Hinweis. Kleidung aus
farbigem, gemustertem Textil, weiße Hartplastikhände.
H. d. Kopfes 15 cm, H. Gesamtfigur ca. 32 cm
40,–

217   Handpuppe Donald Duck
Famosa, Spanien, 70er/80er Jahre
Bemalter Weichplastikkopf, auf der Hinterseite Herstellerangabe. Kleidung aus Textil
mit mehrfarbigem Aufdruck: Donald-Körper
und Aufschrift »Pato Donald«. Schwarzer
Filzkragen. Es existiert eine neuere Variante.
H. Kopf 10 cm, H. Gesamtfigur ca. 27 cm
25,–

218   Handpuppen Drei kleine
         Schweinchen
Famosa, Spanien, 70er Jahre
Bemalter fleischfarbener Weichplastikkopf,
auf der Hinterseite Herstellerangabe. Klei-
dung aus gelblichem Textil.
H. Kopf 10 cm, H. Gesamtfigur ca. 27 cm
Satz **40,–**

218

219 Drei Fingerpuppen Micky, Donald, Goofy
60er/70er Jahre
Weichplastikkörper, mehrfarbig bemalt.
H. 8 bzw. 9 cm   je **30,–**

Automodelle

220 Automodell Goofy
Polistil, Italien, 70er/80er Jahre
Chassis aus verschraubten roten, blauen und
silberfarbenen Metallteilen, Räder und
bemalte Figur des Goofy aus Hartplastik.
Unter dem Boden Herstellerhinweis.
L. 8 cm, H. 7 cm   **50,–**

**221 Zwei Automodelle Donald Duck
und Susie**
Japan, 70er/80er Jahre
Farbig gespritzte Metallteile und farbige Hart-
plastikteile, Figur Hartplastik. Unter dem
Boden Markenzeichen. Das hellblaue Auto
war »Star« des Kurzfilms »Susie the Little
Blue Coupe« (1952).
L. 6 cm bzw. 5,5 cm   je **20,–**

219

220

221

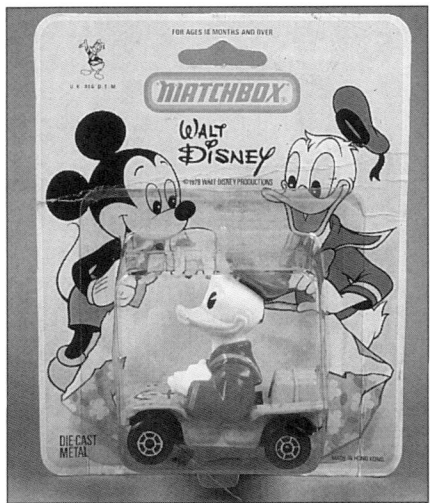

222

223

224

225

**222   Auto Donald Duck in
          Verkaufsverpackung**
Lesney, 1979
Auto ähnlich wie unter Nr. 224, Seriennummer
2. Die Verpackung aus mehrfarbig bedrucktem
Karton zum Einhängen in Ständer und durch-
sichtiger Kunststoffhülle für das Auto.
Karton 12 x 15 cm   **50,–**

223   Zwei Autos Donald Duck
Guisval, Spanien bzw. Lesney, England, 70er
Jahre
Das »Matchbox«-Auto der Firma Lesney
(rechts) besteht aus Metall, der spanische
Nachbau (links) dagegen weitgehend aus
weißem und schwarzem Hartplastik, mit
Anhängeröse. Die Hartplastikfigur bei beiden
Modellen ist mehrfarbig bemalt, die spanische
Version mit drehbarem Kopf. Unter dem
Boden die jeweilige Herstellerangabe.
L. 7 bzw. 6,3 cm
                       links **12,–**, rechts **25,–**

**224   Autos Jiminy Cricket, Pinocchio
          und Lokomotive Goofy**
Lesney Products & Co., Ltd., London/England
Made in Hongkong bzw. Macao, 1979
Autos aus farbig gespritztem Metall, Hartplas-
tikteile. Die Figuren aus mehrfarbig bemal-
tem, weißem Hartplastik. Unter dem Boden
Herstellerangaben. Insgesamt gab es 15 ver-
schiedene Modelle sowie weitere mit kleinen
Varianten.
L. ca. 7 cm   je **25,–**

225   Automodell »Paperino«
Burago SPA, Burago di Molgora/Italien, 1983
Modell im Maßstab 1:18 aus Metall mit Hartplastikteilen. Figur aus mehrfarbigem Hartplastik. In Verkaufsverpackung aus mehrfarbig
bedrucktem Karton und Cellophan.
L. Auto 23 cm, Verpackung 36 x 16 x 19 cm
                       mit Karton **150,–/200,–**

Spiele

Kartenspiele

226 Schwarzer-Peter-Spiel Micky Maus
Vereinigte Altenburger und Stralsunder Spiel-
karten-Fabriken AG, Stuttgart, 50er Jahre
33 Spielkarten mit mehrfarbigen Motiven aus
dem Film »Peter Pan«, einfarbige rautierte
Rückseite. Zusätzliche Karte mit Spielregeln.
In mehrfarbig bedruckter Papphülse.
6 x 9 x 1,3 cm **40,–**

227 Quartettspiel »Pinocchio«
F. X. Schmid Vereinigte Münchener Spielkar-
ten-Fabriken GmbH, frühe 50er Jahre
36 Karten mit mehrfarbiger Vorder- und einfarbiger blauer Rückseite, Motive aus dem
Film. In Pappkarton mit schwarzem Deckel,
beklebt mit mehrfarbigem Papieretikett.
8 x 11,5 x 2,5 cm **40,–**

228 Quartettspiel »Bambi«
F. X. Schmid, München, Anfang 60er Jahre
32 Quartett-Karten mit Motiven aus dem Film
in Plastikkasten, einfarbige blaue Rückseite.
In Hartplastikkasten mit durchsichtigem
Deckel. Das Spiel enthält zusätzlich eine
Karte mit Spielregeln und ein mehrfarbiges
Deckblatt. Auf der Unterseite des Kastens
befindet sich die Firmenangabe und die Aufschrift »Die alte deutsche Marken-Spielkarte
seit 100 Jahren« (vgl. F 10).
7,5 x 11 x 2,8 cm **25,–/35,–**

229 Quartettspiel »Aristocats«
F. X. Schmid, München, 70er Jahre
32 Quartett-Karten mit Motiven aus dem
Film, einfarbige blaue Rückseite. In Plastika-
sten mit gelber Unterseite und transparentem
Deckel.
7,5 x 11 x 2 cm **5,–/10,–**

226

227

228

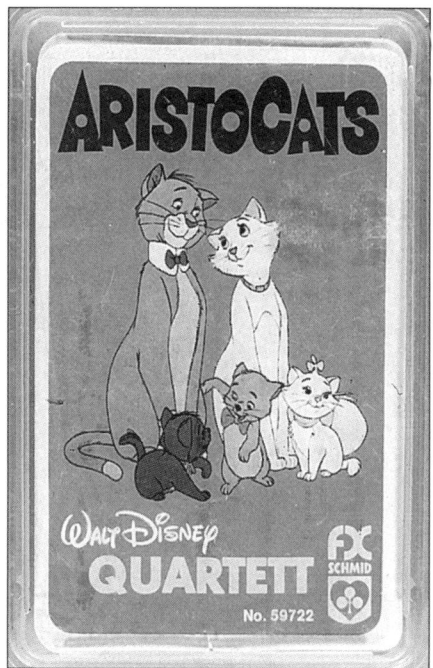

229

230

231

232

Sonstige Spiele

230 Legespiel Micky Maus
Deutschland, 30er Jahre,
Pappe und Papier mit farbigen Micky-Maus-
Illustrationen.
0,5 x 7,5 cm, L. 17,5 cm   **Liebhaberpreis**

**231 Schablonen-Set »Mickey's and
Minnie's Merry Moments«**
J. W. Spear & Söhne, Nürnberg, 1930
Mehrfarbig bedruckter Pappkarton. Inhalt: 8
kleine (14 x 9 cm) und 2 große (13 x 24 cm)
Schablonen aus Karton, 8 Blöckchen mit
Farbe, ein Töpfchen für Wasser, Reißnägel
und Pinsel. Dieses Schablonen-Set wurde von
George Borgfeldt in die USA importiert (siehe
Seite 36).
Karton 22,5 x 33 x 3,5 cm   **350,–/500,–**

**232 Zwei Puzzlespiele Donald und
Freunde, Wolf und Schweinchen**
Zig Zag, Schweiz, 60er Jahre
Jeweils 99 mehrfarbig bedruckte Puzzleteile
aus Karton. In zylindrischer Blechbüchse mit
mehrfarbig bedrucktem Etikett. Auf dem
Deckel Herstellerangabe.
H. je 17,5 cm, D. 7 cm   **je 30,–**

233

234

235

233 Spiel »Micky's Ringe«
J. W. Spear, späte 50er/frühe 60er Jahre
Mehrfarbig bedruckter Pappkarton. Innen
mehrfarbig bedruckte Pappaufsteller mit Disney-Charakteren. Beigelegte farbige Ringe
aus Hartplastik (ältere Version: Metall) sind
auf die Figuren zu werfen.
Kasten 22,5 x 31 x 2 cm   **35,–**

234 Kugelspiel Micky Maus
KaEff, Berlin, wohl 60er Jahre
Plastik und mehrfarbig bedruckte Pappe,
gezeichnet »KaEff Berlin-Buchholz«. Auch
mit anderem Herstellernachweis aus der DDR
bekannt.
H. 1 cm, D. 6 cm   **35,–**

235 Schiebepuzzle Susi und Strolch
Richard Simm & Söhne, Karlsruhe (Simex)
Made in Belgium, 70er Jahre
Weißes Plastiktableau mit 16 mehrfarbig
bedruckten Puzzleteilen. Auf Vorder- und
Rückseite Herstellerangaben.
17 x 20 x 0,7 cm   **10,–**

236

236   Spiel »Walt Disney Master Mind«
Invicta Plastics Ltd., Deutschland, 1978
Mehrfarbig bedruckter Pappkarton. Innen
Steckvorrichtung aus blauem Plastik,
Pappaufsteller »Zauberschloß« und 80 Pappfi-
guren mit Disney-Charakteren, alle mehrfar-
big bedruckt. Variante des bekannten Spiels
»Master Mind«.
Kasten 35,5 x 20 x 3 cm   **25,–**

Optisches Spielzeug

**237   Heimkino-Film »La Mouche et la
Vilaine Araignée«**
Kodak, Frankreich, 30er Jahre
Mehrfarbig bedruckter Pappkarton »Cine
Kodagraph Mickey Mouse«. Enthält Film-
spule aus schwarzem Metall für 8-mm-Film.
8 x 8 x 1,7 cm   (ohne Film) **60,–**

**238   Heimkino-Film »Peter Pan's
Abenteuer mit Käptn Hook«**
Walt Disney 8 mm Home Movies, London,
70er Jahre
Vertrieb in Deutschland: Globus-Film, Mün-
chen
Spule mit Super 8-Schwarzweißfilm. Aus-
schnitt aus dem abendfüllenden Zeichenfilm.
Verpackung aus Pappe, mehrfarbig bedruckt.
13 x 13 cm   **20,–**

237

238

**239 Projektor für Bildstreifen »Kinder-
kino – Laterna Magica«**
Optimar, Salzburg/Österreich, 50er/60er Jahre
Elektrisch betriebener Projektor aus hellbrau-
nem gehämmertem Metall. Beigelegt waren
ursprünglich sechs mehrfarbige Walt-Disney-
Bildstreifen »Color-Märchen«.
L. Projektor: 22,5 cm, Karton: 23,5 x 18 x
14,5 cm **130,–/180,–**

240 Kinderkino von Triang
Anzeige in der »Micky Maus« 49/1965

**241 Projektor für Bildstreifen
»Kinderkino«**
Meccano-Triang, Bobigny/Frankreich,
Anfang 60er Jahre
Batteriebetriebener Projektor für Bildstreifen,
rotes Plastik. In mehrfarbig bedrucktem Kar-
ton. Beigelegt aufstellbare Leinwand aus
schwarzem und weißem Plastik, 16 Walt-
Disney-Bildstreifen mit insgesamt 112 farbi-
gen Dias.
L. Projektor: 23,5 cm, 44,5 x 28 x 6,5 cm
90,–

239

240

241

242

244

243

View Master

Das System der Bildscheiben mit stereoskopischen Dias erfand William B. Gruber, ein Deutscher, der in den USA Klaviere und Orgeln baute. 1939 präsentierte Sawyer's, eine Filmentwicklungs- und Postkartenfirma aus Portland/Oregon, Grubers »View Master« erstmalig auf den Weltausstellungen von New York und San Francisco. Im Krieg benutzten Army und Navy die Bildscheiben zu Trainingszwecken. Nach dem Krieg begann weltweit der Siegeszug der Scheiben mit Sehenswürdigkeiten und besonderen Ereignissen. Daneben wurden Kinder- und Märchenserien mit Figuren und später auch mit stereoskopischen Zeichnungen produziert. Dazu gehören eine Reihe von Scheiben mit Disney-Motiven. 1952 eröffnete Sawyer's eine europäische Tochterfirma in Belgien. 1966 ging das Unternehmen in den Besitz der General Aniline and Film Corporation (GAF) über. Dieser Konzern gehörte in den siebziger Jahren zu den Sponsoren von Walt Disney World, GAF trug zu dieser Zeit den Titel »der offizielle Film von Walt Disney World«. Allerdings begann in diesem Jahrzehnt auch der Niedergang von View Master. 1980 entstand eine neue Firma: View Master International Group, Inc., deren Produkte mehr auf den Kindermarkt zugeschnitten sind.

Von Anfang an gehörten zu der in Deutschland erhältlichen Produktpalette Disney-Serien, von Scheiben zu den Themenparks, über gezeichnete Comic-Abenteuer und Geschichten mit Puppen bis hin zu zusammengefaßten klassischen Real- und Zeichentrickfilmen. Einige der View-Master-Projektoren und Betrachter warben auf ihren Verpackungen mit Disney-Figuren.

242 View Master »Walt Disney Theatre«
Anzeige in der »Micky Maus« 48/1963

243 View-Master-Projektor mit »Walt Disney Theatre«
Sawyer's Europe, Belgien, Ende 50er/Anfang 60er Jahre
Elektrisch betriebener Projektor für Bildscheiben, Metall und braunes Bakelit. In mehrfarbig bedrucktem Pappaufsteller in Form einer Theaterbühne. Wurde mit Bildscheiben geliefert.
L. Projektor 10 cm, Karton: 31 x 50 x 16,5 cm
150,–/200,–

244 View-Master-Bildscheiben
Anzeige in der »Micky Maus« 5/1956

245 und 246 Sätze mit View-Master-Bildscheiben
Sawyer's Europe bzw. GAF, Belgien, 60er/70er Jahre
Mehrfarbig bedruckte Packung mit 3 Stereo-Bildscheiben in Papierhülle und Faltblatt mit Text bzw. Begleitheft mit eingelegten Bildscheiben. Satznummern: Pluto B 529, Donald Duck B 525, Die tollkühne Hexe B 366, Disneyland A 240.
Packung 11,5 x 11,5 cm   je **15,–/25,–**

247 View-Master-Betrachter Micky Maus
View Master Ideal (Europe), Belgien im Vertrieb von Milton Bradley GmbH, Fürth, 1989
Betrachter aus rotem Plastik mit aufgesetztem Maus-Gesicht. In mehrfarbig bedrucktem Karton mit Sichtfenster. Beiliegend 6 Bildscheiben.
Betrachter: 15 x 15 x 9 cm, Karton: 28 x 20,5 x 10,5 cm   **40,–**

245

246

247

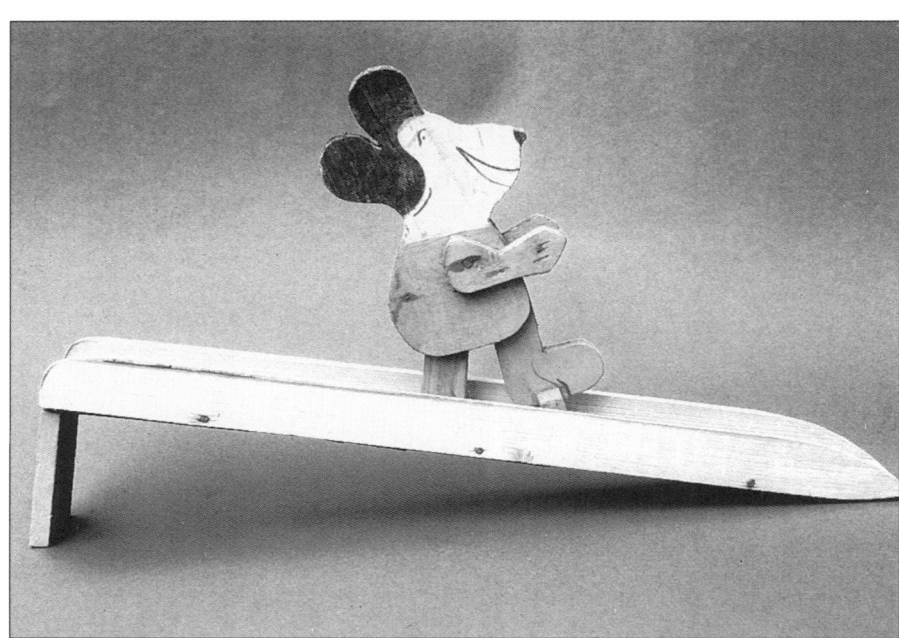

248

Sonstiges Spielzeug

248 Rampenläufer Micky Maus
Süßenguth, Neustadt bei Coburg, 30er Jahre
Schwarz und rot bemalte Figur aus Weich-
holz, bewegliche Beine mit kleinen Klötz-
chen. Micky läuft auf der Rampe abwärts. Es
existiert eine Reihe ähnlicher Rampenläufer
anderer Firmen.
H. Maus 14,5 cm, L. Bahn 33 cm **100,–/150,–**

249 Schaukelfigur Micky Maus
Möglicherweise DDR, wohl 50er Jahre
Körper aus schwarz und rot bedruckter Pappe,
auf braun bemalten Sockel geheftet.
H. 8 cm **5,–/15,–**

250 Hampelmann Pluto
Heimo (vgl. Seite 126), 60er Jahre
Farbig bedruckter Karton, mit Metallnieten
befestigte Gliedmaßen. Am Fuß Herstellerangabe. Zeichnung Wolfgang oder Katja Schäfer. Teile werden bewegt durch roten Faden,
am Ende rote Holzperle.
H. Figur ca. 30 cm **15,–/25,–**

249

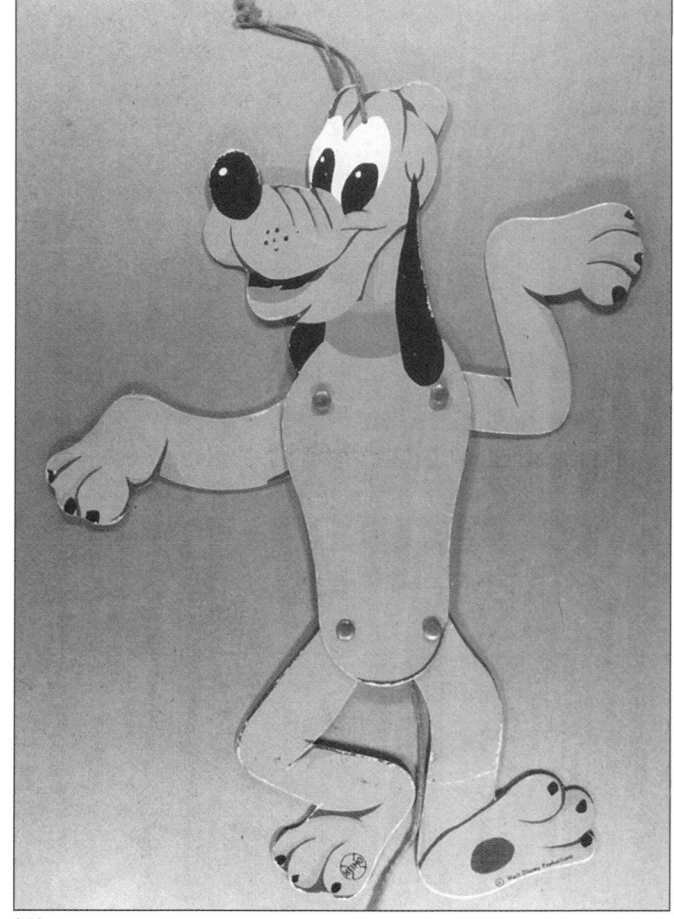

250

251   Bauklötze mit Disney-Figuren
Vermutlich Hermann Eichhorn, Egglham,
60er Jahre
Ineinandergestapelt 6 Quader aus Holz, mehr-
farbige Abziehbilder auf jeder Seite eines
Quaders, Zeichnungen von Wolfgang oder
Katja Schäfer.
B. 4,5 cm - 11,5 cm   **25,–/50,–**

**252   Display mit Kinder-«Uhren» Donald
          und Neffen**
Sohni & Co., Idar-Oberstein (Esco), 60er
Jahre
Weißer Karton mit mehrfarbigem Aufdruck.
Figuren gezeichnet von Wolfgang oder Katja
Schäfer. Aufschrift »Die Uhr lern kennen/die
Stunden nennen«, Firmenemblem. Einge-
steckt waren unterschiedliche »Uhren«. Esco
produzierte vor kurzem immer noch Disney-
Kinder-«Uhren».
15 x 20,5 cm   **50,–**

**253   Kaufmannsladen-Tütchen Micky
          Maus**
Deutschland, 50er Jahre
Zweifarbig bedrucktes Papier.
B. 5, L. 9 cm   **10,–**

251

252

253

254

255

256

254   Stehauffigur Daisy Duck
J. Rodriguez, Zurita/Spanien, 60er Jahre
Mehrfarbig bedruckte bzw. bemalte Figur aus
dünnwandigem Hartplastik, im Unterteil
beschwert. Im Inneren Glockenspiel, das bei
Bewegungen klingt.
H. 14 cm   **25,–/35,–**

255   Geh-Figur Donald Duck
Clodrey, Frankreich, 60er/70er Jahre
Textilüberzogener Körper aus Plastik und
Schaumstoff, Kopf und Hände aus Vinyl,
Mütze und Schleife aus Textil. Die Hände
sind gleichzeitig Pumpen, mit denen Luft
durch Schläuche in das Innere der Beine
gepumpt wird, und diese so bewegt werden.
H. 44 cm   **100,–/150,–**

256   Trickfigur Donald Duck
Gabriel Industries Inc., Made in Hongkong,
1977
Mehrfarbig bemalte Hartplastikfigur auf grünem Hartplastiksockel. Die einzelnen Körperteile sind durch einen Faden miteinander verbunden. Durch Druck auf den Plastikschieber
mit Feder unter dem Sockel lockert sich der
Faden, und die Figur nickt oder bewegt die
Arme. Der Sockel beklebt mit Etikett (Variante bekannt), unter dem Sockel Herstellerangabe. Dieses Prinzip der »Push-Up Puppets«
ließ sich die US-Firma Kohner Bros., Inc.,
seinerzeit patentieren. Die deutsche Firma
Simex hat seit Ende der 60er Jahre eine Reihe
dieser Trickfiguren mit Disney-Charakteren
der Firmen Kohner und Gabriel vertrieben.
H. 10 cm   **25,–**

**257   Puppe in der Puppe Donald, Daisy
und Neffen**
Hermann Eichhorn, Egglham, 70er Jahre
Mehrfarbig bedruckte Hartplastikfiguren zum
Ineinanderstecken. Unter dem Boden Herstel-
lerangabe.
H. 5-16 cm   **15,–/30,–**

258   Zwei Stempel Donald Duck und Pluto
Kreuzer, Deutschland, Ende 70er Jahre
Mehrfarbige Plastikfiguren auf grüner Stem-
pelhalterung, dort Herstellerangabe. Stempel
zeigt den Kopf der jeweiligen Figur. Mit
Stempelhülle aus durchsichtigem Plastik. Die
gleichen Figuren wurden auch mit Filzstift
zum Einstecken vertrieben.
H. 8,5 cm   **je 10,–**

257

258

259 Zwei Trapez-Artisten Donald und Goofy

Gabriel Industries, Inc., Elmwood Park, New Jersey/USA, in Deutschland vertrieben von Simex, Made in Hongkong, 1977, wohl auch älter

Roter bzw. gelber und weißer Hartplastikkörper. An dem Reck hängt durch Zwirnsfaden befestigte mehrfarbige Figur mit drehbaren Gliedmaßen. Durch Drücken auf zwei seitlichen Tasten wird das Reck verbreitert, und die Bewegungen des Fadens lassen die Figur herumwirbeln. Auf der Vorderseite Aufkleber des deutschen Vertriebs. Unter dem Boden des Spielzeugs mit Donald Original-Herstellerangaben. Goofy ist möglicherweise ein älteres Modell.

H. 13,5 cm   je **15,–/20,–**

260 Wasserpistolen Donald Duck

Wohl Hongkong, 70er Jahre

Mehrfarbig bedruckter bzw. bemalter Hartplastikkörper. »Auslöser« am Bürzel bzw. Bauch, Tankdeckel am Bürzel bzw. Hinterkopf, Spritzdüse im Schnabel.

H. 11 bzw. 12 cm   je **10,–**

261 Kreisel Micky Maus und Freunde

Lorenz Bolz, Zirndorf (LBZ, siehe auch Nr. 270), 70er Jahre

Mehrfarbig bedruckter Blechkörper, Zeichnung von Wolfgang oder Katja Schäfer. Griff und Fuß aus rotem und blauem Hartplastik. Zieht man den Griff heraus und drückt ihn herunter, wird mittels einer Schraube der Kreisel in Drehung versetzt und klappert. Am Gehäuse Herstellerangabe.

H. 20,5 cm   **30,–/50,–**

259

260

261

262

263

262 Baustein-«Wagen» mit Goofy und Pluto
Deutschland, 70er Jahre
Farbiger Hartplastikkörper in Form eines Legosteins auf Rädern, dort Herstellerzeichen. Mehrfarbige Köpfe auf weißem Sockel zum Aufstecken.
L. Wagen 15,5 cm, H. Goofy 8 cm   **25,–**

263 »Die sprechende Uhr« mit Micky Maus
Mattel Inc., Mexico im Vertrieb der Mattel GmbH, Dreieich, 1981/1989
Rotes Plastikgehäuse mit Mechanik, die durch Ziehen an einem Band in Gang gesetzt wird. Mickys Arm dreht sich dann wie ein Uhrzeiger über dem aufgeklebten Ziffernblatt, und es ertönt einer der 12 Sätze über die Stunden des Tages, etwa »Uaaah! Um ein Uhr lege ich mich aufs Ohr.« In mehrfarbig bedruckter Verpackung aus Karton.
H. 29 cm   **30,–**

264 Zwei Stempel Kleiner Wolf, Pluto, Donald Duck
Deutschland, 70er Jahre
Farbige Hartplastikhalterung mit Stempel. In mehrfarbig bedruckter Schachtel aus Karton, Aufschrift mit Angabe der enthaltenen Figur.
B. Stempel 3 cm   **je 5,–**

264

265

266

Gebrauchsgegenstände

Behälter

265 Dose Donald Duck
England, 30er Jahre
Schwarze Bakelit-Dose, Deckel mit reliefier-
tem langschnäbeligem Donald. Ebenfalls aus
rotem Bakelit und mit Micky Maus bekannt.
Diese Puderdosen wurden vermutlich auch
nach Deutschland eingeführt.
H. 3,5 cm, D. 5,5 cm   **120,–/150,–**

266 Dose Micky Maus
Holland oder Belgien
40er/frühe 50er Jahre
Blechdose mit mehrfarbigem Druck auf rotem
Grund: Micky auf Pferd mit Strandzelt im
Hintergrund. Vermutlich ohne Lizenz herge-
stellt.
D. 7,5 cm, H. 2,5 cm   **80,–/100,–**

267 Kartenspieldose Minnie Maus
Deutschland, frühe 30er Jahre
Holz mit Schnitzarbeit in Schwarz und Rot
nach Postkartenmotiv. Diese Dose ist eventuell eine private Handarbeit.
4 x 8,5 cm, L. 12 cm   **Liebhaberpreis**

**268 Zwei Dosen Donald und
     Roger Rabbit**
Roger Rabbit: Bröer, Made in China, Ende
70er/80er Jahre bzw. 1987
Herzförmige Blechdose, außen mehrfarbig
bedruckt: roter Grund mit mehrfarbiger Figur.
B. 4,3 bzw. 5,3 cm   je **8,–**

267

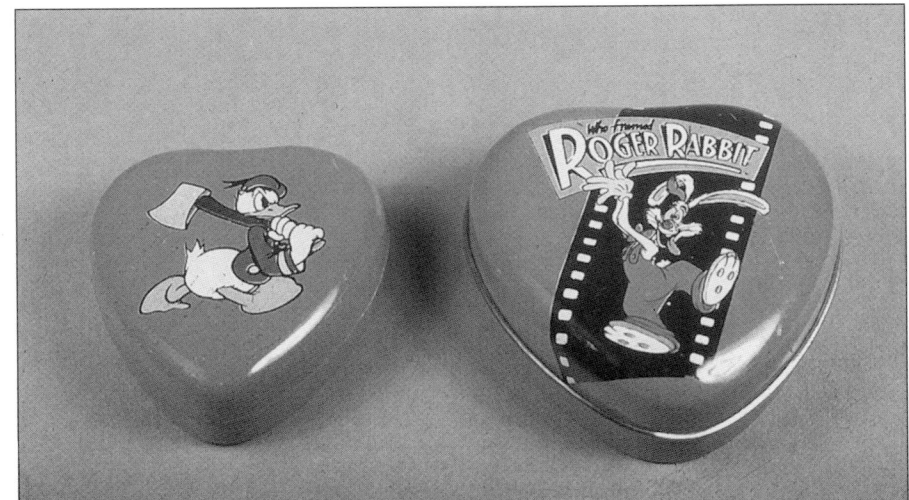

268

269

270

Spardosen

270 Spardose Micky Maus
Lorenz Bolz, Zirndorf, Elbezet, 1934
Zylindrische Blechdose, nach oben hin kegelig verjüngt. Gelber Deckel mit Einwurf, gelbweiß und schwarz lithographiert mit Blumen- und Bienenmotiv, schwarzweiße Micky, gezeichnet »Made in Germany Elbezet«. Roter Boden mit Schloß. Farbvariante des Oberteils bekannt.
H. 7,5 cm, D. 6,5 cm   **800,–**

**271 Mechanische Spardose
Mickey Mouse**
Wohl Saalheimer & Strauss, Nürnberg, Anfang 30er Jahre
Mehrfarbig bedruckter Blechkörper. Auf der Rückseite Figur der Mickey mit Fotoapparat und der Aufschrift »Smile please! /If you only pull my ear/You will see my tongue appear./ Place a coin upon my tongue /Save your money while you're young.« Auf der Seite Aufschrift »By exclusive arrangement with The Ideal Films Limited. All rights reserved. Registered Number 508041«. Wenn Mickeys Ohr gezogen wird, bewegen sich die Augen und die Zunge kommt aus dem Mund , um ein Geldstück aufzunehmen. Diese Sparbüchse war für den Export nach England hergestellt.
H. 17 cm   **Liebhaberpreis**
Auf der Auktion bei Christie's London am 19.12.81 wurde eine solche Spardose für £ 7.500 versteigert

269 Lunchbox »Disney Express«
Aladdin Industries Inc., Nashville, Tenn./USA, 70er/80er Jahre
Koffer aus mehrfarbig bedrucktem Blech, auf Vorder- und Rückseite erhabene Figuren; Metallverschluß zum Klappen; roter Plastikgriff. Im Deckel Hinweise zur Sicherheitserziehung; Bügel. Enthält mehrfarbig bedruckte Thermosflasche aus Plastik. Die Firma Aladdin hat eine Reihe von Disney-Lunchboxen auf den Markt gebracht, die auch in Deutschland vertrieben wurden.
Box 17,5 x 20,5 x 9,5 cm
H. Flasche 16,5 cm, D. 9 cm   komplett **25,–**

271

272

273

274

275

276

272 und 273   Spardosen Dagobert Duck und Pluto
Heimo (vgl. Seite 126) 60er/70er Jahre
Mehrfarbig bemalter Hartplastikkörper, Einwurf am Rücken, auf der Unterseite Firmenzeichen; Blecheinsatz mit verschließbarer Klappe.
H. 15 bzw. 15,5 cm   je **50,–**

274   Spardose »Mickey's Musical Money Box«
Combex, Darfield/England, 70er Jahre
Zylindrische Blechdose, mehrfarbig lithographiert. Einwurf an der Seite. Im Inneren Glockenspiel, das bei Bewegung klingelt. Diese Dose wurde vermutlich auch in Deutschland vertrieben.
Höhe 15,5 cm, D. 8 cm   **35,–**

275   Spardose Daisy Duck
Keramika, Italien, 70er/80er Jahre
Mehrfarbig bemalter Keramikkörper. Unter dem Boden Kunststoff-Stopfen. Aufkleber mit Copyright-Hinweis und Firmenbezeichnung.
H. 22 cm   **25,–**

276   Spardose »Donald Duck«
Illco Toy Company, New York/USA, Vertrieb Richard Simm & Söhne, Karlsruhe (Simex), Made in China, 80er Jahre
Mehrfarbig bemalter weißer Plastikkörper, Einwurf am Bürzel. Unter den Füßen Stopfen mit Herstellerangabe. In mehrfarbig bedrucktem Pappkarton mit Cellophanfenster.
Karton 17 x 30,5 x 13,5
Figur H. 27 cm   mit Karton **40,–**

277   Drei Spardosen »Sport Goofy«, »Roger Rabbit«, Duck Tales«
80er Jahre
Mehrfarbig bedruckte, zylindrische Blechbüchsen. Der Deckel mit Einwurf ist abnehmbar.
H. ca. 9,5 cm   je **8,–**

277

279

278

278 Spardose Dagobert Duck
Deutschland, 1987
Mehrfarbig bemalter Hartplastikkörper, Einwurf in der Badewanne. Werbeartikel von Volks- und Raiffeisenbanken.
H. 14 cm, L. 18 cm   **20,–**

279 Spardose Goofy
RWS mobilo, Made in China, späte 80er Jahre
Mehrfarbig bemalte Hartplastikfigur, der Einwurf befindet sich in der Zapfsäule. Im Boden runder Stopfen.
H. 17,5 cm   **20,–**

Geschirr, Bestecke und andere »Tischartikel«

280 Likörgießer Micky Maus
Deutschland, frühe dreißiger Jahre
Porzellan mit Kork, gezeichnet »Germany 8/216«, weiße Figur mit schwarzen Ohren, rosa Mundpartie, braunen Hosen und grünen Schuhen im stilisierten Gras.   **200,–/300,–**

281 Gewürz-Set Mickey Mouse
Deutschland, Anfang 30er Jahre
Schwarz bemaltes Porzellan. Kleines Tablett mit grünem Rand, Mäuse als Salz- und Pfefferstreuer auf Korkscheiben, Mickey als Senf- oder Zuckerbehälter mit abnehmbarem Kopf und Porzellanlöffel. Auf Mickeys Rücken gezeichnet 6531, unter dem Tablett gezeichnet »Germany«.
H. Mäuse 5,5 cm, H. Mickey 9,2 cm
2.000,–/2.500,–

280

281

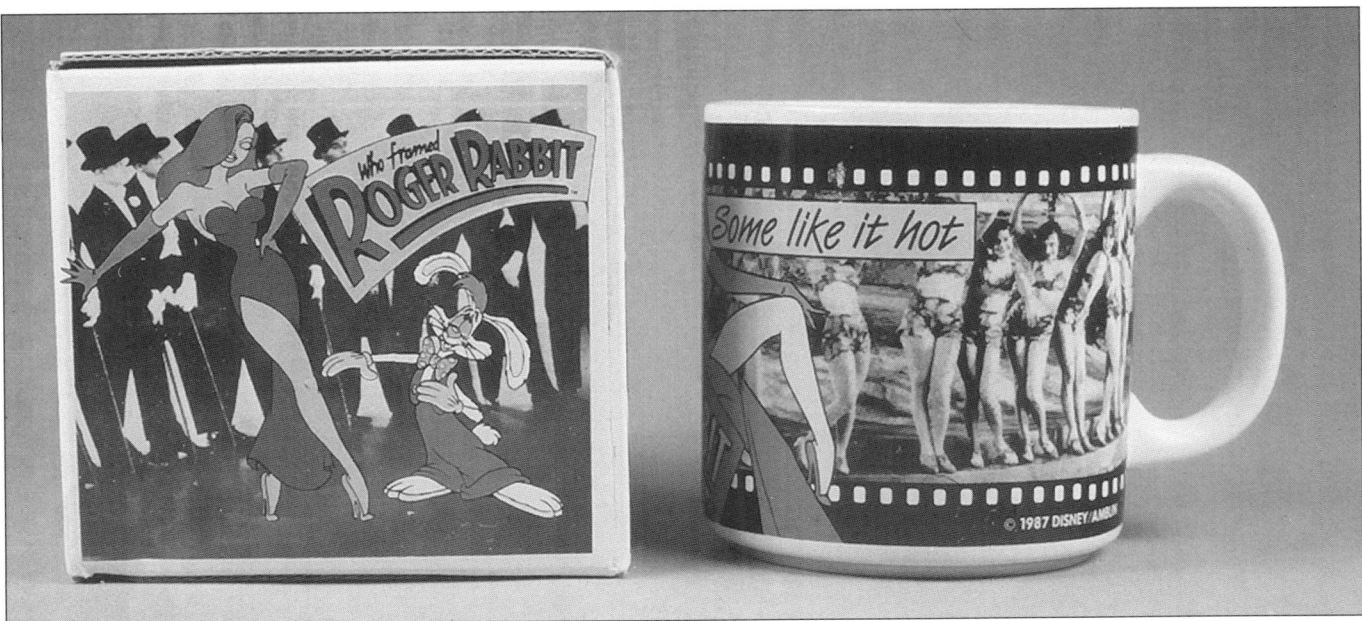

282

**282   Henkelbecher »Who framed Roger
Rabbit«**
Bröer, Made in Korea, 1987
Mehrfarbig bedruckte weißgrundige Keramik-
tasse, Herstellerangabe unter dem Boden.
Mehrfarbig bedruckter Karton.
H. 8,5 cm, D. 8,5 cm
Karton 10 x 9,5 x 10 cm   **10,–**

**283   Tasse und Untertasse »Donald Duck
Boy Blue«**
Wohl Wade Heath & Co. Ltd., Burslem/Eng-
land, nach 1934
Mehrfarbig bedruckte weißgrundige Keramik-
tasse mit langschnäbligem Donald. Ohne
Marke.
H. der Tasse 5 cm, D. der Untertasse 10 cm
150,–

284   Teekanne Donald Duck
Applause Inc., Ca./USA, Made in Korea,
80er/frühe 90er Jahre
Mehrfarbig bemalter Keramikkörper. Die
Mütze dient als Deckel, eine Öffnung im
Schnabel als Ausguß. Unter dem Boden
Copyright-Hinweis, Aufkleber mit Firmenhin-
weis. Es gibt auch weiteres Disney-Keramik-
geschirr von Applause (siehe Nr. 164 bis 166).
H. 22,5 cm   **90,–/120,–**

283

284

285

285   Kinderbesteck mit Disney-Figuren
von Wilkens & Söhne
Anzeige in der Filmvorschau »Micky Maus
Jubiläums-Schau«, 1961 (siehe Nr. 19)

286   Kinderbesteck Micky, Donald, Pluto
M. H. Wilkens & Söhne, Bremen, 60er/70er
Jahre
Je zwei Gabeln, Messer und Löffel mit halb-
plastischen Figuren am Griff. Gemarkt »Wil-
kens« und Silbergehaltsangabe 90. In Papp-
karton mit rotgemustertem Deckel (mögli-
cherweise nicht der Originalkarton). Ältere
Variante im Dekor bekannt.
L. Besteckteile 16-18 cm   **70,–/100,–**

287   Taufbecher Micky und Donald
M. H. Wilkens & Söhne, 60er/70er Jahre
Versilberter Becher mit halbplastischen Figu-
ren. Unter dem Boden Herstellerangabe. In
mehrfarbig bedrucktem Pappkarton.
H. d. Bechers 6,5 cm, D. 6 cm
Karton 10 x 10 x 6,5 cm   **70,–**

288   Fliese Micky Mäuse
Holland oder Belgien, 30er Jahre
Mehrfarbig bemalte Fliese mit zwei »archaischen« Mickys, die vom Original stark abweichen. Auf vier kurzen, konischen Füßen. Auf
dem Boden Marke »FB«. Vermutlich ohne
Lizenz hergestellt.
16 x 16 cm   **150,–/400,–**

289   Fliese Micky Maus
Grünstadt, Deutschland, 50er/60er Jahre
Mehrfarbiger Aufdruck. Entwurf von Wolf-
gang Schäfer. Andere Motive bekannt. Auf
der Rückseite Markenzeichen.
B. 15 cm   **25,–/35,–**

286

287

288

289

290   Serviettenhalter Micky Maus
Wohl Italien, Anfang 80er Jahre
Messingfarbener Metallkörper. Unter Mickys
Füßen Copyright-Hinweis. Auf der Rückseite
Markenzeichen. Weitere Disney-Artikel glei-
cher Herstellungsart bekannt.
10,5 x 10 x 3,5 cm   **15,–/25,–**

291   Frühstücksbrett Donald Duck
Deutschland, 70er/80er Jahre
Schlichtes Holzbrett mit eingebranntem
Donald Duck, Copyright-Hinweis und Schrift-
zug »Guten Appetit«.
L. 21 cm   **10,–**

290

291

292

293

293   Laubsägebild Micky Maus
Deutschland, 50er Jahre
In Form gesägte Sperrholzplatte, mehrfarbig
bemalt. Auf der Rückseite Aufschriften:
Namenszüge und Berechnungen – das Holz
für diese Bastelarbeit bestand aus einem Rest
eines anderen Arbeitsstücks. Zur Aufhängung
Zwirnsfaden durch ein Loch im Ohr gezogen.
H. 32,5 cm   **10,–/15,–**

**294   Sperrholz-Laubsägearbeiten der
        Firma Johannes Graupner**
Anzeige in der »Micky Maus« 49/1963

295   Laubsägebild Donald Duck
Johannes Graupner, Kirchheim-Teck, Anfang
60er Jahre
Sperrholzplatte mit aufgedruckten Umrissen
der Figur und Herstellerangabe. Bei dieser
Platte ist die Figur bereits mehrfarbig ausge-
malt und ein Teil der Umrisse ausgesägt.
18 x 21 cm   **5,–/10,–**

Einrichtungsgegenstände

Wandschmuck

292   Laubsägebild Micky Maus
Hannover, 30er oder Anfang 50er Jahre
In Form gesägte Sperrholzplatte, mehrfarbig

bemalt. Auf der Rückseite Stempel mit Markenzeichen; mit Reißzwecke befestigtes Stoff-
band zur Aufhängung. Micky hat hier das
Aussehen der frühen 30er Jahre.
H. 17 cm   **30,–/50,–**

294

295

296

297

298

299

296 Intarsienbild Donald Duck
Deutschland, 80er Jahre
Holzplatte mit Einlagen aus unterschiedlichen
Hölzern. Auf der Rückseite handgeschriebene
Widmung »zum ersten Treffen«. Zur Aufhän-
gung eingetiefte Bohrung.
24,5 x 36,5 x 0,8 cm   **10,–/25,–**

**297 und 298   Zwei Wandfiguren
Mack und Bambi**
Ringenwald & Wagner, München, Ende
50er/Anfang 60er Jahre
Rot und schwarz bzw. braun und rosé bedruckte erhabene Figur aus dünnem weißem
Hartplastik. Zur Aufhängung runder Papier-
aufkleber mit Metalldreieck in den Kopf geklebt, darauf Herstellerangabe. Es gab zahlreiche Disney-Wandfiguren dieses Herstellers.
H. 22,5 bzw. 30 cm   je **25,–/40,–**

Lampen

**299 Deckenlampe Schneewittchen
und Zwerge**
Doria, Deutschland, 50er Jahre
Schirm aus milchigem Glas mit zwei bzw.
drei aufgedruckten mehrfarbigen Motiven.
Montiert mit Beleuchtungsvorrichtung aus
Messing, mit braunem bzw. weißem Faden
umwickeltes Kabel. Eine andere Lampe glei-
cher Machart trägt ein rautenförmiges gelbes
Etikett mit goldfarbenem Aufdruck: »Doria«
und Sonnensympbol.
H. ohne Aufhängung 30 cm bzw. 28 cm
                                50,–/70,–

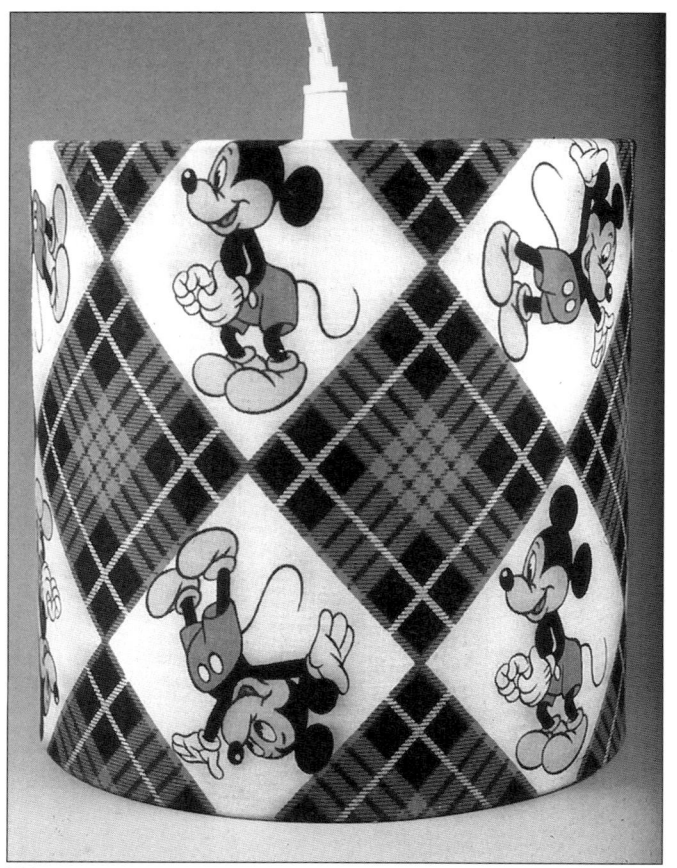

300

301

302

300   Deckenlampe Micky Maus
Aro Leuchten, Deutschland, 60er/70er Jahre
Auf Halterung aus weißem Metall Schirm aus
weißem Plastik, überzogen mit mehrfarbig
bedrucktem Stoff. Sichtblende unten, die
eingeschraubte Beleuchtungsvorrichtung
sowie die Kabelblende aus Hartplastik.
H. Schirm 20,5 cm, D. 19 cm   **20,–**

**301   Deckenlampe Donald Duck
         und Neffen**
Vermutlich Italien, 60er/70er Jahre
Auf Halterung aus weißem Plastik mehrfarbig
bedruckter Schirm aus dünnem Plastik. Einge-
hängte Beleuchtungsvorrichtung mit Kabelblende aus Hartplastik.
H. Schirm 30 cm, D. 19 cm   **15,–**

302   Nachttischlampe Donald Duck
Heico, Deutschland, Ende 80er Jahre
Mehrfarbig bemalter bzw. gespritzter weißer
Hartplastikkörper. Unter dem Boden Herstellerangabe. Eingesetzte Beleuchtungsvorrichtung, am Ende des schwarzen Kabels Trans-
formator. Es gibt weitere figürliche Lampen
dieses Herstellers.
H. 37,5 cm   **120,–**

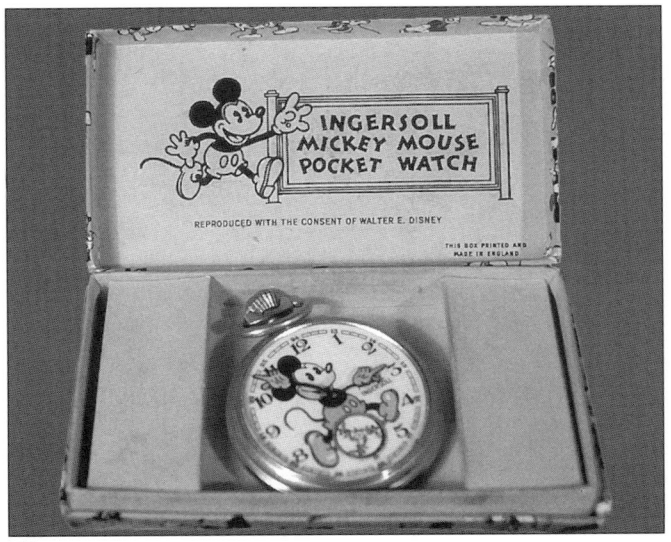

303

304

Uhren

Im Juni 1933 begann die Firma Ingersoll-Waterbury in Waterbury/Connecticut mit der Produktion von Uhren mit Mickey Mouse auf dem Ziffernblatt: eine Armbanduhr, eine Taschenuhr, je eine elektrische und eine mechanische Standuhr. Diese Uhren wurden zum Verkaufsschlager und retteten die Firma, die durch die Weltwirtschaftskrise kurz vor dem Ruin stand. Nach acht Wochen Produktion wuchs die Belegschaft der Firma von 300 auf 2.000 an. Am Ende des Jahres 1933 waren 900.000, 1935 insgesamt 2,5 Millionen Uhren verkauft. Nach dem Krieg produzierte die Firma unter dem Namen US Time weiter Disney-Uhren. 1958 erhielt Walt die 25millionste Uhr als Präsent. Da jedoch mittlerweile keine Nachfrage mehr bestand, wurde die Produktion von Disney-Uhren 1959 eingestellt.

1968 wurden Mickey-Uhren durch die Nostalgiewelle und einen Artikel in der Zeitschrift »Time« wieder populär. Timex (die alte US Time) produzierte drei neue Disney-Uhren, beendete trotz des Erfolgs kurz darauf den Lizenzvertrag mit Disney, einen der längstdauernden und lukrativsten in der Geschichte des Disney-Merchandising. Ab 1972 wurden in den USA Disney-Uhren von Helbros, Bradley und seit kurzem von Lorus vertrieben. In Europa gab es mehrere Lizenznehmer. Besonders die französische Firma Bayard hat von 1936 bis in die Siebziger attraktive Standuhren mit Disney-Charakteren hergestellt, die ihre Köpfe im Takt bewegen. (Armband-) Uhren mit Comic-Charakteren sind ein spezielles Sammelgebiet.

Literaturhinweis:
Howard Brenner: Comic Character Clocks and Watches. Alabama 1987 (Books Americana).

303   Taschenuhr »Mickey Mouse«
Ingersoll Ltd., England, 1934
Mechanische Uhr. Weißes Ziffernblatt mit roter und schwarzer Maus, deren Arme die Zeiger bilden. In Originalkarton. Nach den Erfolgen der amerikanischen Mickey-Uhren ließ die englische Niederlassung von Ingersoll eine ähnliche Taschenuhr wie die amerikanische produzieren. Unter der Ziffer 6 Aufschrift »Foreign«. Der Karton ist markiert »This box printed and made in England«.
D. 5 cm; Karton 11,5 x 6 x 2 cm
1.000,–/1.500,–

304   Wecker Mickey Mouse
Bayard, Frankreich, um 1936
Mechanische Uhr. Weißes Ziffernblatt mit Mickey in rot, gelb und schwarz. Mickey bewegt den Kopf hin und her. Disney-Uhren von Bayard wurden bis in die jüngste Vergangenheit hergestellt.
H. 12 cm   **400,–/700,–**

305   Standuhr Figaro
J. A. Sural Hanau/Main, frühe 50er Jahre
Schwarz, gelb, braun und grün bemalter Keramikkörper auf grünem dreieckigem Blech montiert. In den Körper eingelassene Uhr mit Bezeichnung »Rekord«. Auf der Rückseite im Boden Copyright-Hinweis und Markenzeichen. Gleichartige Uhren mit anderen Disney-Charakteren bekannt.
Porzellankörper 20,5 x 19,5 x 2,5 cm
350,–/450,–

305

306

307

308

309

306   Armbanduhr Donald Duck
US Time (Ingersoll), USA, 1948
Mechanische Uhr. Rundes hellblaues Ziffern-
blatt mit gelbem Ring. Donalds Hände mit
fluoreszierendem Material belegt. Auf der
Rückseite des Gehäuses Firmenstempel und
Seriennummer. Eine der zehn Uhren aus der
»Birthday Series«, mit denen Mickeys zwan-
zigster Geburtstag gefeiert wurde.
B. Gehäuse 3 cm

450,–/650,–

307   Armbanduhr Micky Maus
Schweiz, 70er Jahre
Mechanische Uhr. Ziffernblatt mit mehrfarbi-
gem Micky im Stil der 40er Jahre auf weißem
Grund. Goldfarbenes Gehäuse, die Rückseite
aus transparentem Kunststoff, so daß das
Werk sichtbar ist. Weißes Plastikarmband.
Karton aus mehrfarbig bedruckter Pappe,
Aufschrift »The Wonderful World of Walt
Disney«.
B. Gehäuse 3,3 cm
Karton 7 x 7 x 7 cm   mit Karton **80,–/100,–**

308   Armbanduhr Micky Maus
Möglicherweise DDR, 70/80 Jahre
Mechanische Uhr. Rosafarbenes Ziffernblatt
mit mehrfarbiger »archaischer« Micky, deren
Arme als Zeiger dienen. Mit Sekundenzeiger.
Vermutlich ohne Lizenz hergestellt.
B. Gehäuse 3,4 cm   **60,–**

309   Wecker Aschenputtel
Phinney-Walker, Deutschland, 70er Jahre
Mechanischer Wecker. Ziffernblatt mit mehr-
farbiger Figur auf weißem Grund. Leuchtend
pinkfarbenes Gehäuse mit goldfarbenen
Glocken und Füßen.
H. 10 cm   **35,–/50,–**

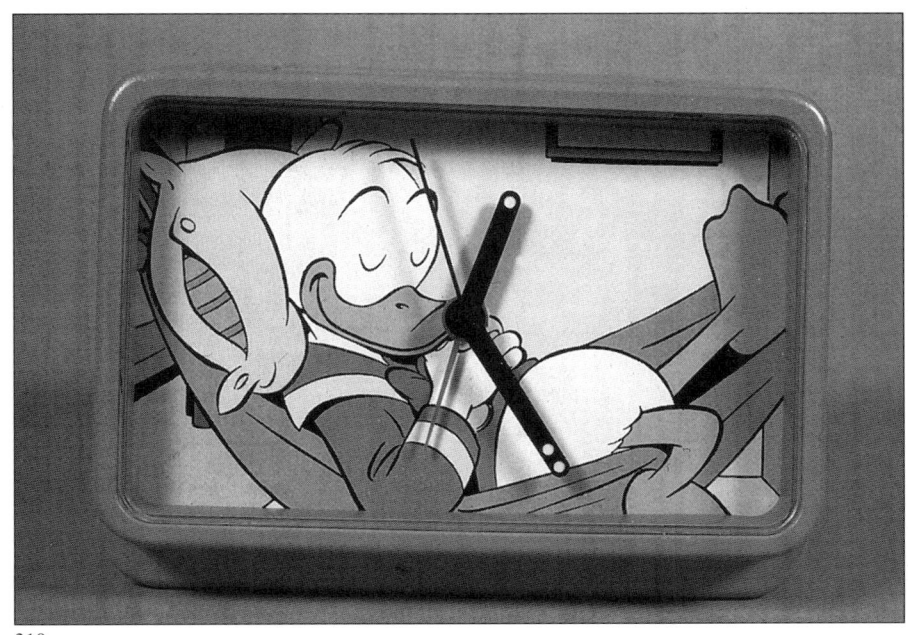

310

311

310   Wecker Donald Duck
Deutschland, frühe 80er Jahre
Batteriebetriebener elektronischer Wecker.
Mehrfarbiges Ziffernblatt mit Donald, wohl
gezeichnet von Ulrich Schröder. Keine Ziffern. Graues Plastikgehäuse. Keine Hersteller-
und Copyrightangaben.
10,5 x 8 x 6 cm   **20,–/35,–**

311   Wecker »Mickey Mouse«
Adolf Jerger GmbH, Niedereschach, gefertigt
für Bradley, 1988

Mechanischer Wecker. Ziffernblatt mit mehrfarbigem Mickey-Gesicht, Ziffern und Aufschriften auf dem Glas. Rotes Gehäuse mit
schwarzen Glocken, die Mickeys Ohren bilden. Diese Uhren wurden auch in den amerikanischen Themenparks verkauft.
H. 13 cm   **35,–**

Sonstige Gebrauchsgegenstände

312   Nadelheft Micky Maus
Deutschland, frühe 30er Jahre

Pappe mit dreifarbigem Aufdruck, Aufdruck
»Geschützt Made in Germany«.
11,5 x 12,5 cm   **350,–/450,–**

**313   Zwei Bleistiftspitzer Donald und
        Micky**
Deutschland, frühe 60er Jahre
Körper aus grünem und weißem Hartplastik.
In den Fernseher ist ein mehrfarbiges
»Wackelbild« eingelassen. In die abnehmbare
Rückseite eingeklebter Spitzer.
5 x 4 x 3 bzw. 4 x 4,5 x 3 cm   je **15,–/30,–**

312

313

314

315

316

316   Kleiderhänger Donald Duck
60er/70er Jahre
Naturfarbener Holzkörper mit zwei Hängern,
zwei Aufhänger aus Metall. Hinten Stempel
»Foreign«. Aufgesteckter, mehrfarbig bemalter Donald aus Sperrholz.
20,5 x 24 cm   **10,–/25,–**

314   Wärmflasche Micky Maus
Duarry, Spanien, 1965
Mehrfarbig bemalter beiger Gummikörper,
auf dem Rücken Herstellerangabe und Datum.
In der Mütze Schraubverschluß mit Herstellerangabe.
31 x 22,5 cm   **80,–/100,–**

315   Telefon Micky Maus
American Telecommunications Corp., El
Monte, CA/USA, Im Vertrieb der Deutschen
Bundespost, 70er Jahre
Mehrfarbiges Kunststoffgehäuse mit Telefon-
apparatur. Brauner Sockel mit Holzimitation;
auf roter Platte Wähltasten; verschraubte
Micky-Figur, bei der der rechte ausgestreckte
Arm zum Einhängen des gelben Hörers dient.
Unter dem Boden Herstellerangabe sowie
Etikett der Deutschen Bundespost. Variante
mit Wählscheibe sowie mit Wählscheibe und
Rückholknopf bekannt.
Gesamt-H. 39 cm   **120,–/220,–** (mit Karton)

**317   Zwei Fahrradklingeln Micky und
           Donald**
Deutschland, 60er bzw. 70er/frühe 80er Jahre
Metallkörper. Plastikauflage mit mehrfarbiger
Disney-Figur.
D. ca. 4,5 cm   **3,–/10,–**

318   Wandhaken Donald Duck
Deutschland, 60er/70er Jahre
Runder Keramikkörper mit mehrfarbigem
Aufdruck. Auf der Rückseite drei doppelsei-
tige Klebepunkte. In Verpackung aus Pappe
mit Cellophanfenster. Aufdruck »Funny
Design« .
D. Haken 7 cm   **5,–/15,–**

317

318

Warenverpackungen

319   Micky-Maus-Tropfenfänger
Heros, Deutschland, 30er Jahre
Pappschachtel mit 27 verschiedenfarbigen
Tropfenfängern.
2 x 8 cm, L. 8 cm   **150,–/200,–**

**320   Schokoladenverpackung
»Walt Disney's Varieté«**
Leonard Monheim Trumpf-Schokoladenfa-
brik, Aachen, 50er/frühe 60er Jahre
Mehrfarbig bedruckte Papphülse. Zwei Papp-
schachteln (mit Schokolade) werden darin
verschoben, so daß in Sichtfenstern auf Vor-
der- und Rückseite der Außenhülse die
Gesichter bzw. Beine der Disney-Figuren
wechseln.
23,5 x 7 x 1,5 cm   **50,–**

**321   Figur mit Kinderbad und Shampoo
»Dagobert«**
Mann & Schröder KG, Siegelsbach, Ende
70er Jahre
Gelb, rot und schwarz bemalter Körper aus
weißem Plastik, Papieretikett als Augen. Der
Kopf ist abzunehmen, darunter Schraubverschluß. Vor der Brust Papieretikett mit Inhalts-
und Herstellerangaben, unter den Füßen Her-
steller- und Copyrightangaben.
H. 24,5 cm   **15,–/25,–**

322   Dose mit Fruchtbonbons Micky Maus
F. Ahlering, Bremen, 80er Jahre
Runde Blechdose mit seitlichem Drehhebel
zum Öffnen. Auf dem Deckel mehrfarbig
bedruckt: Uhren-Zifferblatt mit Micky Maus
im Stil der 40er Jahre. Enthält 50 Gramm
Fruchtdrops-Mischung. Weitere Disney-
Motive bekannt.
D. 7,5 cm   **5,–/10,–**

319

320

321

322

323

324

325   Zwei Verpackungen mit Schokolinsen Micky Maus und Bambi

Hitschler International GmbH, Köln, 80er Jahre

Hochrechteckige Kunststoffverpackung mit reliefartig hervorgehobenen, mehrfarbig bedruckten Figuren. Enthält 75 Gramm bunte Linsen. Weitere Disney-Motive bekannt.

8,5 x 14 cm   je **4,–**

326   Einwickelpapier für Orangen »Micky Maus«

T. Gualde, Valencia/Spanien, Ende 80er Jahre

Rechteckiges Papier, rot, schwarz und gold-farben bedruckt. »Micky-Maus-Orangen« gab es schon in den 50er Jahren, wie Anzeigen in der »Micky Maus« zeigen.

24 x 24 cm   **2,–**

PEZ-Boxen

»PEZ« ist eine Abkürzung für Pfefferminz. Eduard Haas erfand 1927 PEZ als Bonbon für Erwachsene. Nach einer Unterbrechung durch die Kriegszeit wurde die Produktion Ende der 40er Jahre fortgesetzt. Eine Neuheit waren jetzt die »PEZ-Boxen«, Bonbonspender aus Hartplastik, die ab den 50er Jahren mit figür-lich ausgeformten Köpfen angeboten wurden. PEZ-Boxen bestehen aus mehreren Teilen. In der Hülse wird ein beweglicher Schieber mit PEZ-Bonbons gefüllt. Klappt man den Kopf nach hinten, wird der obere Bonbon durch einen Mechanismus herausgeschoben. Ver-mutlich in den 70er Jahren erhielten die PEZ-Boxen Standfüße. Ihr Vorhandensein kann zunächst nur als grobe Datierungshilfe dienen. So gibt es nämlich Boxen mit ein und demsel-ben Kopf mit und ohne Standfüße. Auch sonst ist es schwierig, genauer zu datieren, da die zahlreichen Varianten in Farbgebung und Aufschriften kaum Anhaltspunkte bieten. PEZ-Boxen wurden in Österreich, Jugosla-wien, Hongkong und den Vereinigten Staaten gefertigt. Die Angaben zum Herstellungsland befinden sich auf der linken unteren Seite der Hülse, meist in Kombination mit der Angabe »US-Patent« und solche nur mit der Angabe D.B.P. (Deutsches Bundespatent) oder nur US-Patent ohne Herstellerland. PEZ-Boxen wurden und werden in vielen Ländern vertrie-ben. Neben den figürlichen Boxen gab es weitere Artikel von PEZ, so Spender in Form von Pistolen und Werbebeigaben, darunter Anstecknadeln mit Disney-Charakteren. PEZ-Boxen sind ein eigenes Sammelgebiet. Für den Disneyana-Sammler sind die mittlerweile rund 40 Disney-Boxen nebst ihren Variationen interessant.

Literaturhinweis:
David Welch: A Pictorial Guide to Plastic Candy Dispensers featuring PEZ. Murphys-boro, 1991.

323   Schachtel mit Mürbgebäck »Disney-Haus«

Max Weiss GmbH u. Co., Neu-Ulm, Figur von Bully, Spraitbach, Ende 80er Jahre

Mehrfarbig bedruckte Faltschachtel, durch-sichtiger Plastikeinsatz und -deckel, darin Donald-Duck-Figur der Firma Bully (vgl. Seite 136 ff.). Enthält 175 Gramm Mürbge-bäck.

Schachtel 11 x 14 x 10 cm
Figur H. 5,5 cm   **8,–/15,–**

324   Senfglas Donald Duck

Hersteller des Senfs: Aromac, Hameln, Ende 80er Jahre

Glas mit mehrfarbiger Abbildung. Weißer Plastikdeckel mit weißem, blau bedruckten Papieretikett, mit Herstellerangabe. Es gibt zahlreiche weitere Disney-Gläser, sowohl als Behälter für Nahrungsmittel als auch als Trinkgläser. In den USA ist das Sammeln von »Character and Promotional Glasses« (Buch-titel) weitaus verbreiteter als bei uns.

H. 11 cm, D. 6,5 cm   **5,–/10,–**

325

326

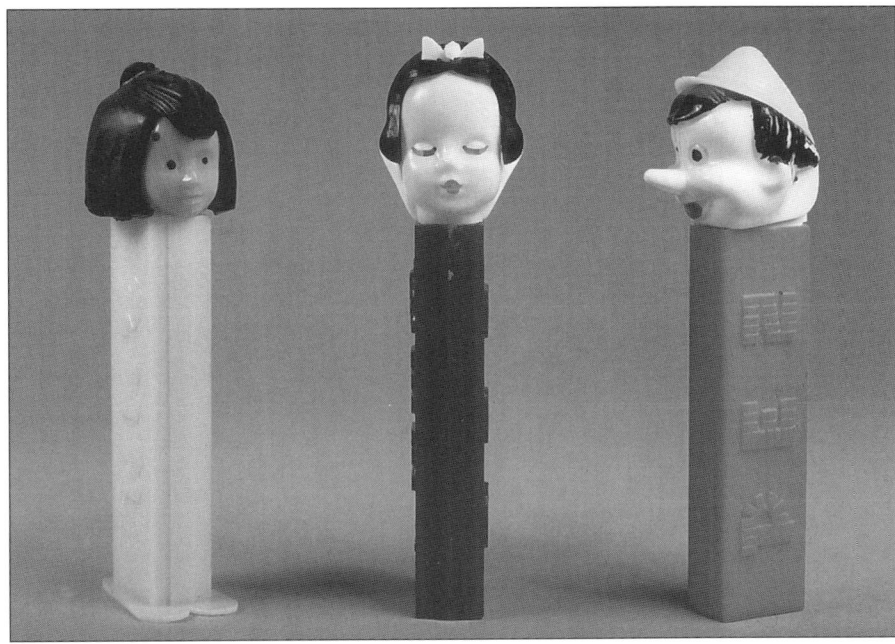

328

327

329

327 PEZ-Box-Figuren
Anzeige in der »Micky Maus« 2/1964

**328 PEZ-Boxen Mogli, Schneewittchen
und Pinocchio**
Ed. Haas, 60er/70er Jahre
Bonbonspender aus verschiedenfarbigen,
zusammengesetzten Hartplastikteilen, spärlich
bemalt. Nur der jüngere Mogli besitzt einen
Standfuß.
H. 10-10,5 cm   je **10,–/30,–**

329 PEZ-Boxen Donald, Micky, Pluto
Ed. Haas, 60er/70er Jahre
Wie Nr. 310. Ohne Standfuß.   **20,–/50,–**

330

331

330   PEZ-Boxen Donald, Micky, Pluto
Ed. Haas, 80er Jahre
Wie 310. Mit Standfuß.   **2,–/5,–**

331   Verkaufsverpackungen für PEZ-
          Boxen und Bonbons
Ed. Haas, 70er/80er Jahre
Einfarbig bedruckte Pappschachtel, mehrfarbig bedruckter Aufhänger aus Pappe und
Cellophan, mehrfarbig bedruckte Cellophan-
tüte. Diese Sets wurden in Deutschland von
verschiedenen Firmen vertrieben.
Ein Originalkarton erhöht den Sammlerpreis
um bis zu 50%.

Werbeartikel

Disney-Charaktere wurden als Merchandise-Artikel vermarktet, aber auch gezielt zur Werbung für die verschiedensten Produkte eingesetzt. Vor allem die charakteristischen Werbeartikel der Firma Hag (daneben auch Bause) der fünfziger und sechziger Jahre finden sich immer wieder auf dem Sammlermarkt.

Kaba (Hag AG), Bremen

Der Bremer Kaffee- und Kakaohersteller Hag AG warb mit zahlreichen und sehr unterschiedlichen Disney-Artikeln für seinen Schokoladentrunk Kaba. Diese Gegenstände aus Papier, Metall oder Plastik zeigen alle mehr oder weniger deutlich die »Handschrift« von Wolfgang und Katja Schäfer, die im Frankfurter Lizenzbüro der Company die Entwürfe für Merchandise schufen. Die Werbeartikel für Kaba reichen von Bilderbüchern und Postkarten über Buttons bis hin zu Vinylfiguren (siehe F 18).

332

332   Zwei Figuren Donald Duck
Hag
Hersteller Klaus Hopf, Coburg, 60er Jahre
Mehrfarbig bemalte Vinylfigur. Unter dem
Boden Quietschpfeife. Auf der Rückseite
Copyright-Hinweis.
H. 8,5 cm   je **50,–/70,–**

333   Quartettspiel Disney-Figuren
Hag, 60er Jahre
28 mehrfarbig bedruckte Spielkarten mit kleinen Abenteuersequenzen. Rückseite auf gelbem Grund Kaba-Werbung; zwei zusätzliche Karten mit Spielregeln und Kaba-Werbung. Zeichnungen wohl von Wolfgang oder Katja Schäfer.
5,5 x 8,5 cm   **25,–**

334   Werbeblatt mit Bildgeschichte
       »Micky Maus im Urwald«
Hag
Beidseitig mehrfarbig bedrucktes Blatt, das einer Kaba-Kakaopackung beilag. Die Geschichte besteht aus 11 Einzelbildern mit Bildunterschriften, sie ist von Wolfgang bzw. Katja Schäfer gezeichnet.
20 x 13 cm   **10,–/15,–**

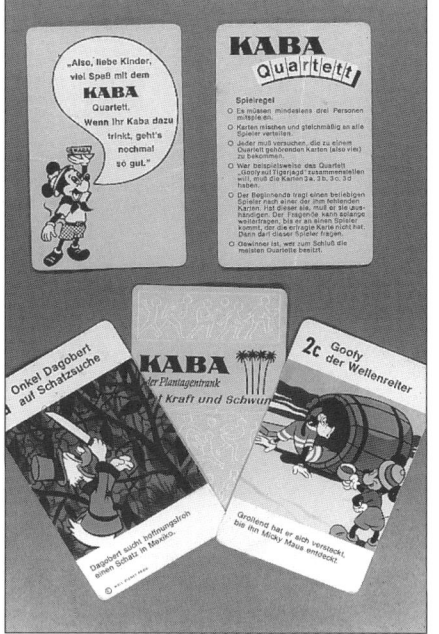

333

334

335

336

335   Malbuch »Micky Maus«
Hag, 60er Jahre
8 teilweise mehrfarbige Seiten mit flexiblem
mehrfarbigem Cover. Zeichnungen von Wolfgang oder Katja Schäfer.
18 x 21 cm   **15,–**

336   Bilderbuch »Das Dschungelbuch«
Hag, 1968
16 mehrfarbig illustrierte Seiten mit Nacherzählung der Filmhandlung, flexibles, mehrfarbiges Cover.
20,5 x 14 cm   **10,–/15,–**

Heinrich Bause GmbH, Kleve

Der Schuhfabrikant warb von den fünfziger
bis in die achtziger Jahre auf Verpackungen
und Beigaben mit Disney-Charakteren.
Es existierte auch eine Bause-Anstecknadel
mit Micky Maus.

337   Bause Kinderschuh
Anzeige in der »Micky Maus« 5/1956

338   Zwei Faltblätter mit Bildgeschichte
Bause, 60er Jahre
Mehrfarbig bedruckte Blätter mit Bildgeschichten und Werbetext. »Micky Maus –
Kleine Schuhkunde« ist mit Bildunterschriften
versehen und von Wolfgang oder Katja Schäfer gezeichnet, »Micky Maus – Ich bin der
Schnellste« hat Sprechblasen und ist eine
Umzeichnung eines alten Gottfredson-Zei-
tungsstrips. Es sind weitere Faltblätter
bekannt. Sie wurden in Schuhgeschäften als
Beigaben verteilt.
41,5 x 14,5 cm   **je 10,–/15,–**

337

338

339

340

341

Ferrero GmbH, Frankfurt

Besonders bekannt und beliebt bei Sammlern sind die Beigaben in den Überraschungseiern (siehe Seite 139 ff.). Ferrero hat aber auch schon vorher Disney-Charaktere zur Werbung für sein Produkt Nutella verwendet.

339   Sammel»bilder« Disney-Figuren
Ferrero, Hersteller: Plasteco Milano, Italien, 60er/Anfang 70er Jahre
Werbebeigabe zu Nutella-Schokoladencreme
Bilder in den Umrissen der Charaktere aus weichem gefüttertem Kunststoff, auf der Vorderseite mehrfarbig bedruckt. Rückseitig Angabe der werbenden Firma, Seriennummer

und Name der Figur. Diese Bilder wurden in verschiedenen Größen auch von anderen Firmen verwendet.
H. 5-6,5 cm   je **3,–/5,–**

340   Zwei Kugelspiele »Goofy's lustiges Trimm-Spiel«
Ferrero, 70er Jahre
Schraubverschluß für Nutella-Glas aus weißem Plastik. Eingelassen ist ein Kugelspiel mit mehrfarbig bedruckter Pappe unter durchsichtigem Plastik. Es gab mehrere Spiele mit verschiedenen sportlichen Disziplinen.
D. 7,5, H. 2,5 cm   je **10,–**

Sonstige Firmen

341   Aufhänger für Abreißkalender Micky Maus
Deutschland, 60er Jahre
Mehrfarbig bedruckte feste Pappe. Aufdruck der werbenden Firma, einer Berliner Reinigung. Zum Anbringen eines Tageskalenders mit Blättern zum Abreißen. Zeichnung von Wolfgang oder Katja Schäfer.
H. 28 cm   **10,–/20,–**

342

343

344

342 Zwei Buttons Micky-Maus-Telefon
Deutsche Bundespost, Ende 70er Jahre
Körper aus Hartplastik (links) bzw. Metall,
mehrfarbiger Aufdruck bzw. aufgeschweißtes
Einlegeblatt mit Micky-Telefon (siehe Nr.
315) und Aufschrift »Ruf doch mal an«. Auf
der Rückseite Sicherheitsnadel.
D. 4 bzw. 5,8 cm   je **10,–/15,–**

343 Buttons »Sport Goofy«
Adidas, Deutschland, Anfang 80er Jahre
Körper aus Metall, mehrfarbiges
aufgeschweißtes Einlegeblatt mit Figur und
Firmenbezeichnung. Auf der Rückseite
Sicherheitsnadel.
D. 5,5 cm   je **5,–**

344 Kleiderbügel (Pluto)
Hersteller: Kehl, Öhringen, 70er/80er Jahre
Farbiger Kunststoff mit mehrfarbigem Aufdruck. Werbegeschenk der Volksbank.
31 x 32,5 cm   **5,–/10,–**

Da fällt mir die Wahl schwer!

345

Du bist eine süsse Maus!

346

Je pense toujours à vous!

347

Papierartikel

Postkarten

Postkarten gehören zu den frühsten Merchandise-Artikeln von Disney. Neben belgischen waren deutsche Firmen in den frühen Dreißigern erfindungsreich bei der Herstellung von (meist unlizenzierten) Karten mit Mickey und Minnie. Nach dem Krieg ist die umfangreiche Produktion von Postkarten der Bonner Hansa-Verlagsanstalt nach Entwürfen von Wolfgang und Katja Schäfer bemerkenswert.

345 Postkarte Micky und Minnie Maus
Inter-Art Company, England, vertrieben in Deutschland, frühe 30er Jahre
Mehrfarbig bedruckt auf glänzendem weißen Grund. Aufschrift: »Da fällt mir die Wahl schwer!«. Auf der Rückseite Copyright-Hinweis »Universal Copyright Walter E. Disney«, Herstellersignum und Seriennummer. Diese Karten wurden in England gedruckt und erhielten die Aufschrift in der Sprache des jeweiligen Importlandes. Es existieren auch Karten, die gleichzeitig Aufschriften in englischer und deutscher Sprache haben.
9 x 13,5 cm   **50,–/80,–**

346 Postkarte Micky und Minnie Maus
Inter-Art Company
Wie Nr. 345. Aufschrift »Du bist eine süße Maus!«   **50,–/80,–**

347 Postkarte Böser Wolf und Schweinchen
Éditions Ferraille, Brüssel/Belgien, wohl 40er Jahre
Mehrfarbig in Pastelltönen bedruckt, Aufschrift »Je pense toujours à vous!« Auf der Rückseite Herstellerangabe. Wohl ohne Lizenz hergestellt.
9 x 14 cm   **35,–**

348 Postkarte Micky Mäuse
W. Hagelberg A.G., Deutschland, frühe 30er Jahre
Mehrfarbig bedruckte Karte mit Aufschrift »Ski Heil!« Rückseite mit Herstellersignum und Seriennummer. Hagelberg stellte mehrere Typen von Postkarten her, die teilweise ein Bild vermitteln, das mit dem der offiziellen US-Mickey nicht vereinbar wäre: Micky raucht und trinkt! Hagelberg-Karten wurden auch in anderen europäischen Ländern vertrieben.
14 x 9 cm   **50,–/80,–**

Ski Heil!

348

349

350

351

352

353

349   Micky-Maus-Postkarten aus der Hansa-Verlagsanstalt, Bonn
Anzeige in der »Micky Maus« Nr. 33/1958.

350   Postkarte Bambi, Klopfer und Eule
Orania-Verlag, Bonn, Anfang 60er Jahre
Mehrfarbig bedruckt, Copyright-Hinweis. Auf der Rückseite Herstellerangabe. Entwurf von Wolfgang oder Katja Schäfer. Orania war in den 60er Jahren der Nachfolger von Hansa.
10,5 x 14,5 cm   8,–

351   Postkarte Donald und Dagobert
Grafische Biondetti S.R.L., Italien, Vertrieb Seidel Verlag, Göttingen, 70er/80er Jahre
Mehrfarbig bedruckte Karte. Diese italienischen Karten mit vielen Disney-Motiven wurden auch in Deutschland vertrieben.
10,5 x 15 cm   2,50

352   Kleine Neujahrskarte Micky und Tick mit Umschlag
Hansa-Verlagsanstalt, Bonn, 50er/60er Jahre
Mehrfarbig bedruckt mit gewelltem Rand. Aufschrift »Bahn frei für das Neue Jahr mit allen meinen guten Wünschen!« Entwurf von Wolfgang oder Katja Schäfer.
7 x 10,5 cm   15,–/25,–

353   Souvenir-Postkarte Micky, Tick und Pluto
Hansa-Verlagsanstalt, Bonn, 50er/60er Jahre
Mehrfarbig bedruckt, Copyright-Hinweis und Aufschrift »Grüße aus Köln am Rhein«. In der Mitte aufzuklappen, eingeklebter gefalteter Bildstreifen mit Schwarzweißfotos von Kölner Sehenswürdigkeiten. Auf der Rückseite Markenzeichen von Hansa sowie Anschrift des Vertreibers Horst Ziethen.
14,5 x 10 cm   25,–/45,–

354 Geburtstagskarte Donald Duck
Orania-Verlag, Anfang 60er Jahre
Mehrfarbig bedruckt, Copyright-Hinweis,
Datumsangabe, Aufschrift »Herzliche Glück-
wünsche zum Geburtstag«. Auf der Rückseite
Hersteller- und Serienangabe. Entwurf von
Wolfgang oder Katja Schäfer.
14,5 x 10,5 cm   **8,–**

355 Postkarte Schneewittchen und die
    sieben Zwerge
Toppan Top Stereo, Japan
Im Vertrieb von Kilchberg, Zürich/Schweiz
Gedruckt in Japan, 70er/80er Jahre
Mehrfarbig bedruckte Postkarte. Durch die
fein geriffelte Plastikauflage entsteht der Ein-
druck räumlicher Tiefe. Auf der Rückseite
Hersteller- bzw. Vertriebsnachweis, Serien-
nummer.
14,5 x 10,5 cm   **4,–**

356 Postkarte Riva mit Micky und Goofy
Grafiche Biondetti S.R.L., Italien, Vertrieb
Rivetta Souvenirs, 80er Jahre
Farbfoto mit Ortsansicht und mehrfarbiges,
gezeichnetes Motiv, Aufschrift »Riva – Lago
di Garda«.
10,5 x 15 cm   **3,–**

354

355

356

357

358

**357   Postkarte DDR-Soldat mit Donald-
Comic**
Voller Ernst, Agentur für komische Fotos, im
Vertrieb der Galerie am Chamissoplatz, Ber-
lin, 80er Jahre

Schwarzweißfoto. Auf der Rückseite Herstel-
ler- und Vertriebsangaben. Ist das Foto echt
oder gestellt?
14,5 x 10,5 cm   **5,–**

358   Postkarte Mickey und Donald
Gebr. Spanjersberg, Capelle und Brasschaat/
Belgien, gedruckt in England, 80er Jahre
Mehrfarbig bedruckte, metallisch glänzende
Oberfläche.
15 x 10,5 cm   **3,–**

Sammelbilder und -alben

**359   Album für Sammelbilder
»Cinderella«**
Kaiser's Kaffeegeschäft, Viersen (Rheinland),
1952
32seitiges gebundenes Buch mit mehrfarbigem Umschlag. Die 100 mehrfarbigen Sammelbilder mit Motiven aus dem Film lagen
einigen Verpackungen der Lebensmittelge-
schäft-Kette Kaiser's Kaffeegeschäft bei.
21,5 x 29 cm
       Komplett mit Sammelbildern **300,–/400,–**

360   Big Bub-Kaugummibilder
Anzeige in der »Micky Maus« 38/1960

361   Album für Sammelbilder (Peter Pan)
Chocolat Tobler, Talence/Gironde
(Frankreich), 50er Jahre
In den mehrfarbigen Umschlag konnten
Albumblätter eingelegt werden. In jedes
Albumblatt waren 45 Sammelbilder einzukle-
ben. Diese Sammelbilder lagen Tobler-Scho-
kolade bei. Die Beschriftung ist in deutscher
Sprache. Die Firma Tobler hat auch andere
Werbeartikel mit Disney-Motiven herausge-
geben, so Postkarten.
20,5 x 19,5 cm

                          ohne Sammelbilder **50,–**
                          mit Sammelbildern **300,–**

359

360

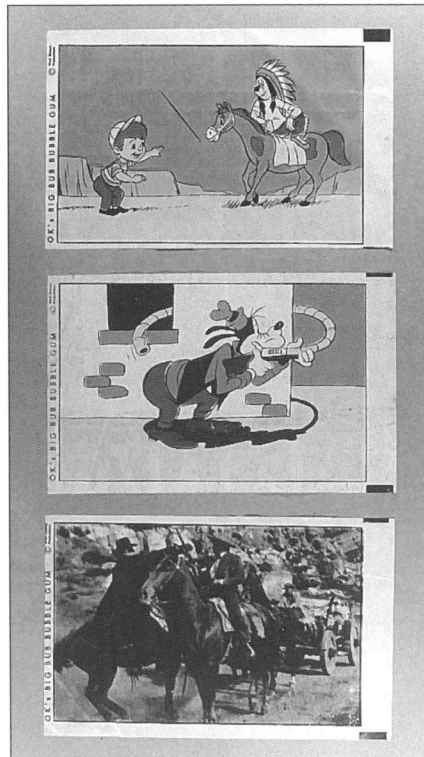

362

361

362   Drei Kaugummibilder
OK's Big Bub Bubble Gum, Pinneberg, 60er
Jahre
Solche mehrfarbigen Sammelbilder lagen
Kaugummipackungen der Firma OK bei.
10,5 x 6, 5 cm   je **8,–**

**363   Album für Sammelbilder »Micky
       Maus und seine Freunde«**
Edizioni Flash Ceparana/Italien, 70er Jahre
In Deutschland vertrieben durch den Ameri-
cana-Bilderdienst, München
In das mehrfarbige Album konnten ca. 400
mehrfarbige Sammelbilder eingeklebt werden.
Dadurch wurden die bereits vorgedruckten 17
Bildtafeln aus Walt-Disney-Filmen ergänzt.
Die Sammelbilder wurden in Tüten verkauft.
30,5 x 23 cm   **25,–/35,–**

363

364

365

366

**364   Album für Sammelbilder
»Aristocats«**
Figurine Panini, Modena/Italien, 1980
In das Album mit mehrfarbigem Umschlag
können 360 mehrfarbige Sammelbilder mit
Motiven aus dem Film eingeklebt werden. Die
Sammelbilder für die Panini-Sammelalben
erscheinen in Tüten mit jeweils 6 Bildern.
Panini ist ein weltweit arbeitendes Unterneh-
men mit Hauptsitz in Modena. Die Sammel-
bildalben erscheinen gleichzeitig in mehreren
Sprachen. Die Sammelbilder sind identisch,
die Aufschriften der Tüten in der jeweiligen
Landessprache. In Deutschland gibt es Panini-
Sammelbildserien seit über 10 Jahren. Die
deutsche Zentrale liegt in Unterschleißheim.
Der exklusive Vertriebsweg für Alben und
Tüten mit Einzelbildern ist der Presse-Einzel-
handel. Abgesehen von der Serie »Donald
Story« (1984) sind alle anderen Disney-Serien
in Anlehnung an die jeweiligen Disney-Weih-
nachtsfilme publiziert worden.
24 x 34 cm
           Komplett mit Sammelbildern **30,–/45,–**

365   Bogen mit fünf Oblaten
England, 70er Jahre (die Motive stammen
vermutlich aus den 50er Jahren).
11,5 x 15,5   **5,–/10,–**
           Einzelne Oblate 50er Jahre **3,–** bis **8,–**

366   Oblate Minnie Maus
Wohl Deutschland, 30er Jahre
Mehrfarbige Oblate aus festem Papier aus
einem Bogen. Solche mehrfarbigen, geprägten
und gestanzten »Glanzbilder« wurden meist in
Erinnerungs- und Poesiealben eingeklebt.
6 x 8 cm   **12,–/20,–**

367

369

368

370

Aufkleber

367 Abziehbilder Micky Maus
Deutschland, 30er Jahre
Enthielt mehrere Blätter mit je 3 mehrfarbigen
Abziehbildern.
Abziehbild 2,5 x 3,5 cm
Verpackung 6,5 x 11 cm **150,–/250,–**

**368 Abziehbilder Donald Duck und
José Carioca**
Editions Jesco Imagerie, Paris, Genève,
50er/60er Jahre
Rechteckiger Bogen mit zwei mehrfarbigen
Abziehbildern und Firmenhinweisen. In Per-
gamintüte, auf der Rückseite Gebrauchsan-
weisung.
19,5 x 14 cm **15,–**

369 Aufkleber Dagobert Duck
Deutschland, 80er Jahre
Weiße Folie mit rundem Aufkleber mit
schwarzem Aufdruck »Ein Herz für Kapitali-
sten«. Vermutlich ohne Lizenz hergestellt.
10,5 x 12 cm **5,–**

370 Aufkleber Donald Duck
Art Deco-Cals, Italien, 70er Jahre
Weiße, rechteckige Folie mit mehrfarbigem
Donald zum Abziehen.
12 x 17 cm **5,–**

371

Briefmarken

Vor allem die »Briefmarkenstaaten« bringen
seit den siebziger Jahren zahlreiche Sätze mit
Disney-Motiven zur Devisenbeschaffung
heraus. Siehe auch F 21.

371 Ersttagsbrief »Walt Disney – Showman of the World«
USA, 11.9.1968
Zweifarbig bedruckter Briefumschlag, versehen mit mehrfarbiger amerikanischer Briefmarke, 6-Cent-Wert. Abgestempelt in Marceline, Missouri, dem Ort, an dem Walt Disney
aufwuchs.
Umschlag 16,5 x 9 cm   **2,– /10,–**

372 Satz mit sechs Briefmarken Donald Duck und Neffen
Antigua & Barbuda, 1984
Mehrfarbige Briefmarken mit Donald-Moti-
ven, alle nach Heftcovern von Carl Barks.
Jede Marke trägt das Symbol des Donald-
Duck-Jubiläumsjahrs und die Aufschrift
»Caribean Cruise Holiday Christmas 1984«.
Antigua, eine ehemalige britische Kolonie, ist
seit 1967 unabhängig. 1980 gab der Inselstaat
zum Jahr des Kindes einen ersten Disney-Satz
heraus.
Jede Marke 3,8 x 5 cm   Satz **8,–**

373 Satz mit vier Briefmarken und Block Disney-Motive
Gambia, 1989
Mehrfarbige Briefmarken, die zur World
Stamp Expo '89 herausgegeben wurden. Der
afrikanische Staat, eine ehemalige britische
Kolonie, gab 1984 einen ersten Disney-Satz
heraus.
Marken: 5 x 3,8 cm; Block: 12,5 x 10 cm
                                komplett **17,–**

Kalender

374 Monatskalender »Mickey Mouse«
te Neues Verlag, Kempen, 1982
Mehrfarbige Blätter, Deckblatt mit Herstellerangabe, Papprücken. Die Illustrationen sind
zum Teil Nachschöpfungen von Comic-Titel-
blättern von Barks; auf den Rückseiten einfarbige Zeichnungen. Zeichnungen von Katja
Schäfer.
16,5 x 23 cm   **10,–/15,–**

375 Monatskalender »Donald für Schüler«
Friedrich W. Heye Verlag GmbH, Hamburg/
München, 1987
Mehrfarbige Blätter, Deckblätter mit Herstellerangabe, Papprücken. Die Illustrationen sind
kleine Cartoons mit Sprechblasen, stark beein-
flußt durch den Donald von Barks. Zeichnungen von Ulrich Schröder.
7 x 12,5 cm   **5,–**

376 Micky-Maus-Kalender 1958 der Hansa-Verlagsanstalt, Bonn
(vgl. Seite 200)
Anzeige in der »Micky Maus« 38/1958
                        Kalender **50,–/70,–**

372

373

374

Malbücher

Siehe auch Nr. 335.

377 Malbuch »Peter Pan«
Printed in Denmark, frühe 50er Jahre
12 teilweise mehrfarbige Seiten mit mehrfarbigem Cover. Bildunterschriften in deutscher Sprache.
28 x 20,5 cm   **25,–/35,–**

375

376

377

378

379

380

Textilartikel

Kleidungsstücke, Bettwäsche, Handtücher, Taschentücher, Aufnäher und andere Textilien gehören zu dem frühesten Disney-Merchandise. Textilartikel sind bei Disneyana-Sammlern noch wenig beliebt. Das liegt einerseits daran, daß sie Verbrauchsartikel und entsprechend selten sind, andererseits lassen sie sich kaum dekorativ ausstellen.

Aufnäher

Siehe auch Nr. 400.

378 Aufnäher Micky Maus
30er Jahre
Stoffuntergrund, bestickt mit schwarzen und weißen Fäden. Wohl Beilage zu Zigarrenkiste.
Höhe 13,5 cm   **30,–**

379 Aufnäher Minnie Maus
Vermutlich Turmac Tobacco Company, Niederlande, 30er Jahre
Stoffuntergrund, bestickt mit Fäden in mehreren Farben. Wohl Beilage zu Zigarrenkiste.
Höhe 16,5 cm   **30,–**

380 Aufnäher Baby Donald und Baby Pluto
Nominette, Belgien, In Deutschland vertrieben durch Mono-Quick, Kahl/Main, 80er Jahre. Rechteckiger Stoffuntergrund, mit farbigen Fäden bestickt. In Verpackung aus Pappe und durchsichtigem Kunststoff zum Einhängen an Verkaufsständer.
B. Aufnäher 10,5 cm,   **7,–**

381 Aufnäher Donald Duck
Vermutlich Belgien, 70er/80er Jahre
Stoffuntergrund, teilweise bestickt mit weißen, schwarzen und gelben Fäden.
Höhe 10,5 cm   **5,–/10,–**

381

382

Sonstiges

382 Disney-Handtücher von Böhmer-Frottier. Anzeige in der »Micky Maus« 10/1956
Ein solches Handtuch aus den 50er/60er Jahren hätte einen Sammlerwert von **20,–/40,–**

383 Tücher von W. Simon, Berlin. Anzeige in der »Micky Maus« 48/1958
Ein solches Tuch aus den 50er/60er Jahren hätte einen Sammlerwert von **30,–/60,–**

383

384

384   Taschentuch Sieben Zwerge
80er Jahre
Mehrfarbig bedruckter Baumwollstoff.
28,5 x 27 cm   4,–

385   Teppich Goofy
Wohl Italien, 60er/frühe 70er Jahre
Mehrfarbig.
100 x 52 cm   30,–/40,–

386   Kissen-Figur Klein Adlerauge
Efana, Deutschland, 70er Jahre
Mehrfarbig bedruckter Bezugstoff mit Fül-
lung, am Hinterkopf rote Feder aus Filz. Auf
der Rückseite Herstellerangabe.
H. 37 cm   10,–

385

386

Anstecknadeln, Buttons

Die Anstecker sind in den USA ein beliebtes Sammelgebiet. In letzter Zeit hat sich die Begeisterung für Anstecknadeln (»Pins«) aus den Niederlanden, Frankreich und der Schweiz auch zu uns übertragen.

387 Ansteknadeln Micky Maus
Diverse Hersteller
Vertrieb u.a. über Heinrich Timm, Franz Richter, Hch. Hirschvogel, Gustav Burmester und Christian Grieshammer, Deutschland
Ab Juni 1930 eingesetzt im Rahmen von Werbemaßnahmen der Südfilm AG für die ersten Micky-Maus-Filme in Deutschland.
Oben: früheste Variante aus gestanztem Blech.
Links: Plagiat der Gegenwart ohne nennenswerten Sammlerwert. Rechts: »Goldene Südfilm-Nadel«, emailliertes Messing.
Je bis zu **100,–/150,–**
Mitte: Reversnadel, Silber, gezeichnet »M. Lizenz W. Disney«. **250,–**

388 Ansteknadel »Rakker«
Holland, 60er Jahre
Blau bemalter Metallkörper mit erhabener Figur und Schriftzug »Rakker« (Strolchi).
Lange Nadel an der Rückseite. Auch in Farbvariationen bekannt.
Gesamt-L. 5,3 cm **15,–/35,–**

389 Zwei Ansteknadeln »Cinderella«
Wohl Tweer und Turck, Lüdenscheid, Anfang 50er Jahre
Runder Anstecker: Metallkörper mit mehrfarbiger Auflage, jedoch ohne Herstellerangabe.
Reliefierter Blechkörper mit hellblauer Bemalung. Auf der Rückseite Sicherheitsnadel.
D. 3,3 cm bzw. B. 4,8 cm je **120,–/150,–**

387

388

389

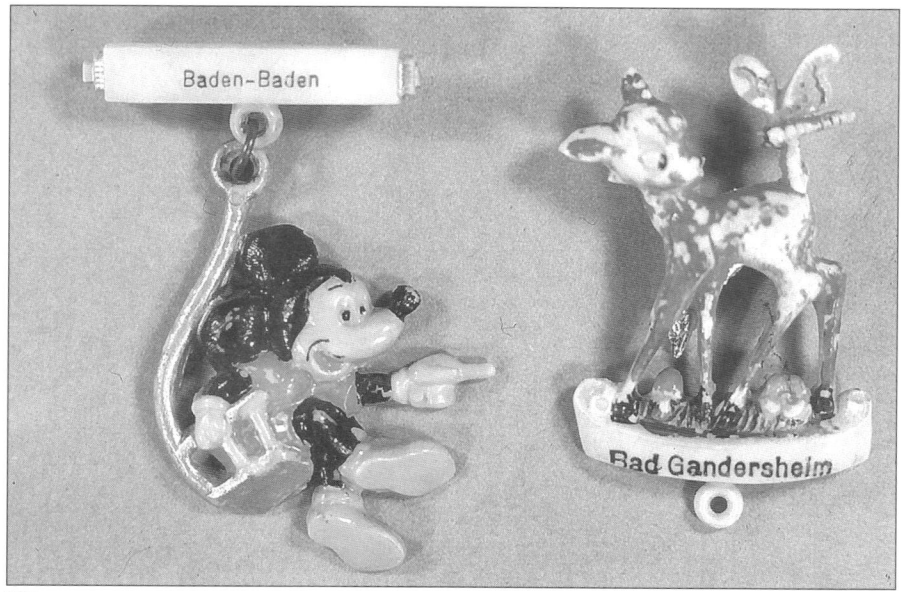

390

391

392

393

390 Zwei Souvenir-Anstecker Micky Maus und Bambi
Deutschland, 50er/ Anfang 60er Jahre
Mehrfarbig bemalter weißer Hartplastikkörper aus mehreren Teilen, mit kleinem Metallringverbunden. Aufschriften mit verschiedenen Ortsangaben bekannt.
H. ca. 5 cm   je **10,–/20,–**

391 Anstecknadel Pluto
Wohl Deutschland, 60er Jahre
Messingfarbene gelb, rot und schwarz bemalte Metallplatte. Auf der Rückseite lange Nadel.
Gesamt-L. 4,3 cm   **25,–**

392 Zwei Anstecker Donald Duck bzw. Micky Maus
70er/Anfang 80er Jahre
Metallkörper mit mehrfarbiger Emailleauflage. Die Nadel mit Micky trägt die Aufschrift »St. Gilgen«. Es handelt sich um ein Souvenir aus dem österreichischen Fremdenverkehrsort.
B. 2,5 bzw. 2 cm   je **15,–**

393 Zwei Buttons
Deutschland bzw. England, 80er Jahre
Oben: Metallkörper, belegt mit mehrfarbig bedrucktem Papier und Plastikfolie. Micky ist im Look der Sequenz »The Sorcerers Apprentice« aus dem Film »Fantasia« dargestellt. Nadel zum Einhängen unter kleinen Bügel.
Unten: Metallkörper, belegt mit blauer Hologramm-Folie, mehrfarbiger Donaldkopf. Auf der Rückseite Prägung »Made in England«. Nadel zum Einhängen unter kleinen Bügel. Dieser Donald-Kopf war Kennzeichen des Jubiläumsjahrs 1984.
D. 2,5 cm   je **5,–**

394 Zwei Anstecker Donald Duck
Rechts: Button »Lucky Duck«
Monogramm Products, Largo, Florida/USA,
Ende 70er/Anfang 80er Jahre
Weißer reliefierter Hartplastikkörper, mehrfar-
big bemalt. Auf der Rückseite Herstelleran-
gabe, Metall-Sicherheitsnadel.
D. 5,5 cm   8,–
Links: Anstecknadel aus Metall
Deutschland, späte 80er Jahre
Reliefierter Metallkörper, vergoldet. Auf der
Rückseite Sicherheitsnadel mit Doppelver-
schluß. H. 7 cm   15,–

395 Button Jessica Rabbit
Deutschland, 1987
Metallplatte, eingeschweißte mehrfarbig
bedruckte Papierauflage, Inschrift: »Ähnlich
aussehendes Mädel gesucht«. Auf der Rückseite Sicherheitsnadel.
D. 5,5 cm   8,–

**396 Button Schneewittchen und die
          sieben Zwerge**
Ende 80er Jahre
Machart wie Nr. 395. Aufschrift »Walt Dis-
ney's World on Ice Produced by Kenneth
Feld«. Quer in die Metallplatte eingelegte
Sicherheitsnadel. Souvenir zur Eisrevue, die
in mehreren europäischen Ländern gezeigt
wurde.
D. 7,5 cm   10,–/15,–

Siehe auch Nr. 401.

394

395

396

397

398

Souvenirs aus den Themenparks

Souvenirs aus Disneyland und Walt Disney
World sind in den Vereinigten Staaten ein
beliebtes Sammelgebiet. Durch Euro Disney
dürfte es auch bei uns an Popularität gewinnen.

**397   Führer »Walt Disney's Guide to
    Disneyland«**
Walt Disney Productions, Western Printing
and Lithographing Company, 4. Auflage 1959
28seitige Broschüre, mehrfarbig bebildert.
29,5 x 20,5 cm   **30,–/50,–**

398   Andenkenteller »Disneyland«
USA, 60er/70er Jahre
Marke »Disneyland« und Copyright-Hinweis.
D. 16 cm   **30,–**

399   Jubiläumsbecher Disneyland
USA, 1980
Pappbecher mit blauen Aufdruck-Disney-
Figuren und Schriftzug »Disneyland 25«. Zu
den Jubiläen werden in den Themenparks
spezielle Souvenirs herausgebracht.
H. 9 cm   **5,–/10,–**

399

400

401

400 Aufnäher »Walt Disney World«
USA, 70er Jahre
Mehrfarbig gestickter runder Stoffkörper mit
Donald-Kopf und Schriftzug »Walt Disney
World«.
D. 7,5 cm   **15,–/20,–**

**401 Jubiläumsbutton »35 Years of Magic
    Disneyland«**
USA, 1990
Metallkörper, mehrfarbige silbergrundige
Auflage mit Hologramm. Auf der Rückseite
eingelassene Sicherheitsnadel.
D. 7,5 cm   **10,–/20,–**

402 Telefonkarte Micky Maus
France Telecom, Paris/Frankreich, November
1991
Mehrfarbige Plastikkarte mit Magnetstreifen.
Diese Karte trägt eine Werbung des »Casting
Centers« von Euro Disney: auf der Rückseite
werden Interessenten an einem Job im Park
aufgerufen, sich zu bewerben.
8,5 x 5,5 cm   **40,–/60,–**

402

Fachhändlerverzeichnis

DEUTSCHLAND

Berlin	Mario DRESSLER
Hamburg–München	CELS GALERIE – GALERIE BERR
Sonsbeck	Galerie FIGURAFIX – GOEBEL PANOPTIKUM
Stuttgart	EHAPA Comic Collection (Verlag der Barks Library)

AUSLAND

Amsterdam	ANIMATION ART Gallery
	Hans CREZEE

Barks Library

ehapa COMIC COLLECTION

Alle Geschichten, die Carl Barks für Walt Disney's Comics and Stories gezeichnet hat **!**

In der Barks Library werden alle Storys abgedruckt, die der große alte **duck man** 1943 bis 1966 für das damalige Disney-Flaggschiff geschaffen hat.

Chronologisch geordnet und in brillanter Neukolorierung stellt die Ehapa Comic Collection nunmehr alle zwei Monate in 51 fortlaufenden Bänden die Duck-Familie noch einmal vor: Donald, Onkel Dagobert, Gustav Gans, Herrn Düsentrieb, Daisy, Oma Duck, und natürlich Tick, Trick und Track alias Fähnlein Fieselschweif. Daneben präsentiert die Barks Library einen großen Teil der vom Künstler kreierten Titelbilder. Fundierte Texte aus der amerikanischen Barks Library sowie speziell für diese Serie geschriebene Artikel ergänzen das Material, das für den Enten- und Carl Barks-Fan mit Quellen-angaben und Hinweisen zu deutschen Veröffentlichungen einen großen Gewinn darstellt. Darüber hinaus erhält die Library zwei zehnseitige Storys, die Barks zwar fertiggestellt hat, die jedoch in seiner Zeit als Disney-Zeichner nie veröffentlicht wurden. In der klassischen Übertragung von Dr. Erika Fuchs und mit dem schon immer geforderten Handlettering liegt hier erstmals ein großer Teil des Werks von Carl Barks in einer bibliophilen Ausgabe vor, auf die Sammler und Liebhaber seit Jahren gewartet haben!

ORIGINAL-CELS

© DISNEY

direkt aus den
Disney-Studios
erhalten Sie bei

CELS GALERIE
Colonnaden 72
2000 Hamburg 36
Tel. 0 40 / 34 38 05
Fax 0 40 / 35 25 24

GALERIE BERR
Lenbachplatz 7
8000 München 2
Tel. 0 89 / 22 12 45
Fax 0 89 / 29 51 26

GALERIE FIGURAFIX
* CLASSIX *
GOEBEL PANOPTIKUM

ORIGINAL ALTE DISNEYANA, COMIC-ART, UND ADVERTISING/REKLAME – FIGUREN. Die Kult- und Trend-Zentrale für alle Merchandise und

Comic-Figuren-Sammler.

- An- und Verkauf, Tausch. Buy, Sell, Trade.
- Gutachten und Beratung von Experten.
- Ständig wechselnde Topangebote und internationaler Sammlerinfo-Service.

| GALERIE FIGURAFIX | POSTFACH 11 03 |
| D-4176 SONSBECK | TEL.: 02838/9325 |

Im ersten Euro-Disneyana-Katalog wird exklusiv, mit einem Teilabdruck (Text/Abb.), unser spezielles Sammelgebiet vorgestellt.

Thema: das „Goebel Panoptikum"

Comic, Film/TV, Werbe-Figuren, Spielwaren, Tiere und Puppen aus PVC oder Porzellan, alte Künstler-Puppen und Figuren 1930–1980 der Firma „Goebel" Porzellanfabrik.

Wir suchen noch Begleitung der dreißiger Jahrgänge...

Mario Dreßler
Rothariweg 14 a – 1000 Berlin 42
Tel.: 030/7 53 44 16

a Disney preferred Gallery

Animation Art
GALLERY

Original and Limited-Edition cels and drawings

Berenstraat 39, 1016 GG **AMSTERDAM**
Tel: (0)20-6277600 Fax: (0)20-6383144

Sammler sucht Micky Maus Spielzeug
(1928-1938)

Hans Crezee
Fibigerstraat 18-1
1097 KB Amsterdam
die Niederlande
tel. (+31-)20-6659060

BÜCHER FÜR SAMMLER

BATTENBERG

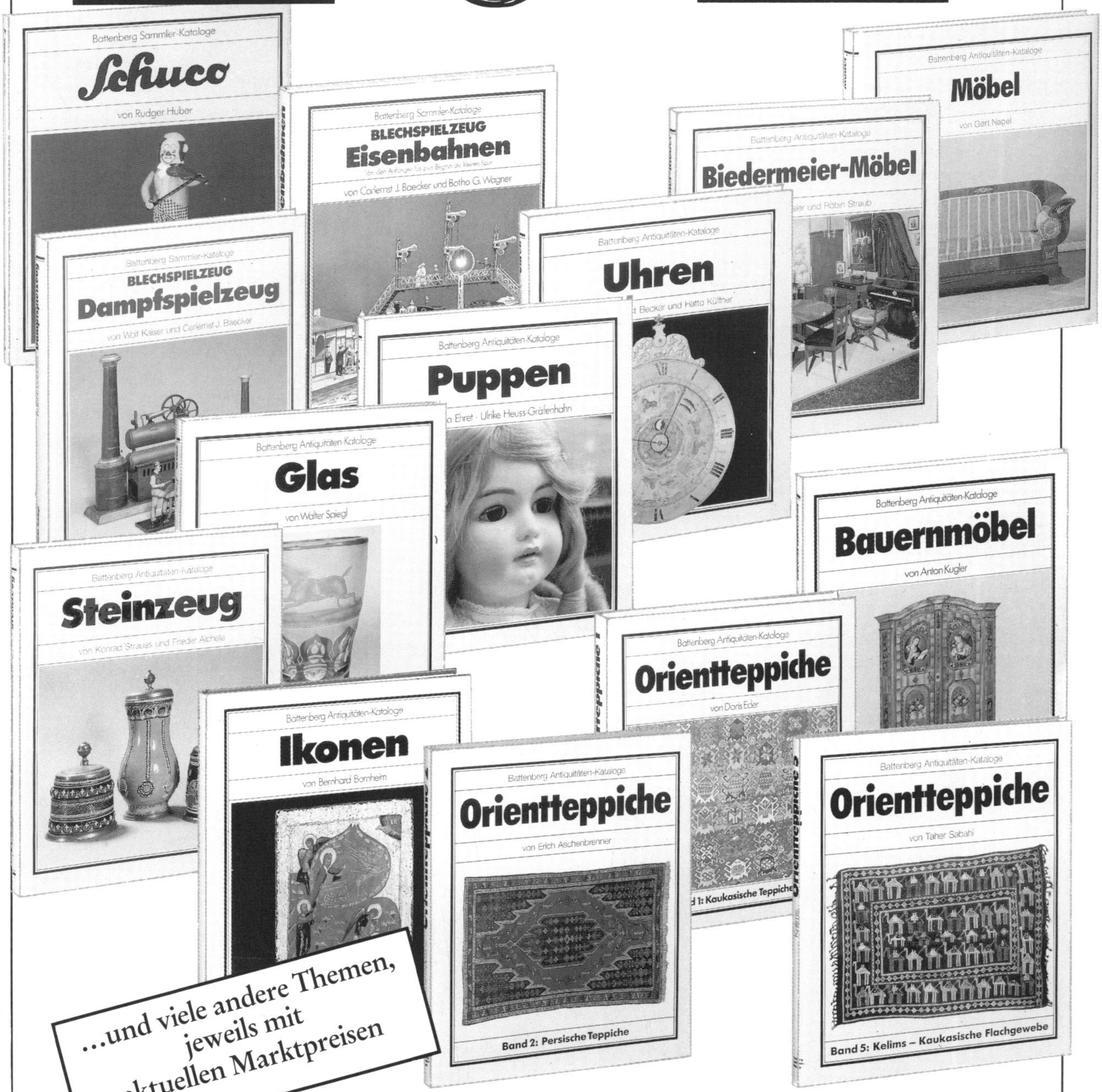

Battenberg Sammler-Kataloge
Schuco
von Rüdiger Huber

Battenberg Sammler-Kataloge
BLECHSPIELZEUG
Eisenbahnen
von den Anfängen bis an den Beginn der Zweiten Sorte
von Carlernst J. Baecker und Botho G. Wagner

Battenberg Sammler-Kataloge
BLECHSPIELZEUG
Dampfspielzeug
von Wolf Kaiser und Carlernst J. Baecker

Battenberg Antiquitäten-Kataloge
Möbel
von Gert Napel

Battenberg Antiquitäten-Kataloge
Biedermeier-Möbel
und Robin Straub

Battenberg Antiquitäten-Kataloge
Uhren
Becker und Hatto Küfther

Battenberg Antiquitäten-Kataloge
Puppen
Ehret · Ulrike Heuss-Gräfenhahn

Battenberg Antiquitäten-Kataloge
Glas
von Walter Spiegl

Battenberg Antiquitäten-Kataloge
Bauernmöbel
von Anton Kugler

Battenberg Antiquitäten-Kataloge
Steinzeug
von Konrad Strauss und Frieder Aichele

Battenberg Antiquitäten-Kataloge
Ikonen
von Bernhard Bornheim

Battenberg Antiquitäten-Kataloge
Orientteppiche
von Doris Eder

Battenberg Antiquitäten-Kataloge
Orientteppiche
von Erich Aschenbrenner
Band 2: Persische Teppiche

Band 1: Kaukasische Teppiche

Battenberg Antiquitäten-Kataloge
Orientteppiche
von Taher Sabahi
Band 5: Kelims – Kaukasische Flachgewebe

...und viele andere Themen, jeweils mit aktuellen Marktpreisen

BATTENBERG VERLAG
Battenberg Verlag im Weltbild Verlag, Steinerne Furt 70, W-8900 Augsburg